本书为

国家社科基金重点项目

国家出版基金项目　结项成果

「十三五」国家重点出版物出版规划项目

THE GENERAL ANNALS
OF CHINESE CONFUCIANISM

国家出版基金项目
NATIONAL PUBLICATION FOUNDATION

中国儒学通志

丛书主编　苗润田　冯建国

明代卷·纪事篇

本册作者　苗润田　彭　丹

ZHEJIANG UNIVERSITY PRESS
浙江大学出版社
·杭州·

图书在版编目(CIP)数据

中国儒学通志. 明代卷. 纪事篇 / 苗润田，冯建国
主编；苗润田，彭丹著.—杭州：浙江大学出版社，
2022.12
ISBN 978-7-308-23163-3

Ⅰ. ①中… Ⅱ. ①苗… ②冯… ③彭… Ⅲ. ①儒学－
研究－中国－明代 Ⅳ. ①B222.05

中国版本图书馆 CIP 数据核字(2022)第 192141 号

中国儒学通志·明代卷·纪事篇

主　　编　苗润田　冯建国
本册作者　苗润田　彭　丹

出 版 人	褚超孚
策　　划	袁亚春　陈　洁
统　　筹	陈丽霞　宋旭华　王荣鑫
责任编辑	胡　畔
责任印制	范洪法
责任校对	赵　静
封面设计	项梦怡
出版发行	浙江大学出版社
	（杭州市天目山路 148 号　邮政编码 310007）
	（网址：http://www.zjupress.com）
排　　版	浙江时代出版服务有限公司
印　　刷	杭州钱江彩色印务有限公司
开　　本	710mm×1000mm　1/16
印　　张	16.25
字　　数	335 千
版 印 次	2022 年 12 月第 1 版　2022 年 12 月第 1 次印刷
书　　号	ISBN 978-7-308-23163-3
定　　价	148.00 元

"中国儒学通志"总序

  儒学是中华传统文化的主干,是中华民族的精神血脉,它不但对中国古代的政治、经济、思想、文化、教育等诸多领域产生过广泛而深刻的影响,对人类文明的发展做出了巨大贡献,而且在今天仍然具有不容忽视的现代价值。儒家的思想理论,广泛涉及人与自然、人与人、人与社会、群与己、古与今、知与行、义与利、生与死、荣与辱、苦与乐、德与刑、善与恶、战争与和平等这样一些人类所面对的、贯通古今的矛盾和问题,提出了天人合一、天下为公、大同世界,修身正己、自强不息、厚德载物,以民为本、为政以德、见利思义、清廉从政,明体达用、经世致用、知行合一、仁者爱人、以德立人、以诚待人、讲信修睦,求同存异、和而不同、和谐相处,有教无类、因材施教、温故知新、学思结合等一系列为学、为人、为事、为官、处世的常理和常道,对于正确处理人与人的关系、人与自然的关系、个体与群体的关系、群体与群体的关系、不同民族和国家间的关系、不同文化和文明间的关系等都具有普遍的指导意义,是人类走向未来不可或缺的精神资源。这也就是一种产生在两千多年前农耕时代并且随着历史的发展不断前行的思想、学说,在信息时代的今天仍然具有广泛感召力、影响力,为世人所推重、学习、研究、传承的根本原因。"研究孔子、研究儒学,是认识中国人的民族特性、认识当今中国人精神世界历史来由的一个重要途径。"(《习近平在纪念孔子诞辰 2565 周年国际学术研讨会暨国际儒学联合会第五届会员大会开幕会上的讲话》)"中国儒学通志"是研究孔子、儒学的一个窗口。

  "中国儒学通志"由纪年卷、纪事卷、学案卷三个部分组成。纪年卷主要记录自孔子创立儒学至 1899 年有关儒学发展的各个方面,包括重要儒学人物的生卒,儒学发展过程中有较大影响的事件,以及重要儒学论著的完成、刊印等,全方位展现儒学发展的面貌。纪事卷以事件为线索,记录有关中国儒学发展的重大历史事件,如"焚书坑儒""罢黜百家,独尊儒术"等,内容包括事件产生的原因、经过、结果及其对儒学发展的影响。学案卷以人物为中心,主要记述对儒学发展有较大影响的人物,包括该人物的生平事迹、对儒学所持的观点、在儒学发展史上的地位和贡献,以及有关的评价等。

"中国儒学通志"是我国著名学者庞朴先生继《20世纪儒学通志》(浙江大学出版社2013年6月)出版后主持的又一国家社会科学基金重点项目。庞先生去世后,2016年改由苗润田、冯建国教授主持。在苗润田、冯建国的主持下,该项目组建了一支有国内知名学者参加的学养深厚的研究队伍,制定了切实可行的研究计划和实施方案。通过多次召开小型学术研讨会,邀请王钧林教授、朱汉民教授、郭沂教授等专家学者与课题组成员一起,就课题的指导思想、整体框架、重点难点问题等展开广泛深入的研究,不但达成了学术共识而且促进并深化了对课题的认识。在这个过程中,浙江大学出版社、山东大学儒学高等研究院、山东大学人文社会科学研究院、山东大学哲学与社会发展学院自始至终都给予了巨大支持和帮助。彭丹博士协助我们做了大量的事务性工作。在此,谨向他们,向关心、支持"中国儒学通志"研究、撰著的朋友、同仁致以诚挚的谢意!

苗润田　冯建国
2022年12月于山东大学

目　录

明太祖尊孔

总体上来看,元代虽然表面上一如以往朝代尊崇儒学,但是由于蒙古民族和皇室对于佛、道两教的偏重,儒学只是在制度层面仍然起着维持社会结构稳定的作用,并没有得到特别的表彰。而明太祖的尊孔甚至达到了崇拜的程度,其对孔子的推崇扭转了元代对儒学不够重视的社会和政治风气,奠定了明代以儒学尤其是理学开国的基础。

明太祖早年失学,一般史家都认为其是从淮西回到皇觉寺之后才开始就学。此后,明太祖表现出对儒学尤其是孔子的巨大热情。他四处延揽儒士,讲经论史,不断提高自己的儒学修养。更重要的是,明太祖非常注重在国家治理层面积极采纳儒学思想和理论,这大约是受到了其所信赖的浙东学派刘基、宋濂、王祎等诸儒所持的重振君权、以严法挽救社会秩序的主张的影响。宋濂曾进献真德秀《大学衍义》,明太祖颇为重视,在阅后云:"汉、唐之祸虽宦官之罪,亦人主宠爱之使然。向使宦者不得典兵预政,虽欲为乱,其可得乎!"①由太祖的感叹之言,可见太祖读理学之书不只是为了笼络士人之心,更是确实从中得到了警示。明太祖尊崇儒学的具体表现有以下多个方面。

第一,是大力兴学。从龙凤五年(1359)起,太祖本人在辖境内就开始大规模开办学校,到龙凤十一年(1365)九月,太祖在应天府将前集庆路学改为国子学。

到明代正式开国以后,洪武二年(1369)冬,诏天下州县均立学校,此后县学和以后创建的卫所学校的生员都取得了官给廪膳,贡举制度也开始实行,这些都是前所未有的创建性举措。太祖召用大量士人担任儒学教官,并多次将官方出版和福建建阳书坊的书颁发给北方的官学。他还

---

① 谷应泰:《明史纪事本末》,中华书局 2015 年版,第 198 页。

特别要求官学生练习骑马、射箭，复兴"六艺"中的射与御。伴随着官学的设置，儒学思想文化进一步渗透到全国各地，特别是经济与精英文化尚不发达的区域。

第二，是祭祀制度上的设计。这种公开尊孔的表现可能比明太祖的兴学活动更早。明初唐桂芳云："龙凤元年，大丞相统军下太平，克应天，首谒夫子庙，行舍菜礼。二年，立三老堂以尊遗佚、博士院以蓄英才，凡讲明治道，悉资匡弼；郡县署知府知县领庙学事，凛弗敢坠。"①这说明明太祖在起事之初，就非常留心尊崇学统以延揽人才。

明初太祖有罢州县释奠之举动，但这并非减弱了对孔子的尊崇力度，而是可能出于避免祭祀过于轻率而导致渎神的考虑。《明集礼》记载道："朕代前王统率庶民，目书检点，忽睹神之训言：非其鬼儿祭之，诏也；敬鬼神而远之；祭之以礼；此非圣贤明言，他何能道？故不敢通祀，暴殄天物，以累神之圣德。"②可能也出于这个原因，太祖在洪武三年(1370)诏正诸神祀典时，对孔子仍沿袭元代加封的"大成至圣文宣王"称号，"惟孔子善明先王之要道，为天下师，以济后世，非有功于一方一时者可比"③。

其后，太祖又相继颁布诏令尊孔崇孔。洪武十五年(1382)四月，"诏天下通祀孔子"，并"定释奠礼仪，颁之天下学校，令以每岁春秋仲月通祀孔子"。次月，京师"新建太学成，其制庙、学皆南向，庙在太学东"。太祖择日"幸国子监，谒先师孔子释菜"，又"颁释奠先师孔子仪注于天下府州县学"。从此天下各级学校于一日内通祀孔子。④

此外，从具体细节上看，明太祖所定的释奠孔子之礼隆逾前代。如洪武八年(1375)释奠于国学，其定制为：

> 皇帝降香，遣官祀于国学，以丞相初献，翰林学士亚献，国子祭酒终献。先期皇帝斋戒，献官、陪祀、执事官皆散斋二日、致斋一日。前祀一日皇帝服皮弁服，御奉天殿降香，至日献官行礼。⑤

---

① 唐桂芳：《重修兴安府孔子庙记》，《白云文稿》卷十八，明正德刻本。
② 徐一夔等：《明集礼》卷十六吉礼十六祝文，清文渊阁《四库全书》本。
③ 《明史》卷五十志二十四，清钞本。
④ 《明史》卷五十志二十四，清钞本。
⑤ 张廷玉等：《明史·志五十·礼四》，中华书局 1974 年版，第 1296 页。

和前代相较而言,朱鸿林认为"整体看来,明朝释奠礼之严敬,实为历代之冠"①。除了祭孔之外,在其他祭祀上,明太祖也极力恢复儒家正统。如其在即位之初延续天地在南北分祀的旧制,但洪武十年(1377)改为天地合祀。因为明太祖认为天地犹如人君之父母,儿子不可以将父母分开祭祀,因此在南郊、北郊分祀天地的旧制不合于情,应当修改。再如明太祖废除了给神灵赐以凡间王侯的封爵、为孔子和城隍神塑造神像等旧习。这些旧习本是国家祭祀体系受到宗教及民间信仰的影响,太祖将其废除,呼应了恢复华夏礼制的时代思潮。

第三,是明太祖对于儒家经典的涉猎与吸收。明太祖对儒家经典多有阅读,喜欢大胆质疑后儒的注释,直接对经典做出自己的解释。经书中最受太祖青睐的当属《尚书》,其曾在国子监中亲自讲《尚书》三篇,晚年还因对蔡沉《书集传》几处注释不同意,敕撰了《书传会选》进行修正。太祖还曾亲自注解《论语》三章,其中体现出他的独特思考。如将"攻乎异端,斯害也已"解为"攻去异端,则邪说之害自止,而正道可行",虽非首创,也是和朱熹解"攻"为"治"的说法不同。

相较于经学而言,太祖对宋代以后系统化的理学造诣平平,不过在制度层面,明代科举仍然以宋儒著作为标准,进一步推动程朱理学的官学化。在史书中,太祖最喜爱《汉书》,时常谈论汉高帝刘邦的事迹,隐然以之自比。② 此外,太祖还特喜刘向《说苑》,称赞其书:"多载前言往行,善善恶恶,昭然于方册之间。朕尝于暇时观之,深有劝戒。"③甚至将其列为官学教材,因而受到了解缙的上书批评。可见太祖对儒学经典并不拘泥,而是灵活取用传统中能为己所用的成分。

第四,在王权理论上,明太祖相信早期儒家提倡的"君师合一"的观念,认为君之治理与师之教化是君主应承担的两大责任。儒臣王祎曾对太祖云:"自古帝王皆兼君师之任。三代而下为人主者,知为治而不知为教。今陛下训谕之不啻严师之教弟子,恩至厚也,诚所谓兼治教之道

---

① 朱鸿林:《明太祖的孔子崇拜》,《"中研院"史语所集刊》1999年第2分。

② 谢贵安:《明代的〈汉书〉经典化与刘邦神圣化的现象、原因与影响》,《长江大学学报》2008年第2期。

③ 徐学聚:《国朝典汇》卷六十四吏部,明天启刻本。

矣。"①这正说出了明太祖的自我期望。而太祖践行"君师合一"的主要方式,则是以讲话、仪礼、书籍等方式去"教化"人民。他常向来京的富户、粮长等人宣谕劝善,并积极制定乡饮酒礼等具有崇敬德行、强调长幼之序、赏善罚恶等意味的仪礼;他令老者巡回宣扬自己的"六谕"劝民之语,并发行了多种道德劝诫书;每家每户均要收藏《大诰》,官学师生须讲读背诵,科举考试也从中出题。明太祖的"君师合一"式的治理实践是明初社会生活的一个重要表征。不过需要指出的是,太祖所扮演的"师",主要是臣民日常行为的导师,还未上升到将"治统"与"道统"合一的地步。倒是晚明罗汝芳、管志道等人多推崇太祖施行的民间教化寓至道于日用常行之中,赞叹太祖已得了孔孟的道统真传。②

　　总之,明朝建立前后,朱元璋采取"尊孔崇儒"的战略,进而吸引了大量儒士参政,从而在众多义军中赢得了最终的胜利。朱明政权建立之初,继续推行之前的"尊孔崇儒"政策,优待儒士大夫,使得他们为明朝政权的建立和稳定做出了突出贡献。但在朱明政权稳定之后,开始轻视儒士大夫,甚至采取了很多极端措施,因而儒士大夫与朱明政权开始疏远。由此可见,自始至终,朱元璋都是出于实用的心态来对待儒士阶层,他既极度依赖儒士大夫,又对他们严加防范,这使得儒士阶层始终处于朱明政权或敌或友的生存状态。③

---

① 徐学聚:《国朝典汇》卷八十九户部,明天启刻本。
② 陈时龙:《师道的终结》,《明史研究论丛》2012年第十辑。
③ 姜海军:《朱元璋的"尊孔崇儒"与儒士的出处进退》,《南都学刊》2016年第4期。

《大明律》的编修

　　《大明律》是有明一代的国家法律,最初由朱元璋主持制定,后几经修订,前后历时三十年。朱元璋早在吴元年(1367)冬十月,命丞相李善长、御史中丞刘基等二十人为议律官,开始草拟《大明律令》,同年十二月律令修成,共计令一百四十五条,律二百八十五条,刊布天下。洪武六年(1373)命刑部尚书刘惟谦等详定《大明律》,次年二月完成,颁布天下。其篇目和唐律完全相同,共三十卷,六百零六条。洪武九年(1376),朱元璋感到洪武七年律文"犹有未当者",又令丞相胡惟庸、御史大夫汪广洋等"厘正十三条"。洪武二十二年(1389),朱元璋又命翰林院同刑部官再次更定《大明律》,因洪武十三年(1380)废中书省,不设丞相,故二十二年(1389)所定《大明律》,以《名例律》冠于篇首,下面按六部分吏、户、礼、兵、刑、工六律,六律下各分若干门,共三十卷,四百六十条。后太孙朱允炆请更定五条以上,"太祖览而善之。太孙又请曰:'明刑所以弼教,凡与五伦相涉者,宜皆屈法以伸情。'乃命改定七十三条"。洪武三十年(1397),朱元璋又编纂了《钦定律诰》,共一百四十七条,其所有条目均属于真犯死罪和杂犯死罪的范围,用来明确、完善、补充明律有关死罪的律文。朱元璋将《律诰》附于明律正文之后,总其名曰《大明律》,于三十年(1397)颁布中外,令子孙世世守之,不得更改。正如《明史·刑法志》所说:"太祖之于律令也,草创于吴元年,更定于洪武六年,整齐于二十二年,至三十年始颁于天下。……中外决狱,一准三十年所颁。"①《大明律》所附的《律诰》,明代中叶以后被废而不用,而有变通之处,则发布诏令或制定条例,辅律而行。如弘治十三年(1500)制定《问刑条例》二百七十九条;嘉靖二十九年(1550)重修,增内三百七十六条;万历十三年(1585)又重修,增内三百八十二条。

---

① 　张廷玉等:《明史·刑法志》,中华书局 1974 年版,第 2284 页。

《大明律》共三十卷,篇目有名例一卷,包括五刑(笞、杖、徒、流、死)、十恶(谋反、谋大逆、谋叛、恶逆、不道、大不敬、不孝、不睦、不义、内乱)、八议(议亲、议故、议功、议贤、议能、议勤、议贵、议宾),以及吏律二卷、户律七卷、礼律二卷、兵律五卷、刑律十一卷、工律二卷,共四百六十条。基本内容包括:《名例律》一卷,四十七条,是全律的纲领。名例是刑名和法例的简称。它规定了对不同等级、不同犯罪行为论罪判刑的基本原则。《明律》"八议"中文武官员的特权与前代比较有所下降。《吏律》包括《职制》《公式》二卷,三十三条。主要规定文武官吏应该遵循的职司法规及公务职责。其中"大臣专擅选官""文官封公侯""交结朋党紊乱朝政""交结近侍官员""擅为更改变乱成法"等死罪条款为明律所特有,反映出明初中央集权强化的特点。《户律》分为《户役》《田宅》《婚姻》《仓库》《课程》《钱债》《市廛》七卷,共九十五条。此律是有关社会经济、人身关系及婚姻民事内容的立法,其中调整经济关系的内容大为增加,反映出经济的发展。《礼律》分《祭祀》《仪制》二卷,二十六条。此律是对祭祀天地、宗庙、社稷、山川及君臣、父子、夫妇之间各种礼仪的法律规定。《兵律》分《宫卫》《军政》《关津》《厩牧》《邮驿》五卷,共七十五条,此律是有关军戎兵事的立法。《刑律》分为《贼盗》《人命》《斗殴》《骂詈》《诉讼》《受赃》《诈伪》《犯奸》《杂犯》《捕亡》《断狱》十一卷,共一百七十一条。规定了对刑事犯罪的论罪定刑及诉讼、追捕、审判的原则,是全律的重点。其中对"谋反""大逆""造妖书妖言""强盗""官吏受赃"以及"强奸"等论罪均较重,而对"子孙违犯教令""子孙告发祖父母父母""和奸"以及雇工人殴、骂、奸、告家主等间接危害封建名教的罪罚则有所减轻。《工律》分《营造》《河防》二卷,十三条,是关于工程营建、官局造作以及河防、道路、桥梁方面的立法。工律设置专篇为明代所独有。此外,又有丧服图和五刑图。

朱元璋主持制定明律的要求是"法贵简当,使人易晓",指导思想是"刑乱国用重典"。明律上承唐律而又有变化,和唐律比较,明律是重其重罪,轻其轻罪,即对一般性违犯礼仪教化的处罚,明律大多较唐律轻,而对直接危害统治的"谋反""大逆""强盗""劫囚""盗大祀神御物"等罪,明律处刑大多较唐律重。明律还用严刑整肃吏治,特别是贪官污吏,又严禁臣下结党和内外官交结,以维护君主集权统治。出于社会发展的需要,明律加强了经济方面的立法,在司法审判制度上,明代也有自己的特点,不少为清代所继承。前期清律几乎照抄明律。

《大明律》作为中国封建社会后期一部极其重要的法典,有它自己的特色,如条目简于唐律、精神严于宋律、按六部官制设立篇目等,同前代律典相比,在内容和形式上都有新的发展。《大明律》集中反映了儒家形式的社会伦理纲常,是当时东方世界先进法文化的代表。在世界法制史上,《大明律》不失为一部独具特色而又居于当时世界前列的重要法典。

《大明律》版本很多,国内有明正德十六年(1521)刻本,嘉靖本、隆庆本、万历十三年(1585)本和三十八年(1610)本。解释明律的书也不少,如隆庆二年(1568)重刊无名氏的《大明律疏附例》、王肯堂的《律例笺释》、雷梦麟的《读律琐言》等等。清末沈家本之友董绶金东渡日本时,见其国库所藏明律有六十多种,多为国内所无,亦可看出《大明律》版本之多、影响之广。

《元史》的修纂

  明政权建立以后,即着手编纂前代史的工作。明洪武二年(1369)二月,始纂修《元史》,以李善长为监修官,宋濂、王祎为总裁官。这次修史,利用了大将徐达从元大都缴获的元十三朝实录和元代修的典章制度史《经世大典》等资料。

  关于修史的缘起,明太祖曾对廷臣曰:"近克元都得元十三朝实录,元虽亡,国事当记载,况史纪成败、示劝惩,不可废也。乃诏中书左丞相宣国公李善长为监修,前起居注宋濂、漳州府通判王祎为总裁,征山林遗逸之士汪克宽、胡翰、宋禧、陶凯、陈基、赵埙、曾鲁、高启、赵汸、张文海、徐尊生、黄篪、傅恕、王锜、傅著、谢徽十六人同为纂修,开局于天界寺,取元《经世大典》诸书以资参考。"[1]可见《元史》的编修是以元代历朝实录等原始史料为基础的。朱元璋从一代之兴衰必有一代之史以载之出发,分析了元代政治治理的历史和弊端,指出了修元史的必要性和基本原则:"元主中国,殆将百年。其初君臣朴厚,政事简略,与民休息,时号小康。然昧于先王之道,酣溺胡虏之俗,制度疏阔,礼乐无闻。至其季世,嗣君荒淫,权臣跋扈,兵戈四起,民命颠危。虽间有贤智之臣,言不见用,用不见信,天下遂至土崩。然其间君臣行事,有善有否,贤人君子,或隐或显,其言行亦多可称者。今命尔等修纂,以备一代之史,务直述其事,毋溢美毋隐恶庶合公论,以垂鉴戒。"[2]

  此次修史,修成元宁宗以前纪三十七卷、志五十三卷、表六卷、传六十三卷。然因史料阙匮的缘故,难称完备。宋濂叙述此次修史过程云:"洪武元年秋八月,上既平定朔方,九州攸同,而金匮之书,悉输于秘府。冬十

---

① 陈建:《皇明通纪》,中华书局 2008 年版,第 146—147 页。

② 《明太祖实录》卷三十九,台湾"中研院"历史语言研究所 1962 年版,第 783 页。

有二月,乃诏儒臣,发其所藏,纂修元史,以成一代之典,而臣濂、臣祎实为之总裁。明年春二月丙寅开局,至秋八月癸书成,纪凡三十有七卷,志五十有三卷,表六卷,传六十有三卷,丞相、宣国公臣率同列表上,已经御览。至若顺帝之时,史官职废,皆无实录可征,因未得为完书。"①由于所载尚不完备,明太祖乃遣使行天下,采求遗事,扩大史料的范围。

洪武三年(1370)二月初六日,明太祖诏令续修《元史》,仍以宋濂、王祎为总裁官。参与此书编纂者前后共30人,七月初一日最终修成。《元史》的编纂完成延续了儒家官方史学的传统,也标志了新生的明王朝对于前代在正统意义上的承认。宋濂修《元史》时,遵照朱元璋的意图,强调"文词勿致于艰深,事迹务令于明白"。所以《元史》的体例整齐,文字浅显,叙事明白易懂。《元史》多照抄史料,保存了许多元代历史的原始材料。如元朝的十三朝实录和《经世大典》已经失传,部分内容只是靠《元史》才得以保存下来。但是,由于编修时间过于紧迫,前后两次仅不到一年,多采用已有的文献资料删削修改而成,粗率疏漏也较多。因此,后世学者对《元史》的编纂质量多有批评,如钱大昕云:"古今史成之速,未有如《元史》者。而文之陋劣,亦无如《元史》者。"②王树民也认为:"《元史》在二十四史中是最粗率的一部。"③

① 宋濂等:《元史·目录后记》,中华书局1976年版,第4677页。
② 钱大昕:《十驾斋养新录》,凤凰出版社2000年版,第183页。
③ 王树民:《中国史学史纲要》,中华书局2005年版,第140页。

明代科举及其风气演变

明代承继前代,继续采用科举制度取士,以选拔人才。明代科举考试的成式于洪武十七年(1384)三月戊戌朔颁行,规定乡试会试三场考试内容是"第一场,试四书义三道,每道二百字以上。经义四道,每道三百字以上。第二场,试论一道三百字以上。判语五条。诏、诰、表内科一道。第三场,试经、史、时、务、策五道"。其中"四书义主朱子《集注》,经义《诗》主朱子《集传》;《易》主程朱传义;《书》主蔡氏传及古注疏;《春秋》主左氏公羊穀梁胡氏张洽《传》;礼记主古注疏"。永乐年间,颁布《四书五经大全》,废注疏不用。其后,《春秋》亦不用张洽《传》,《礼记》止用陈澔《集说》。

具体而言,四书义三道,《论语》《孟子》为必考。较为常见的组合是《中庸》《论语》《孟子》;如果从大学中出题则为《大学》《论语》《孟子》。会试自景泰年后,乡试自弘治年后,每年必须从《论语》《孟子》中出题,剩下一题多选《中庸》,较为少选《大学》。五经义一道,考生只需要选取一门作为自己的本经来学习。由于是"选修",所以五经中就出现了不平均的状况。其中《诗经》《尚书》《易经》三门为"热门",学习人数较多,《礼记》《春秋》为"冷门",学习人数少。这也反映在科举的房考即批卷官人数上,其中《诗经》五房,《易经》《尚书》各四房,《春秋》《礼记》各二房。

由于"五经"是专门之学,所以就出现一些科举世家的家传经学,并向所在地域扩散。明朝就出现了莆田的《书经》、常熟的《诗经》、余姚的《礼记》、苏州的《易经》等。而一些冷门的经学,则更具有地域特征。如《春秋》明朝就有会稽、乌程、淳安、晋江、麻城、武林等地专学。"五经"既然是选学,它就比"四书"的学习更有选择性,往往有人因某经学习不佳而更换其本经。

第二场论判以外,还有诏、诰、表内科一道。其中判从《大明律》中出题。诏、诰、表,考生必须选作一道。明代科举中,考生多选择表。

第三场,策论。殿试只考策论,并无前两场。策论主要是要考查考生博古通今的能力,需要考生通读史书与当朝政书。不过考生们往往只读《文献通考》《大明会典》等书应对,甚至有背文抄袭者。

明代中期以后,科举考试作文愈发程式化,八股文风气兴起,八股之害于成化之后加剧。顾炎武云:"经义之文,流俗谓之八股,盖始于成化以后。股者,对偶之名也。天顺以前,经义之文,不过敷演传注,或对或散,初无定式,其单句题亦甚少。"但是成化之后,经义之文的形式愈加烦琐,正如顾炎武所举之例:"成化二十三年会试乐天者保天下文,起讲先提三句,即讲'乐天'四股;中间过接四句,复讲'保天下'四股,复收四句,再作大结;弘治九年会试,责难于君谓之恭文,起讲先提三句,即讲'责难于君'四股,中间过接二句,复讲'谓之恭'四股,复收二句,再作大结。"如此就形成了科举考试之中经义之文的八股的固定格式:"每四股之中,一反一正,一虚一实,一浅一深,其两扇立格,则每扇之中各有四股,其次第文法亦复如之。故今人相传谓之八股。"①八股格式的形成是明代官方经学发展的又一转折,即从诸《大全》对于经典文本的确定,到解经形式和思路的进一步确定和僵化。

在形式之外,明代科举的主题与整体学术趋向于理学密切相关。《明史·儒林传》云:"有明诸儒,衍伊洛之绪言,探性命之奥旨,锱铢或爽,遂启歧趋,袭谬承讹,指归弥远。至专门经训授受源流,则二百七十余年间,未闻以此名家者。经学非汉、唐之精专,性理袭宋、元之糟粕,论者谓科举盛而儒术微,殆其然乎。"②再进而论之,就科举内容的标准而言,明代前中期科举上完全遵循程朱理学,中期王学兴起以后,王学和朱学对于主流意识形态的竞争又体现在科举中。此外,明代后期的科举也和当时社会求新求变的整体文化氛围息息相关。晚清皮锡瑞就指出了明代科举中的求新求异风气对于学术变迁的影响:"科举取士之文而用经义,则必务求新异,以歆动考官;用科举经义之法而成说经之书,则必创为新奇,以煽惑后学。经学宜述古而不宜标新;以经学文字取人,人必标新以别异于古。一代风气成于一时之好尚,故立法不可不慎也。"③

---

① 顾炎武著、陈垣校注:《日知录校注》卷十六,安徽大学出版社 2007 年版,第 919 页。

② 张廷玉等:《明史·卷二百八十二·儒林一》,中华书局 1974 年版,第 7222 页。

③ 皮锡瑞:《经学历史》,中华书局 1959 年版,第 277 页。

《孟子节文》事件

　　明初，朱元璋总结了汉代以来历代封建王朝衰亡的教训，采取了"宽猛相济"的政治和文化政策。其一方面崇儒重道，以理学开国，大力推行儒学尤其是理学，以重建动乱之后的社会和伦理秩序；一方面又采取种种高压手段，巩固和发展中央集权统治。在这个背景之下，《孟子》作为有着"民为本"的民本思想的经典文本，被朱元璋认为有"非人臣之言"的内容，因而受到了排斥，这就有了《孟子节文》的出现。

　　早在洪武五年（1372），朱元璋就曾一度罢免了孟子配享待遇。《明史》云："五年罢孟子配享。逾年，帝曰：'孟子辨异端，辟邪说，发明孔子之道，配享如故。'"①朱元璋恢复孟子配享可能与钱唐带着棺材、顶着箭口去为孟子死谏有关，但这说明朱元璋对于孟子早就心存不满。至洪武二十三年（1390）时，朱元璋终于不满《孟子》中的民本思想，命修《孟子节文》：

　　　　时并令儒臣修孟子节文。先是，上览孟子，至"土芥寇雠"之说，大不然之。谓"非臣子所宜言"，议欲去其配享。诏有谏者，以不敬论，且命金吾射之。刑部尚书钱唐抗疏入谏，舆榇自随，袒胸受箭，曰："臣得为孟轲死，死有余荣。"上见其诚恳，命太医院疗其箭疮，而孟子配享得不废。至是，乃命修《孟子节文》，凡不以尊君为主，如"谏不听则易位"及"君为轻"之类，皆删去。②

　　该书洪武二十七年（1394）成。太祖诏命刊刻，颁示天下。刘三吾《孟子节文题辞》描述了删除的过程曰："《孟子》七篇，圣贤扶持名教之

---

① 张廷玉等：《明史·志五十·礼四》，中华书局1974年版，第1296页。
② 陈建：《皇明通纪·启运录卷之八》，中华书局2008年版，第274—275页。

书。……乃谓能行仁政,可使制梃以挞秦楚之坚甲利兵,则益迂且远
矣。……又《孟子》一书,中间词气之间,抑扬太过者八十五条,其余一百
七十余条,悉颁之中外校官,俾读是书者,知所本旨。自今八十五条之内,
课试不以命题,科举不以取士,壹以圣贤中正之学为本,则高不至于抗,卑
不至于诌矣。"具体的篇目上,《梁惠王》篇节存六章,《公孙丑》篇节存十三
章,《滕文公》篇节存八章,《离娄》篇节存四十一章,《万章》篇节存七章,
《告子》篇节存三十一章,《尽心》章节存六十七章。典型的如以下段落被
删除:

> 齐宣王问曰:"汤放桀,武王伐纣,有诸?"孟子对曰:"于传有之。"
> 曰:"臣弑其君,可乎?"曰:"贼仁者谓之'贼',贼义者谓之'残'。残贼
> 之人谓之'一夫'。闻诛一夫纣也,未闻弑君也。"(《梁惠王下》)
> 孟子告齐宣王曰:"君之视臣如手足,则臣视君如腹心;君之视臣
> 如犬马,则臣视君如国人;君之视臣如土芥,则臣视君如寇雠。"(《离
> 娄下》)
> 齐宣王问卿。孟子曰:"王何卿之问也?"王曰:"卿不同乎?"曰:
> "不同;有贵戚之卿,有异姓之卿。"王曰:"请问贵戚之卿。"曰:"君有
> 大过则谏;反覆之而不听,则易位。"王勃然变乎色。曰:"王勿异也。
> 王问臣,臣不敢不以正对。"王色定,然后请问异姓之卿。曰:"君有过
> 则谏,反覆之而不听,则去。"(《万章下》)

不仅批评专制的言论不能存留,《孟子》中论述君臣合作的论述也在
删除之列。如:

> 曾子曰:"晋楚之富,不可及也;彼以其富,我以其仁;彼以其爵,
> 我以吾义,吾何慊乎哉?"(《公孙丑下》)
> 子思之不悦也,岂不曰:"以位,则子,君也;我,臣也;何敢与君友
> 也? 以德,则子事我者也,奚可以与我友?"(《万章下》)
> 费惠公曰:"吾于子思,则师之矣;吾于颜般,则友之矣;王顺、长
> 息则事我者也。"(《万章下》)
> 人伦明于上,小民亲于下。有王者起,必来取法,是为王者师也。

(《滕文公上》)

《孟子节文》遵行时间不长。永乐九年(1411),以孙芝奏复《孟子》全书:"近见董应举撰连江孙芝传云:永乐辛卯,奏复《孟子》全书,略言逆臣刘三吾欲去八十五条,其中"养气"一章,此程子所谓扩前圣所未发,大有功于世教者。又欲课试不以命题,科举不以取士,则谬妄益甚。乞下部议收复全书,庶使万世知所诵慕。疏草为虫鼠所蚀,不能详,然《孟子》书,以公言复全。"①《孟子节文》仅仅存在十七年,也因此清初如朱彝尊等都称未见此书。

对《孟子节文》一书后人多有批评,特别是该书大幅削减了《孟子》中的民本思想,较为鲜明地反映了朱元璋浓厚的君主专治倾向。正如近代学者容肇祖在《读书与出版》1947 年第 4 期发表的《明太祖的〈孟子节文〉》中所指出的:"《孟子节文》就是不许说人民有尊贵的地位和权利,不许说人民对于暴君污吏报复的话,不许说人民应有革命和反抗暴君的权利,不许说人民应有生存的权利,不许说统治者的坏话,不许说反对征兵征实同时并举,不许说反对捐税的话,不许说反对内战,不许说官僚黑暗的统治,不许说行仁政救人民,不许说君主要负善良或败坏风俗的责任。"②这十一个不许说深刻表明了朱元璋的《孟子节文》所显示的独裁者的共性。

---

① 潘柽章:《国史考异》卷三,清初刻本。
② 更详细的研究可参杨海文:《朱元璋时期的〈孟子节文〉事件》,原载刘小枫、陈少明主编《柏拉图的哲学戏剧》(《经典与解释》第 2 辑),上海三联书店 2003 年版,第 259—296 页;第 5 节以《〈孟子节文〉的文化省思》为题,刊《中国哲学史》2002 年第 2 期。

太祖六谕

洪武三十年(1397)九月初二日,朱元璋"命户部下令,天下民每乡里各置木铎一,内选年老及瞽者每月六次持铎徇于道路,曰:孝顺父母、尊敬长上、和睦乡里、教训子孙、各安生理、毋作非为"①。这就是影响明代后世极为深远的太祖六谕。次年刊行的《教民榜文》,其第十八款即木铎老人宣讲六谕的内容。

有明一代,六谕是乡村基层教化和治理的"祖宗家法",流行于此后的乡约和伦理俗讲中。作为最通俗的伦理教条,"六谕"不仅为讲读者提供了丰富的诠释空间,也为后来的乡约组织者提供了有力的合法性支持。

在官方层面,永乐帝、嘉靖帝对六谕都很重视。比如朱棣在永乐七年(1409)北巡时发布的《谕北京耆老诏》,就可以看成对六谕的注解:"为家长者,教训子孙,讲读诗书,明达道理;父慈子孝,兄友弟敬,尊卑长幼,各循其序。如此,则一家和顺辑睦,有无穷之福。为乡坊之长者,教训其乡坊之人,农力于稼穑,毋后赋税,毋奸宄窃盗,毋藏匿逋逃。"②朱厚熜南巡承天府,曾经宣谕称:"各要为子的尽孝道,为父的教训子孙,长者抚那幼的,幼的敬那长的,勤生理,做好人,依我此言,钦此。"③几乎也和六谕雷同,倡导的内容是一贯的。

皇权之外,明代士大夫和乡绅等更是极力敷衍太祖六谕,发明或者具体解释六谕各个条目所包含的具体内容。王恕的《圣训解》开了六谕诠释之先河,对后世影响很大。其后嘉靖初年,许赞的《圣训赞》出现。王、许二人对六谕的注解并行于一时。而阳明学者对于太祖六谕也用歌诗等形式,作了许多推演发挥。罗洪先的《圣谕歌》,每首七言十二句,对六谕每

---

① 《明太祖实录》,"中研院"历史语言研究所1962年版,第3677页。
② 余继登:《典故纪闻》,中华书局1981年版,第127页。
③ 湛若水:《圣训约》,《明清广东稀见笔记七种》,广东人民出版社2010年版,第304页。

一条内容加以整齐的歌咏,对后世影响很大。王栋有《乡约谕俗诗》和《乡约六章》,颜钧亦有《箴言六章》,在形式和内容上都模仿六谕,阐发圣谕六条。

六谕还对中晚明的乡约实践产生了重大影响。明代中期以前,儒家的乡约都以北宋的《吕氏乡约》为蓝本。但在正德、嘉靖以后,太祖六谕成为新的典范。学者往往通过将六谕"疏之以目"的方式,详细安排和解释乡约的具体内容。比如罗汝芳在《宁国府乡约训语》中,以阳明的万物一体等观念为核心,对六谕进行了逐条解读。① 罗汝芳认为"六谕"的核心思想是为善戒恶。"此六条圣谕,细演其义,不过是欲人为善事,戒恶事。"②"为善戒恶"既指意念上的为善戒恶,"格心之不正以归于正",更要付诸日常的道德行为。这正体现了阳明学知行合一的要求。

六谕在明代基层社会治理中广泛而深刻的影响,也关联着明太祖在儒家历史价值系统中地位的提升。比如王艮对太祖和《六谕》高度肯定,其以尧舜之道为"孝弟而已",以孝弟为天下平之根本,"钦惟我太祖高皇帝教民榜文,以孝弟为先,诚万世之至训也"。③ 不过王艮虽然推崇明太祖的孝弟教化,却还没有将明太祖列入儒家道统之中。到了万历以后,开始出现了以六谕为基础,认为明太祖直接儒家道统的学术潮流。罗汝芳就将明太祖在道统序列上安排在直接孔孟的位置,"尝谓高皇六谕,真是直接孔子《春秋》之旨,怂动忠孝之心"④。他的弟子杨起元也认为六谕中孝弟慈代表的儒家实践伦理可以直接孔孟,"透千圣之根宗,谓学必宗孔孟,宗孔孟必由孝弟慈。而欲以此自学,以此教人,必宪章高皇六谕"⑤。万历时的江右王门后学也有类似的看法,比如胡直弟子邹元标说:"高皇帝继天立极,列圣浴日回天大经大法与尧舜文武同。余辈惟确守《六谕》大义,即是《中庸》,即是祖述尧舜宪章文武,除了《六谕》,更何处讨《中

---

① 参陈时龙:《圣谕的演绎——明代士大夫对太祖六谕的诠释》,《安徽师范大学学报(人文社会科学版)》2015 年第 5 期。
② 罗汝芳:《罗汝芳集》,凤凰出版社 2007 年版,第 755 页。
③ 王艮:《与南都诸友》,《王心斋全集》,江苏教育出版社 2001 年版,第 50 页。
④ 罗汝芳:《一贯编》上,转引自陈时龙:《师道的终结——论罗汝芳对太祖〈六谕〉的推崇》,《明史研究论丛》(第十辑),2012 年。
⑤ 杨起元:《杨复所先生家藏文集》卷四题跋书卷记述,明崇祯杨见晙等刻本。

庸》。除了高皇帝及列圣何处见尧舜文武。"①邹元标的同门郭子章更曾把六谕和"十六字心传"相提并论,将明太祖作为"道统之续":

> 尧曰:人心惟危,道心惟微,惟精惟一,允执厥中。此十六字,万世道统之祖也。明太祖曰孝顺父母,尊敬长上,和睦乡里,教训子孙,各安生理,毋作非为,此二十四字,万世道统之续也。何也,尧舜之道孝而弟而已矣。②

有学者在讨论罗汝芳对六谕的解释和推广时指出:"从道统的历史来看,自孔子以来,很少再有帝王厕身其间,所以宋明理学所塑造的道统论,具有与代表皇权的治统相抗衡的意义。因此,罗汝芳把六谕提升到道统的位置并且称明太祖'德统君师'时,道统与治统抗衡的能力便被消解了。"③实际上,不光是罗汝芳,如上所举,当时有许多学者在道统意义上对明太祖加以推崇。这其中,太祖六谕的深远影响自然占据重要的原因。

---

① 邹元标:《大哉圣人之道》,《南皋邹先生讲义合编》下卷,明万历四十七年龙遇奇刻本。
② 郭子章:《疾慧编·下编》,《蠙衣生黔草》卷之二十一,明万历刻本。
③ 陈时龙:《师道的终结——论罗汝芳对明太祖六谕的推崇》,《明史研究论丛(第十辑)》2012年。

南北榜案

　　南北榜案又称春夏榜案、刘三吾舞弊案、南北榜之争、南北榜事件，是明初科举考试中的重大事件。此案的经过是明洪武三十年（1397）二月会试，以翰林学士刘三吾、王府纪善白信蹈主持丁丑科殿试。后发榜，陈郊为第一，取录宋琮等51名，是为春榜。因所录51人全部为南方人，故又称南榜。北方人一名未取，这是自有科举以来未曾出现过的。于是，会试落第的北方举人联名上疏，告考官刘三吾、白信蹈偏私南方人。朱元璋命人复阅落第试卷，增录北方人入仕。但经复阅后上呈的试卷文理不佳，并有犯禁忌之语。有人上告说刘三吾、白信蹈暗嘱张信等人故意以陋卷进呈。朱元璋大怒，指斥本次科举的主考刘三吾和副主考白蹈信等人为"蓝玉余党"，处理了相关官员。六月，朱元璋亲自策问，取录任伯安等六十一名，六月廷试，以韩克忠为第一名、王恕为第二名、焦胜为第三名，是为夏榜。因所录六十一人全系北方人，故又称北榜。

　　南北榜案在一定程度上体现了全国统一形势发展中南北政治平衡的要求，也体现了朱元璋打击和限制江南地主的一贯政策，此事件开明朝分南北取士之先例。至洪熙以后遂成定制。从此明朝的科举录取，不再是统为一榜，相反分成了"南北榜"，即南北方的学子，按照其所处的地域进行排名，分别录取出贡生后，再统一参加殿试。关于具体的名额划分，查继佐《罪惟录》志卷十八《科举志》曰：

　　　　洪熙元年，宣宗即位。七月，定会试南、北、中三卷。先是，仁庙拟，一科每百人，以六四判南北。是时三分之，姑以百名为率，南北各退五名为中卷。北卷则北直隶、山东、河南、山西、陕西；中卷则四川、广西、云南、贵州及庐、凤二府，徐、滁、和三州；余皆属南卷。

此后三卷定额微有调整,大致如是。除分地录取外,考选官员也兼顾南北。分别地区取士,在一定程度上对普及文化教育、提高落后地区考生的学习积极性、平衡政治关系有着积极的作用;乃至有利于维护国家统一和在少数民族地区推广科举制度。但是,朝廷政事多被精于理学的南儒把持,也容易造成成帮成派、结党营私的政治局面。

自"南北榜"分榜之后,明朝官场上的官员关系,除了座师与门生的师生关系,乡里关系也呈愈演愈烈之势,同榜而出的考生间拉帮结派渐成常态。万历时期大臣邱瞬就曾总结道:"而今朋党有三途,同榜而出为其一,座主门生为其二,同年而出为其三。""乡党"关系,反而凌驾于师生关系之上。万历末期至天启初期令后人诟病的"党争",朝中分为"齐党""楚党""浙党"相互攻击。从根源上来说,"分榜"制度的确是造成这种状况的原因之一。

总之,尽管实行了南北卷制度,南方的中试人数仍然高于北方。虽然南北卷制度有利于朝廷,但其初设之目的,却未见有太大的改观,南方高于北方的状况,直到明朝灭亡也没有太大改变。然而明代所创的这一考试制度,却为后来的清代所沿用,并且发挥了巨大作用。这个制度不但此后沿用于整个明清两朝,与当下高考中的"自主命题"和"分区划线录取",也有着潜藏的制度和文化渊源关系。

方孝孺死节

建文四年(1402)六月,靖难之役以燕王朱棣的胜利结束。北军进京后,建文帝下落不明,文武百官多见风转舵,投降燕王。唯有建文帝亲信、时任侍讲学士方孝孺拒不投降,被捕下狱,后因拒绝为朱棣草拟即位诏书,被朱棣处死于江苏南京聚宝门外,时年四十六岁。方孝孺死节的具体情形,《明史》记载如下:

> (六月)乙丑,金川门启,燕兵入,帝自焚。是日,孝孺被执下狱。先是,成祖发北平,姚广孝以孝孺为托,曰:"城下之日,彼必不降,幸勿杀之。杀孝孺,天下读书种子绝矣。"成祖颔之。至是欲使草诏。召至,悲恸声彻殿陛。成祖降榻劳曰:"先生毋自苦,予欲法周公辅成王耳。"孝孺曰:"成王安在?"成祖曰:"彼自焚死。"孝孺曰:"何不立成王之子?"成祖曰:"国赖长君。"孝孺曰:"何不立成王之弟?"成祖曰:"此朕家事。"顾左右授笔札,曰:"诏天下,非先生草不可。"孝孺投笔于地,且哭且骂曰:"死即死耳,诏不可草。"成祖怒,命磔诸市。孝孺慨然就死,作绝命词曰:"天降乱离兮孰知其由,奸臣得计兮谋国用犹。忠臣发愤兮血泪交流,以此殉君兮抑又何求。呜呼哀哉兮庶不我尤。"时年四十有六。其门人德庆侯廖永忠之孙镛与其弟铭检遗骸瘗聚宝门外山上。[①]

方孝孺死后其亲朋受到牵连受诛,但成祖是否诛杀其十族还存有争议。《明史》只记载株连坐死宗族亲友数百人等字眼,《明儒学案》云"坐死

---

① 张廷玉等:《明史》,中华书局 1974 年版,第 4019 页。

者凡八百四十七人"①，而明崇祯《宁海县志·方孝孺传》《明史纪事本末》等文献都记载他被灭了十族。另外，崇祯年间编纂的《熹宗实录》也记载了方孝孺被夷十族，而且还记载了当年方孝孺的幼子被人救出，假借余姓延续方姓一脉，至天启二年（1622），方孝孺十世孙伏阙上书以闻，得以赠恤的故事。

方孝孺死节是明代初期的重要事件，对有明一代的士风和文化心理产生了深刻的影响。这种影响首先在于激起知识分子对于死节后果的议论并因而影响出处大节。方孝孺未被难时，已有清望。其师宋濂有"如以近代言之，欧阳少勛、苏长公辈姑置勿论，自余诸子，与之角逐于文艺之场，不识孰为后孰为先也"②之誉。当时人皆以方孝孺为天下士林领袖，其一身进退所关士论非轻。其友人，也是同死于壬午之难的王叔英曾说："执事之身，系天下之望，士之进退，天下之幸与不幸欤！"③成祖渡江入都后，方孝孺仗义死节，而同僚原约与孝孺同殉难者，多未能遵守约定而转投新主。方孝孺的以道自任凸显了转事新主者在儒家传统意义上为臣气节的缺失，郎瑛曾详细记载当时士人在此生死关头的选择：

> 文天祥在燕京时，欲为黄冠去国，南官王绩翁欲合谢昌元等十人请保释之。世祖亦有然意。留梦炎曰："不可，天祥倘出，复召号江南，置吾十人于何地？"遂寝其事。我文祖渡江靖难之时，廷臣胡广、金幼孜、胡俨、解缙、杨士奇、衡府纪善周是修同约死节。明日，惟是修诣国子监尊经阁下焉。他日士奇为之作传，与其子曰："向使同尊翁死，此传何人作也？"呜呼！众固可责矣，若留、杨数言，尤为无耻之甚。读书明大义，至此尚尔云云，天理人心安在哉！④

杨士奇是明代前期名臣，但其失节之言行仍然被类比于臭名昭著的留梦炎，受到公然的揭示批评。而相对的方孝孺作为忠义的典型，激起了

---

① 黄宗羲：《明儒学案》，中华书局2008年版，第1042页。

② 宋濂：《送希直归海宁五十四韵》，载方孝孺《逊志斋集》附录，宁波出版社2000年版，第869页。

③ 王叔英：《与方正学书》，载程敏政编《明文衡》二六，景印文渊阁《四库全书》第1373册，上海古籍出版社1995年版，第808页。

④ 郎瑛：《七修类稿》卷一六"名人无耻"条，明刻本。

人们对立身大节的思考。如成祖的儿子明仁宗即位后即下诏方孝孺辈诏从宽典,免除建文死难诸臣的罪名,给予田土,谪戍者放还,其在教坊司、锦衣卫、浣衣局及习匠、功臣家为奴者,悉为民。其后清乾隆帝甚至下诏:

> 兹复念建文革除之际,其臣之仗节死难者,史册所载甚多。当时永乐位本藩臣,乃犯顺称兵,阴谋夺国,诸人自当义不戴天。虽齐泰、黄子澄等轻率寡谋,方孝孺识见迂阔,未足辅助少主,然迹其尊主锄强之心,实堪共谅。及大势已去,犹且慕旅图存,抗词抵斥。虽殒身湛族,百折不回,为无惭名教者。①

不过也有人认为虽然认同方孝孺忠义不失臣节,但其做法过于激烈而导致身死族灭的后果。如王廷相说:"方逊学忠之过者欤!要亦自激之甚致之。忘身殉国一也,从容就死不其善耶?激而至于覆宗,义固得矣,如仁孝何哉!轻重失宜,圣人岂为之?文山国亡被执,数年而后就死,人庶非之哉!"②清初方苞也说:"若正学方公之事,吾感焉。国破君亡,缩剑自裁以无辱,可也。即不幸为逻者得,闭口绝肮,不食而死,可也。何故呫呫于口舌之间,以致沈先人之宗,而枉及族哉!"③不过这种看法还是少数,后世文天祥、方孝孺一直是死节的象征。知识人赴死,多有至文天祥、方孝孺祠哭拜诀别,然后慨然赴死者。明清两代吟咏方孝孺的诗篇也很多,遍及方孝孺故里宁海、合州及其游处之地成都、汉中、华亭、南京、北京等。由于各界人士的推阐激扬,方孝孺义声震天,对天下士子产生了极大影响。

方孝孺影响所及,最初是浙东人,"孝孺死,浙东之仕于朝者,自殉建文君独多于天下,故夫行有劝而德有风"④。同时,方孝孺的弟子多浙东人,因属方孝孺门生而被诛者,亦有多人。到他的遗迹前致敬行礼,几乎成了任台州、宁海州县官和学官的成例,对士风民风有着相当大的影响。

---

① 《钦定胜朝殉节诸臣录》卷首,影印文渊阁《四库全书》第 456 册,上海古籍出版社 1995 年版,第 396 页。
② 王廷相:《王廷相集》,中华书局 1989 年版,第 824 页。
③ 方苞:《方正学论》,《方苞集》集外文卷八,上海古籍出版社 2008 年版。
④ 沈佳:《明儒言行录》,影印文渊阁《四库全书》第 458 册,上海古籍出版社 1995 年版,第 1002 页。

而方孝孺殉难对明末清初明遗民更有着深刻的影响和激励。刘宗周云：

> 既而时命不偶，遂以九死成就一个是，完天下万世之责。其扶持
> 世教，信乎不愧千秋正学者也。考先生在当时已称程、朱复出，后之
> 人反以一死抹过先生一生苦心，谓节义与理学是两事，出此者入彼，
> 至不得与扬雄、吴草庐论次并称。于是，成仁取义之训，为世大禁，而
> 乱臣贼子，将接踵于天下矣。悲夫！

当有人表示方孝孺行为或许太过激："先生之忠，至矣，而十族与殉，无乃伤于激乎？"刘宗周又解释道："先生只自办一死。其激而及十族，十族各办其一死耳。普天之下，莫非王土，十族众乎？而不当死乎？惟先生平日学问，断断乎臣尽忠，子尽孝，一本于良心之所固有者，率天下而趋之，至数十年之久，几于风移世变，一日乃得透此一段精光，不可掩遏。盖至诚形著动变之理宜然，而非人力之所几及也，虽谓先生为中庸之道可也。"①

刘宗周一生行事以气节为重，最终绝食而终，不能不说受到了方孝孺的影响。此外，如诗列岭南三大家的明遗民屈大均曾谒方孝孺墓，留诗曰："宗臣遗像在，对越孝陵云。周孔难为国，姬公竟负君。龙蛇迷旷野，日月在孤坟。莫问三杨事，忠良道各分。"②明末诗坛领袖陈子龙在抗清兵败过宁海时吊方孝孺祠时也有诗："飞龙北极下天门，叩马西山大义存。血泪长干无草木，画图缳里见蘋繁。令威已返辽东羽，望帝谁归蜀国魂。千古君臣终不改，莫将兴废问乾坤。"③方以智在明亡后流亡途中谒方孝孺墓对"三杨"表示轻蔑，对福王政权偏安局面表示愤慨："松荫遗像泪纵横，日对钟山晓雾平。九族可怜忘姓字，三杨终不是功名。遥看江上烽烟色，应压亭旁歌舞声。此地竟无能拜者，六朝风俗坏书生。"④此诸人谒方孝孺墓，寄托故国之思，坚定不与异族统治者合作的决心，方孝孺的忠贞精神对明遗民的影响可见一斑。黄宗羲也对方孝孺十分景仰，他说："先

① 黄宗羲：《明儒学案·师说》，中华书局 2008 年版，第 1 页。
② 《缑城正气集》，上海古籍出版社 2003 年版，第 168 页。
③ 《缑城正气集》，上海古籍出版社 2003 年版，第 168 页。
④ 《缑城正气集》，上海古籍出版社 2003 年版，第 23 页。

生直以圣贤自任,一切世俗之事皆不关怀。……持守之严,刚大之气,与紫阳真相伯仲,固为有明之学祖也。"并引蔡清对方孝孺的赞语评案说:"如逊志者,盖千载一人也。天地幸生斯人,乃不终祐之,使斯人得竟为人世用。天地果有知乎哉?痛言及此,使人直有追憾天地之心也。"①有学者认为黄宗羲《明夷待访录》反对君主专制的理论直承方孝孺而来。顾炎武也认为,洪武、永乐的文化措施引发了中国后期社会的转变:"愚尝谓自宋之末造以至有明之初年,经术人材于斯为盛。自八股行而古学弃,《大全》出而经学亡,十族诛而臣节变。洪武永乐之间,亦世道升降之一会矣。"②总之,方孝孺死节对于明代整个朝野士风与政治文化的影响都是巨大和持久的。③

---

① 黄宗羲:《明儒学案·诸儒学案上》,中华书局 2008 年版,第 1044—1045 页。
② 顾炎武:《日知录》卷一八《书传会选》,《日知录集释》,上海古籍出版社 2006 年版,第 813 页。
③ 本条参张学智:《中国儒学史·明代卷》导言第三节,北京大学出版社 2011 年版。

《永乐大典》的修纂

　　永乐元年(1403),明成祖即位后,为整理知识,敕解缙等人修书,"悉采各书所载事物,类聚之而统之以韵",其编撰宗旨为:"凡书契以来经史子集百家之书,至于天文、地志、阴阳、医卜、僧道、技艺之言,备辑为一书,毋厌浩繁。"①当然,朱棣编书的动机不只在于修书。靖难之役以后,士林对于成祖继承皇位多有不服不平之气。因此,朱棣希望通过修典笼络儒家知识分子,为己所用,巩固统治也就是自然而然的事了。

　　类书首次编纂成于永乐二年(1404),初名《文献集成》;明成祖阅后认为"所纂尚多未备",不甚满意。永乐三年(1405)再命太子少傅姚广孝、解缙、礼部尚书郑赐监修以及刘季篪等人重修,动用朝野内外共两千余人编写。永乐五年(1407)十一月乙丑定稿进呈,明成祖阅后称许,改命名为《永乐大典》并亲自为序。清抄至永乐六年(1408)冬天才正式成书。全书共二万二千九百卷,一万一千一百本,约三亿七千万字。

　　《永乐大典》全书按《洪武正韵》的韵目编排,以韵统字,以字系事。全书分门别类辑录自先秦至明初的八千余种古书资料,大凡经史子集与道释、医卜杂家之书均予收辑,并加以汇聚群分。所分门类包括天文、地理、人伦、国统、道德、政治制度、名物、奇闻异见以及日、月、星、雨、风、云、霜、露和山海、江河等,随字收载,十分详备。凡入辑之书,不许任意删节,必须按原书一字不差整段分类编入。这种编辑方法虽有"差错无序"的缺点,但宋元以前经典很多由此而得以传世。

　　《永乐大典》是中国历史上规模最大的类书,所采收的古代典籍有七八千种之多,是之前的《艺文类聚》《太平御览》《册府元龟》等类书所收书种类的五六倍。单就儒家经典而言,《永乐大典》所包含的内容也是非常

① 永瑢等:《四库全书总目》卷一百三十七,中华书局 1965 年版,第 165 页。

弘富的。比如明世宗继承皇位后，为在大礼议之争中获胜，曾经多次翻阅《永乐大典》中编类的古礼义之书，以为自己"继统"寻找合法性证据。《永乐大典》在明末以后多有佚失，但清代编修《四库全书》时，仍然从其中辑出古籍五百余种，其中经部古籍八十种，比较重要的有邵晋涵辑出胡瑗《洪范口义》、赵善湘《洪范统一》；戴震辑出《仪礼识误》三卷，又把《仪礼集释》厘订为三十卷，此外他还辑出散见《永乐大典》的各部算经；西晋杜预的《春秋释例》等。清代学者徐松后又辑出《宋中兴礼书》《中兴礼书续编》等书。现已经从《永乐大典》辑出一百二十种以上无传的古籍。可以说，《永乐大典》的编纂为我国封建社会晚期儒家文献的保存和流传发挥了巨大的补缺功用。

三部《大全》的编纂

明初三部大全的编纂意味着稳固了的明政权对思想文化领域进一步统一和控制的努力。三部大全是《五经大全》《四书大全》《性理大全》三书,其议论编纂始于永乐十二年(1414)十一月。关于三书开始编纂的具体情况,《明太宗实录》卷一百五十八云:"甲寅,上谕行在翰林院学士胡广、侍讲杨荣、金幼孜曰:'五经四书皆圣贤精义要道,其传注之外,诸儒议论有发明余蕴者,尔等采其切当之言,增附于下;其周程张朱诸君子性理之言,如《太极通书》《西铭》《正蒙》之类,皆六经之羽翼,然各自为书,未有统会。尔等亦别类聚成编。二书务极精备,庶几以垂后世。'命广等总其事,仍命举朝臣及在外教官有文学者同纂修,开馆东华门外,命光禄寺给朝夕馔。"①

三本《大全》成于永乐十三年(1415)。从内容上而言,三书多是汇纂性质,价值不宜高估。《四书大全》包括《大学章句大全》一卷、《大学或问》一卷、《论语集注大全》二十卷、《孟子集注大全》十四卷、《中庸章句大全》二卷、《中庸或问》二卷。在体例上先列《四书》正文,次列朱熹《四书集注》及诸儒之说。顾炎武《日知录》论《四书大全》曰:"自朱子作《大学、中庸章句》《或问》《论语孟子集注》之后,黄氏有《论语通释》。其采《语录》附于朱子《章句》之下,则始于真氏。祝氏仿之,为《附录》。后有蔡氏《四书集疏》、赵氏《四书纂疏》、吴氏《四书集成》,论者病其泛滥。于是陈氏作《四书发明》,胡氏作《四书通》,而定宇之门人倪氏合二书为一,颇有删正,名曰《四书辑释》。永乐所纂《四书大全》,特小有增删。其详其简,或多不如倪氏。《大学》《中庸》《或问》则全不异,而间有舛误。"依照顾氏所说,则《四书大全》与元倪士毅《辑释》内容上大同小异。但从历史影响而言,此

① 《明太宗实录》,"中研院"历史语言研究所 1962 年版,第 1803 页。

书是之后明代科举考试的标准教材,影响极大。

《五经大全》与《四书大全》同时颁布。在内容上,《易》以《程传》及朱子的《易本义》为主,《书》以蔡沉的《集传》及夏僎的《详解》为主,《诗》以朱子的《集传》为主,《春秋》用《左氏》《公羊》《穀梁》三传及胡安国的《传》与张洽的《集注》,《礼记》以陈澔《集说》为主兼用古注疏。即《五经正义》均兼收古注疏及宋儒注释,但是以朱子理学为主。但当时学术上研习宋代以来的风气以《四书》为重,故《五经大全》一向受到轻视。《五经大全》各书的具体情况如下。

《周易大全》二十四卷,首有《易序》一篇,次为《周易传义大全凡例》八则,首序《周易》上下经二篇及《十翼》的篇帙分合,从程颐《伊川易传》原本,而仍以朱熹《周易本义》散附《伊川易传》之下。凡经文皆平行书之,传义则低一字书以区别。《系辞》以下《伊川易传》既阙,则依照《周易本义》所定章次,总厘为二十四卷。因《伊川易传》原本王弼《周易注》,只有六十四卦,《系辞》以后无传,乃仿董楷《周易传义附录》之例,以吕祖谦所集《古周易》补充。《伊川易传》《周易本义》刊本间有脱误字句,以诸本合校归正,程、朱其他著作中有关《易》者,取其与传义相合而有发明者采入,以"程子曰""朱子曰"以加以区别。后列引用先儒姓氏,自孔安国至董真卿共一百三十六家,诸家之说一宗《伊川易传》和《周易本义》。

《书传大全》十卷。专主蔡沉《书集传》。全书首《书说纲领》,随后是《书经大全图说》,画《唐虞夏商周谱系图》《历象授时图》《虞书十二章服之图》等数十幅,各有图说,最后是正文。此书在《五经大全》中尚为"差胜之作"。

《诗经大全》(一名《诗传大全》或《诗集传大全》)二十卷。此书主要取材于元刘瑾《诗传通释》,加以删节,并改"瑾按"为"刘氏曰"。又稍变其体例,刘书以《小序》分隶于各篇,此书依朱熹《诗集传》原例将《小序》合为一篇,冠于卷首。不过依朱熹《诗集传》而为之笺疏,刘瑾之书即其一。

《礼记大全》三十卷。《礼记》则以元陈澔《礼记集说》为主。《礼记集说》以朱熹之说为主,略度数而推义理,疏于考证,错误相仍,然其书较《正义》为浅近易明,故胡广等以此书为蓝本,又采缀诸家之说共42家成书。

《春秋大全》七十卷。经文以宋胡安国《春秋传》为根据,纪年以元汪克宽《春秋胡传附录纂疏》,诸传也以胡安国《春秋传》为主,大字录于经文之后,而左氏、公羊、穀梁三传亦各分注经下,其他诸子之说有与胡传合而能相补益者,则附于胡传后,尤以引汪氏之说为多。首载《胡氏传序》,次为《总论》,录先儒格言,次为《春秋大全诸图兴废说》《春秋大全列国图说》《二十国年表》,乃依胡传之旧例。后世学者对此书评价甚低,朱彝尊《经义考》引吴任臣之言,谓此书全袭汪克宽《春秋胡传附录纂疏》,《四库全书总目》谓此书"即因汪克宽之书,稍为点窜而成"。

《性理大全》与《五经四书大全》同辑成于本年九月,明成祖亲撰序言,冠于卷首,颁行天下。此书为宋代理学著作之汇编,所采宋儒之说共一百二十家。前二十五卷收入宋代儒学著作九种,卷一为周敦颐的《太极图说》,卷二、卷三为周敦颐《通书》,卷四为张载的《西铭》,卷五、卷六为张载的《正蒙》,卷七至巷十三为邵雍的《皇极经世书》,卷十四至卷十七为朱熹的《易学启蒙》,卷十八至卷二十一为朱熹的《家礼》,卷二十二、卷二十三为蔡元定的《律吕新书》,卷二十四、卷二十五为蔡沉的《洪范皇极内篇》。以上即《四库全书总目》所谓"自为卷帙者"。第二十六卷以后分十三个专题汇编各家言论,卷二十六、卷二十七为理气,卷二十八为鬼神,卷二十九至卷三十七为性理,卷三十八为道统、圣贤,卷二十九至卷四十二为诸儒,卷四十三至卷五十六为学,卷五十七、卷五十八为诸子,卷五十九至卷六十四为历代,卷六十五为君道,卷六十六至卷六十九为治道,卷七十为诗、文,每一专题又下设小类,共一百三十多类。前二十五卷照录原书,后四十五卷根据门类逐条采录,只注姓氏,不注书名。此书搜罗宋以来理学家著作言论颇广,但由于编写裁择时间太短,未免不加抉别,割裂成文,"非能于道学渊源真有鉴别"①。此书虽有种种问题,但作为官定的理学著作选本,对后世仍有重要影响。"它的主要价值在于为理学研究提供了一大批资料,并且具有开性理类著作汇编的风气之先的作用。曾被指定为科举必读书,在社会上产生了较大的影响。"②清代有李光地删节本《性理精义》二十卷,应捻谦改编本《性理大中》二十八卷,

三本《大全》和《永乐大典》一起,反映了明成祖在文治方面的雄心。但另一方面,三部大全对于明代初期思想文化领域的控制作用也是显而

---

① 永瑢等:《四库全书总目》卷九十三,中华书局1965年版,第790页。
② 周毅城:《中国学术名著提要》(哲学卷),复旦大学出版社1992年版,第624页。

易见的。"朱棣不仅要做到经书一色化,还要做到经书的传注及解释一色化。……从此以后,这两集《大全》成为有明一代各级学校的标准教材,天下学子也因此必须乖乖地在这一被圈定的框架内攻读与运思。由于《大全》尽采宋儒的经典诠释与性理学说,未予吸纳古代的经典注疏与解释,因而它们的颁布与被推崇,意味着明朝统治者正是倡导以朱熹理学为核心的两宋儒学,作为全国统一奉行的权威学术思想。"①《剑桥中国明代史》也认为:"它们也使一种经籍和文献的集成广为传布,这个集成对于学术研究,对于阐述伦理和权威问题上的正统观念,对于科举考试,对于定出公共行为的官方法典,都是有用的。……总之,它们形成了士人阶级的理智观和文化观,同时又为帝国政府奠定了意识形态的原理。"②直到清初,王夫之仍以《四书大全》为文本对象进行学术研究,这正说明了"这个集成"的长久影响力。

---

① 翁绍军:《中国学术思潮史》卷六,上海社会科学院出版社2006年版,第35—37页。
② 牟复礼等:《剑桥中国明代史》,中国社会科学出版社1992年版,第246页。

理气动静之辨

在周敦颐,特别是朱子以后,理气动静问题成为理学的一个重要话题。在太极动静上,明代初期的大儒曹端指出,朱子《太极图说解》与《朱子语类》中关于太极动静问题的说法不同。他说:

> 周子谓"太极动而生阳,静而生阴",则阴阳之生,由乎太极之动静,而朱子之解极明备矣。其曰"有太极,则一动一静而分两仪;有阴阳,则一变一合而五行具",尤不异焉。及观《语录》,却谓"太极不会自动静,乘阴阳之动静而动静耳",遂谓"理之乘气,犹人之乘马。马之一出一入,而人亦与之一出一入",以喻气之一动一静,而理亦与之一动一静。若然,则人为死人,而不足以为万物之灵;理为死理,而不足以为万化之源。理何足尚而人何足贵哉? 今使活人乘马,则其出入行止疾徐,一由乎人驭之何如耳。活理亦然。①

本来,周敦颐在《太极图说》中所说"太极动而生阳,动极而静,静而生阴",明确肯定"太极"是运动的实体。但朱子则认为,太极是作为本体存在于阴阳动静之中的理,动只是阴阳二气的动静,太极本身无动静。他说:"阳动阴静,非太极动静"②;"太极,理也;动静,气也。气行则理亦行,二者常相依而未尝离也。太极犹人,动静犹马,马之所以载人,人所以乘马,马之一出一入,人亦与之一出一入,盖一动一静,而太极之妙未尝不在"③。太极是理,理不可见,是"寂然不动"的,只是凭借着阴阳二气的动静而动静,这就如同人骑在马上,马动而人不动。

---

① 曹端:《太极图说述解·辨戾》,《曹端集》,中华书局 2003 年版,第 23 页。
② 黎德靖编:《朱子语类》,中华书局 1986 年版,第 2374 页。
③ 黎德靖编:《朱子语类》,中华书局 1986 年版,第 2376 页。

曹端也认为太极是理，理"无形象之可见，无声气之可闻，无方所之可指，而实充塞天地，贯彻古今"，这和朱熹的观点是一致的。所不同的是，他不同意朱子把太极与动静、理与气看成是二物的说法，而认为太极与动静不可分，太极自能动静，理与气"无彼此之间""浑融无间""未尝有异"，是"一体"的。唯其如此，理或太极才能真正成为万化之原。在曹端看来，如果说人骑马、马载人，马动而人不动，那人便成了"死人"，而"死人"就不可能成为驾驭马的主人。同样，如果认为理本身无动静，只是随着气的动静而动静，那它成为气的从属物，成了"死理"，而"死理"也就不可能成为阴阳及天地万物动静变化的根本。事实上，人之所以能乘马，马之所以能载人，那便是因为人为万物之灵，是一个能动的主体。唯其如此，人才能乘马并控制马的快慢行止。同样，理之所以能够成为阴阳及天地万物的根本，那也是因为它本身自能动静，是"活理"。曹端从理与气的统一性和理的能动性方面进一步强调了理对气的主导作用，从而更加突出了太极或理的本体意义，是对朱熹理气说的重要修正，也是对理学本体论的深化。

曹端的上述思想在明清儒学史上产生了极大影响。薛瑄也就"太极"能否自动的问题，批驳了朱子的观点。他说："太极岂无动静乎？……动静虽属阴阳，而所以能动静者，实太极为之也。使太极无动静，则为枯寂无用之物，又焉能为造化之枢纽、品汇之根柢乎？以是观之，则太极能动静也，明矣。"①这就肯定并阐发了曹端的"太极自会动静"观点。黄宗羲也认为理气"一体"、理能动静，但他指出："先生之辨，虽为明晰，然详以理驭气，仍为二之。气必待驭于理，则气为死物。抑知理气之名，由人而造，自其浮沉升降者而言，则谓之气，自其浮沉升降不失其则者而言，则谓之理。盖一物而两名，非两物而一体也。"②这就是说，曹端的"以理驭气"说虽然把"死理"变为"活理"，却把气变成了消极、被动的"死物"，仍然没有解决好理与气的有机统一问题。在黄宗羲看来，气是实体，"天地之间只有气，更无理。所谓理者，以气自有条理，故此立名耳"③。理是气的一个部分、方面，是气运动变化的条理、秩序、规则，"流行而不失其序，是即理

---

① 薛瑄：《读书录》，凤凰出版社 2017 年版，第 193 页。
② 黄宗羲：《明儒学案·诸儒学案上二》，中华书局 2008 年版，第 1061 页。
③ 黄宗羲：《明儒学案·诸儒学案中四》，中华书局 2008 年版，第 1174 页。

也;理不可见,见之于气"。既没有无气之理,也没有无理之气,但"理为气之理,无气则无理"①,理统一于气。他也认为"流行之中必有主宰",但强调"主宰不在流行之外,即流行之有条理者"。正是这个意义上,他把理的主宰作用看作是"气之自为主宰"②。这就把气这一实体与气的运动规律有机统一起来,较好地解决了"理气是一"的问题,从根本上否定了程朱的理本论。黄宗羲所取得的这一思想成果,显然与他对曹端理气说的批判性思考密不可分。③

---

① 黄宗羲:《明儒学案·河东学案上》,中华书局 2008 年版,第 112 页。
② 黄宗羲:《明儒学案·崇仁学案三》,中华书局 2008 年版,第 47 页。
③ 本条参苗润田:《中国儒学史·明清卷》,广东教育出版社 1998 年版,第 28—30 页。

日光飞鸟之喻

日光飞鸟之喻是明代前期山西学者薛瑄用来形容理气关系的著名比喻,这个比喻意在说明,理乘气而动,理非别为一物,处于气之外、气之先。薛瑄云:

> 理如日光,气如飞鸟,理乘气机而动,如日光载鸟背而飞。鸟飞而日光虽不离其背,实未尝与之俱往而有间断之处。亦犹气动而理未尝与之暂离,实未尝与之俱尽而少有灭息之时。气有聚散,理无聚散,于此可见。①
>
> 理如日月之光,小大之物,各得其光之一分。物在则光在物,物尽则光在光。②

日光飞鸟之喻实际上是根据朱熹的一段话:"疑此气是依傍这理行,及此气之聚,则理亦在焉。"薛瑄将理比作日光,把气比作飞鸟,认为气之飞鸟可以变动不居,而日光之理则无聚散变化,它始终照射在飞行、运动变化着的鸟背上。这样一来,理与气、日光与飞鸟便成了两个各自独立的实体,理成为永恒不变的实体,而气则成为时有时无、时往时来的过客。正是在这个意义上,薛瑄又明确地指出:"理为主,气为客。客有往来皆主之所为,而主则不与俱往。"气之往来运动是理主宰的,但理却是常住不变的,理是主体而气是客体。这就是薛瑄所云"物在则光在物,物尽则光在光"。但这样一来,理、气之间便有了很大的间隙,与薛瑄所持有的"理无缝隙,实不可分"论相矛盾了。③

---

① 黄宗羲:《明儒学案·河东学案上》,中华书局 2008 年版,第 119 页。
② 黄宗羲:《明儒学案·河东学案上》,中华书局 2008 年版,第 120 页。
③ 参苗润田:《中国儒学史·明清卷》,广东教育出版社 1998 年版,第 34 页。

薛瑄此喻后来影响不小。如罗钦顺评论道："薛文清《读书录》甚有体认工夫，见得到处尽能到。区区所见，盖有不期而合者矣。然亦有未能尽合处，信乎归一之难也！"并特别举出薛瑄此语云：

> 理气无缝隙，故曰器亦道，道亦器。其言当矣。至于反复证明"气有聚散，理无聚散"之说，愚则不能无疑。夫一有一无，其为缝隙也大矣，安得谓之"器亦道，道亦器"耶？盖文清之于理气，亦始终认为二物，故其言未免时有窒碍也。夫理精深微妙，至为难言，苟毫发失真，虽欲免于窒碍而不可得，故吾夫子有"精义入神"之训，至于入神，则无往而不通矣。此非愚所能及，然心思则既竭焉。尝窃以为，气之聚便是聚之理，气之散便是散之理，惟其有聚有散，是乃所谓理也。推之造化之消长，事物之终始，莫不皆然。如此言之，自是分明，并无窒碍，虽欲寻其缝隙，了不可得矣。不识知言之君子以为何如？[①]

罗钦顺批评薛瑄始终将理、气视为二物，所以无法识得"精义入神"的妙义。他自己秉持理在气中的理、气不离的看法。黄宗羲也对此喻持批评态度，认为薛瑄割裂了理、气间的内在联系："理为气之理，无气则无理，若无飞鸟而有日光，亦可无日光而有飞鸟，不可为喻。盖以大德敦化者言之，气无穷尽，理无穷尽，不特理无聚散，气亦无聚散也。以小德川流者言之，日新不已，不以已往之气为方来之气，亦不以已往之理为方来之理，不特气有聚散，理亦有聚散也。"[②]罗钦顺和黄宗羲二人所言都是对"气有聚散，理无聚散"一语的质疑，这可能是明代理学日趋明显的理的去实体化发展逻辑的显现。

不过综观《读书录》，薛瑄的着重点不在讨论理气先后动静问题，而是侧重于心性精微处的体验和修养功夫的论辩，这是明代学者注目的中心。理气只是作为心性的根据被学者提到，并且理气先后、动静问题至朱熹其余蕴已尽，无复有理论上继续探索的余地，除非如后来王廷相等人重新界

---

① 　罗钦顺：《困知记》，中华书局2013年版，第49页。
② 　黄宗羲：《明儒学案·河东学案上》，中华书局2008年版，第112页。

定理气的含义,把它作为近似于实证科学的问题来看待。但这和明代初年曹端、薛瑄等人沿袭宋代理学的精神方向,把理气作为道体、太极阴阳等境界论的一部分来论证,其类型已有所不同。①

---

① 参张学智:《明代哲学史》第二章"薛瑄的河东之学与明代关中学者",北京大学出版社 2000年版。

崇仁学派

崇仁学派是明代以吴与弼为代表,围绕宋元理学未完成的圣贤人格践履课题而展开的一个学派,因吴与弼为江西抚州崇仁人,故名崇仁学派。它以崇仁小陂为中心,波及周边地区如安徽、浙江、广东、福建,以读书、探理为学术旨趣。崇仁学派俨然继承着禅宗宗派的风格,师生共同生活、劳动和学习,坚持严格的日常作息和学规,围绕经典共同研习,具有一定的宗教色彩。在思想内容上,崇仁学派发展了程朱一系的儒学思想,以敬、静为修心之方,心学特征浓厚,为阳明学的兴起提供了知识背景。[①]此派主要著作有吴与弼《康斋文集》、胡居仁《居业录》、娄谅《三礼订讹》、罗伦《一峰诗文集》等。

崇仁学派的开创者是吴与弼(1391—1469),字子傅,号康斋。康斋十九岁从杨溥学,读《伊洛渊源录》,遂慨然有志于理学。其学说基本上恪守程朱之道,主张以敬义夹持,诚明两进为主,认为人应当整束自己的身心,使其莹净。讲学五十年,教弟子躬亲细事,刻苦修身。"专尚修,不尚悟,专谈下学,不及上达也。"[②]注重"静时涵养,动时省察",终生以"存天理去人欲"为念。[③] 吴与弼是崇仁学派的开创者,他作育人才,提掖后学,对明代中期以后的儒学发展有提撕之功。

康斋的重要弟子有娄谅(1422—1491),字克贞,别号一斋,江西广信上饶人。谅少有志于圣学,尝求师于四方,但认为"率举子学,非身心学",后乃师事吴与弼。其学以收放心为居敬的入门工夫,以纯任自然为居敬要旨。时胡居仁讥其学近陆象山,"是儒者陷入异教去","陆子不穷理,他

---

① 邹剑锋:《明代理学向心学的转型——吴与弼和崇仁学派研究》,社会科学文献出版社 2011 年版,第 24 页。

② 莫潘:《重刻明儒学案序》,《明儒学案》,中华书局 2008 年版,第 12 页。

③ 黄宗羲:《明儒学案·崇仁学案一》,中华书局 2008 年版,第 20 页。

却肯穷理；石斋不读书，他却勤读书。但其穷理读书，只是将圣贤言语来护己见耳"。① 罗钦顺也说他似禅学，可见其学并非完全蹈袭康斋。所著有《日录》《三礼订讹》《春秋本意》等，皆已散佚。王阳明年轻时曾从其问学，两人"深相契"。黄宗羲云："则姚江之学，先生为发端也。"②

陈献章（1428—1500），字公甫，号石斋，别号碧玉老人、玉台居士、江门渔父、南海樵夫、黄云老人等，广东新会人，因曾在白沙村居住，人称白沙先生，世称陈白沙。陈献章景泰二年（1451）会试落第后拜江西吴与弼为师，半年而归，居白沙里，筑阳春台，读书静坐，十年间不出户而终于悟道。成化二年（1466）白沙复游太学入京至国子监，轰动一时，祭酒邢让惊为真儒复出。成化十九年（1483）授翰林检讨，乞终养归，著作后被汇编为《白沙子全集》。白沙学宗自然，倡导"天地我立，万化我出，而宇宙在我"③的世界观，工夫上讲究"静中养出端倪"④。白沙虽师从康斋，但时间既短，其学也主要是自家体悟得来，与康斋之学并不相类。白沙后开创白沙学派，开明代心学之先河。

罗伦（1431—1478），字应魁，一字彝正，号一峰。江西吉安永丰人。家贫好学。成化二年（1466）进士第一，授翰林院修撰，抗疏论李贤起复落职，谪泉州市舶司提举，次年复官改南京。两年后以疾辞归，隐于金牛山钻研经学，从学者甚众。学术上一峰笃守宋儒为学之途径，重修身持己，尤以经学为务，有《一峰集》。

胡居仁（1434—1484），字叔心，号敬斋，江西余干人。幼时聪敏异常，无数不窥。及壮，师事康斋，而醇正笃实，饱读儒家经典，尤致力于程朱理学，过于其师。认为"气之有形体者为实，无形体者为虚；若理则无不实也"⑤。其穷理方法不止一端："读书得之虽多，讲论得之尤速，思虑得之最深，行事得之最实。"⑥后主白鹿书院，以布衣终身。有《居业录》等。

虽然学者的为学方向不尽一致，总体上看，崇仁学派学主日常居动而安身立命，淡泊寡欲而修诚。此论由吴与弼肇其始，经由门人胡居仁、娄

---

① 黄宗羲：《明儒学案·崇仁学案二》，中华书局2008年版，第43页。
② 黄宗羲：《明儒学案·崇仁学案二》，中华书局2008年版，第44页。
③ 黄宗羲：《明儒学案·白沙学案上》，中华书局2008年版，第85页。
④ 黄宗羲：《明儒学案·师说》，中华书局2008年版，第4页。
⑤ 黄宗羲：《明儒学案·崇仁学案二》，中华书局2008年版，第40页。
⑥ 黄宗羲：《明儒学案·崇仁学案二》，中华书局2008年版，第31页。

谅、罗伦、陈白沙而蔚为洪波巨浪，上承两宋的二程、朱陆理学，下开阳明之学，在宋明理学发展史中占有重要地位，对明代心学的兴起和发展，起到了十分重要的作用。黄宗羲在《明儒学案》一书中，即把《崇仁学案》位列第一，又把吴与弼列为《崇仁学案》的第一人，作为有明学术实际的开端，是颇有根据的。

陈献章复游太学

陈献章于正统十三年(1448)四月进国子监读书。景泰二年(1451)会试落第后拜江西吴与弼为师。后居家讲学,时与门徒习射礼,不料流言四起,以为聚兵。"众皆为先生危,先生处之超然。时学士钱溥谪知顺德县,雅重先生,劝亟起。"①于是明成化二年(1466),陈献章入京复游国子监。《明儒学案》记载此事云:"成化二年,复游太学,祭酒邢让试和杨龟山《此日不再得》诗,见先生之作,惊曰:'即龟山不如也。'扬言于朝,以为真儒复出,由是名动京师。罗一峰、章枫山、庄定山、贺医闾皆恨相见之晚,医闾且禀学焉。归而门人益进。"②

杨时《此日不再得示同学》原诗为:

> 此日不再得,颓波注扶桑。跹跹黄小群,毛发忽已苍。愿言绩学子,共惜此日光。术业贵及时,勉之在青阳。行己慎所之,戒哉畏迷方。舜跖善利间,所差亦毫芒。富贵如浮云,苟得非所臧。贫贱岂吾羞,逐物乃自戕。胼胝奏艰食,一瓢甘糟糠。所逢义适然,未殊行与藏。斯人已云没,简编有遗芳。希颜亦颜徒,要在用心刚。譬犹适千里,驾言勿徊徨。驱马日云远,谁谓阻且长。末流学多岐,倚门诵韩庄。出入方雨间,雕镌事辞章。学成欲何用,奔趋利名场。挟策博塞游,异趣均亡羊。我懒心意衰,抚事多遗忘。念子方妙龄,壮图宜自强。至宝在高深,不惮勤梯航。茫茫定何求,所得安能常。万物备吾身,求得舍即亡。鸡犬犹知寻,自弃良可伤。欲为君子儒,勿谓予言狂。

---

① 《编次陈白沙先生年谱》,《陈献章集》,中华书局1987年版,第809页。
② 黄宗羲:《明儒学案》卷五《白沙学案上》,中华书局2008年版,第80页。

从文义上看，龟山原诗先是通过指出时光易逝，鼓励学子及时勉励，应视富贵为浮云。继而指示为学之方，强调学贤学圣，不可"倚门诵韩庄"而导致歧路亡羊。只有摒弃外物的名利，用心在自身敏求，才能达到"欲为君子儒"的目标。陈献章和诗的主旨则有同有异。其《和杨龟山此日不再得韵》诗云：

> 能饥谋艺稷，冒寒思植桑。少年负奇气，万丈磨青苍。梦寐见古人，慨然悲流光。吾道有宗主，千秋朱紫阳。说敬不离口，示我入德方。义利分两途，析之极毫芒。圣学信匪难，要在用心臧。善端日培养，庶免物欲戕。道德乃膏腴，文辞固秕糠。俯仰天地间，此身何昂藏。胡能追轶驾，但能漱余芳。持此木钻柔，其如磐石刚。中夜揽衣起，沉吟独徬徨。圣途万里余，发短心苦长。及此岁未暮，驱车适康庄。行远必自迩，育德贵含章。迩来十六载，灭迹声利场。闭门事探讨，蜕俗如驱羊。隐几一室内，兀兀同坐忘。那知颠沛中，此志竟莫强。譬如济巨川，中道夺我航。顾兹一身小，所系乃纲常。枢纽在方寸，操舍决存亡。胡为谩役役，研丧良可伤。愿言各努力，大海终回狂。[①]

白沙和诗一方面承继了龟山诗的宗旨，一方面也表明了自己的学术倾向和为学之方。此诗"首二句，以谋衣食之急比谋道之急，以引通篇"，表现了陈献章希圣贤的奇气。其下所谓"吾道有宗主"，强调要截然判分义利，归诸自家身心，感叹"圣途远而心思长也。则及时精进，安可缓乎？""迩来十六载"是回顾了自己自二十五岁往临川吴与弼处学习，"归自临川，闭户尽穷古今书籍，所谓'闭门事探讨'也。既而叹曰：'夫学贵自得也。'筑春阳台静坐数年，所谓'一室同坐忘'也"。结尾数句说在巨浪颠簸中，保持枢纽在方寸，即体现了陈献章对于心体的看重："用心臧最是圣学要紧处，圣人千言万语只要教人收恰此心。操此枢纽，则万化由此出。而所以操之，不外上所言敬耳，努力回狂则道岸可登矣。"

陈献章高徒湛若水评论此诗道："夫先生主静而此篇言敬者，盖先生

---

① 陈献章：《和杨龟山此日不再得韵》，《陈献章集》，中华书局1987年版，第279页。

之学,原于敬而得力于静。随动静施功,此主静之全功,无非心之敬处。世不察其源流,以禅相托,且以朱陆异同相聚讼,过矣。"①此诗叙议兼有,既呼应了前贤杨时的名作,又简明扼要地表达了白沙的为学取向和治学宗旨,是其成名作和重要代表作,甫出就引起轰动,极大地提高了陈献章的学术地位和学术威望,也吸引了学者纷纷就教请学,白沙学派由此开始逐渐壮大影响。

---

① 湛若水:《白沙子古诗教解》,《陈献章集》,中华书局 1987 年版,第 701—702 页。

江门钓台的赠受

明成化年间，陈白沙归家后，仿效东汉严子陵隐居桐江筑台垂钓的方式，在江门蓬江边筑钓鱼台。其《江门钓台》诗云："何处江边著钓台，楚云滇月尽收回。若比桐江还胜概，千年埋没一朝开。"白沙将江门钓台和严子陵钓台相比，作为自己学术的重要标志，也看成学术传承的信物。弘治十二年（1499）白沙将"江门钓台"作衣钵传与湛若水执掌，并作《赠江门钓台诗》跋："达摩西来、传衣为信。江门钓台，病夫之衣钵也！今与民泽收管，将有无穷之祝。珍重！珍重！"其诗共三首云："小坐江门不记年，蒲褐当膝几回穿。如今老去还分付，不卖区区敝帚钱。""皇王帝伯都归尽，雪月风花未了吟。莫道金针不传与，江门风月钓台深。""江门渔父与谁年，惭愧公来坐榻穿。问我江门垂钓处，囊里曾无料理钱。"①

白沙以甘泉为嫡传是十分自然的。在湛若水拜入白沙门下以后，白沙对其一直十分赏识。比如弘治十一年（1498）三月，白沙在信中称赞湛若水曰："来书甚好，日用间随处体认天理，著此一鞭，何患不到古人佳处也。"在病重时，陈献章另有一诗对湛若水说："有学无学，有觉无觉。千金一瓠，万金一诺。于维圣训，先难后获。天命流行，真机活泼。水到渠成，鸢飞鱼跃。得山莫杖，临济莫喝。万化自然，太虚何说。绣罗一方，金针谁掇？"②这里的金针和《赠江门钓台诗》中相同，都是"以金针比心，此心人人各具""佛氏莫把金针度与人"③之意，其目的在于"殆以领悟者之鲜其人，而深属意于元明耳"④。元明即是湛若水之字。可见，白沙将江门钓台交给甘泉照管，是其生命晚期的最终学术托付。第二年白沙就离世

① 陈献章：《江门钓濑与湛民泽收管》，《陈献章集》，中华书局1987年版，第644页。
② 陈献章：《示湛雨》，《陈献章集》，中华书局1987年版，第278页。
③ 湛若水：《白沙子古诗教解》，《陈献章集》，中华书局1987年版，第703页。
④ 罗钦顺：《困知记》，中华书局2013年版，第54页。

了。甘泉对江门钓台的占有被视为他继承白沙衣钵、获得了白沙嫡传的重要标志,而江门钓台也从此成为甘泉学派正宗的重要象征。之后的赵贞吉就云:"虽从此坐陈子钓台,称湛门宗嫡,谁得御之。"①将坐江门钓台,视为成为湛若水一系嫡传的标志。

从白沙将江门钓台视为"病夫之衣钵"可以看出,禅宗所谓的衣钵相传有传法之信物,影响了一些儒者的传道观念。罗钦顺对陈献章使用金针一词就评价道:"'金针'之譬,亦出佛氏,以喻心法也。"②实际上,从历史上来看,陈寅恪先生即认为韩愈建立道统,表面虽由孟子卒章之言所启发,实际乃受新禅宗教外传灯说所造成。③ 在陈献章稍后的阳明学者的传道观也受禅宗衣钵相传观念的影响。比如王阳明常用佛家的"正法眼藏"一词,表达自己致良知学说的学术正宗地位和发几百年未发之覆的开创性。阳明后学也有暗将阳明晚年讲学的标志性地标天泉桥视为传道象征者。比如浙中王门后学周汝登云其在万历辛丑(1601)中秋的天泉桥宴会上云:"此桥乃阳明夫子证道处也,证道在嘉靖丁亥岁。先三年,甲申,亦以中秋,燕门人于此……今日我辈复燕于此,秋同节也,地同景也,月同明也,歌同声也,人同济济也,真是百年希有之遇。既值此遇,便当不负……于此得个悟入,方为不负斯遇耳。"④周汝登虽然没有明言天泉桥为道传信物,但是通过此桥的时空联结来象征学术正宗之意是很明显的。

---

①　赵贞吉:《寄洗少芬书》,《赵文肃公文集》卷之二十一,明万历十三年赵德仲刻本。

②　罗钦顺:《困知记》,中华书局 2013 年版,第 54 页。

③　陈寅恪:《论韩愈》,《历史研究》1954 年第 2 期。

④　周汝登:《越中会语》,《周汝登集》,浙江古籍出版社 2015 年版,第 62—63 页。

阳明格竹

阳明格竹的故事见于《王文成公年谱》："五年壬子,先生二十一岁,在越。……是年为宋儒格物之学。先生始侍龙山公于京师,遍求考亭遗书读之,一日思先儒谓'众物必有表里精粗,一草一木,皆涵至理。'官署中多竹,即取竹格之,深思其理不得,遂遇疾;先生自委圣贤有分,乃随世就辞章之学。"①这是说阳明因为阅读朱子学经典,对于草木皆含有至理展开了思考,因而作出了格朱的实践,希望通过此来达致其中的至理。《传习录》也曾记载阳明自述其早年格竹的事迹:

> 众人只说格物要依晦翁,何曾把他的说去用? 我着实曾用来。初年与钱友同论做圣贤要格天下之物,如今安得这等大的力量? 因指亭前竹子,令去格看。钱子早夜去穷格竹子的道理,竭其心思至于三日,便致劳神成疾。当初说他这是精力不足,某因自去穷格,早夜不得其理。到七日,亦以劳思致疾。遂相与叹圣贤是做不得的,无他大力量去格物了。及在夷中三年,颇见得此意思,乃知天下之物本无可格者。其格物之功,只在身心上做。决然以圣人为人人可到,便自有担当了。这里意思,却要说与诸公知道。②

语录的记载与年谱相互印合,而对于格竹的原因和具体经过叙述得更为详细。

观年谱和语录的记载,阳明格竹之事发生在弘治五年(1492)其二十一岁时。阳明成婚后在广信见娄谅之后,通过"圣可学"的观念对朱子哲

---

① 王守仁:《王文成公全书》,中华书局 2015 年版,第 1390 页。
② 王守仁:《王文成公全书》,中华书局 2015 年版,第 148—149 页。

学有了了解的契机。此时，阳明的整个思想基本上处在朱子哲学的影响笼罩之下，他是按照朱子哲学来理解"格物"的，所以出现了以格竹子来验证朱子格物说的做法。不过，如果单纯从格竹一事来看，则此事又显得过于幼稚，正如阳明自己所言，"何曾把朱子的说去用"，不像是一个成熟个体的行为。陈来先生也指出："事实上，阳明把朱子的格物哲学了解为面对竹子的沉思，可以说是宋明哲学史上绝无仅有的。"因此，他认为此事发生在阳明青少年的阶段。在今本《传习录》不载的《遗言录》中，有如下一段阳明的自述：

> 某十五六岁时，便有志圣人之道，但于先儒格致之说，若无所入，一向姑放下了。一日，寓书斋，对数茎竹，要去格他理之所以然，茫然无可得。遂深思数日，卒遇危疾，几至不起。乃疑圣人之道恐非吾分所及，且随时去学科举之业。既后心不自已略要起思，旧病又发，于是又放情去学二氏。觉得二氏之学，比之吾儒，反觉径捷，遂欣然去究竟其说。后至龙场，又觉二氏之学未尽。履险处危，困心衡虑，又豁然见出这头脑来，真是痛快，不知手舞足蹈。此学数千百年，想是天机到此，也该发明出来了，此必非某之思虑所能及也。[①]

此段记载阳明格竹之事更为详细，也说明了此事发生在阳明更为年轻的少年时代。晚明施邦曜所编《阳明先生集要》中的《年谱》也与《全书》不同，将格竹之事系年在弘治二年(1489)阳明十八岁条，接在广信谒吕㳠之后，且内容中没有注明格竹的地点是在"官署中"。[②] 这也说明在晚明，就有学者对阳明格竹发生的具体时间有不同看法。

不过，不管阳明格竹的具体时间究竟为何年，此事在阳明思想发展中还是具有重要意义。从王阳明的论述中，我们可以清楚地了解他是怎样由信奉朱学而转向"心学"的。本来，"理"在朱子那里有两层不同的具体内涵：一是指仁、义、礼、智等伦理道德规范；一是指一草一木等事物的道理，"如麻麦稻粱，甚时收，甚时种，地之肥，地之硗，厚薄不同，此宜种某

---

① 束景南、查明昊辑编：《王阳明全集补编》，上海古籍出版社 2016 年版，第 329—330 页。
② 王守仁原著、施邦曜辑评：《阳明先生集要》，中华书局 2007 年版，第 4 页。

物"。从后一层意义上说，竹子自有竹子的道理和生长规律，人们通过对竹子生长发育过程的观察、分析、研究，而不只是对竹苦思冥想，自然能够格出竹子之理，认识和把握其内在规律。但由于朱子没有说明如何认识和把握一草一木等事物的物理的具体方法，而使王阳明在格竹时误入歧途；又由于朱子断言"一物之理即万物之理"，由此便引出了"天下之物，如何格得？且谓一草一木亦皆有理，今如何去格？纵格得草木来，如何反来诚得自家意"等一系列问题。这些问题曾长期困扰着王阳明，一直不能给出合理的解释。王阳明的心学理论也就是从这样一些问题开始的。

阳明通过格竹，渐渐悟出朱子学格物之非，此后转入"就辞章之学""放情去学二氏"的为学新阶段。此后终其一生，阳明对朱子学都无法契合，但是他的问题意识和致思方向，又明显的由朱子学引发和开导。这些都在阳明青少年时的格竹之事中有所显示了。

"五溺三变"

"五溺三变"说是对阳明在确立思想宗旨前，早期思想特征和为学路径的概括。"五溺"说出自王阳明的同道讲友湛甘泉为阳明所作的墓铭："初溺于任侠之气；再溺于骑射之气；三溺于辞章之气；四溺于神仙之气；五溺于佛氏之气。"湛若水的依据是阳明早期弟子和妹夫黄绾所作的行状，突出了阳明在归宗圣学之前沉溺于各种兴趣和学术的状况。

"三变"说则有两个出处，王阳明弟子王龙溪说："先生之学，始泛滥于词章，继而遍读考亭之书，循序格物，顾物理吾心终判为二，无所得入。于是出入于佛、老者久之。及至居夷处困，动心忍性，因念圣人处此更有何道？忽悟格物致知之旨，圣人之道，吾性自足，不假外求。其学凡三变而始得其门。"①这是将词章、格物、二氏作为三变的三个阶段。另一弟子钱德洪则说："先生之学凡三变，其为教也亦三变：少之时，驰骋于词章；已而出入二氏；继乃居夷处困，豁然有得于圣贤之旨。是三变而至道也。居贵阳时，首与学者为'知行合一'之说；自滁阳后，多教学者静坐；江右以来，始单提'致良知'三字，直指本体，令学者言下有悟。是教亦三变也。"②显然，钱德洪所说阳明的阳明三变而至道的前三变，即针对着阳明的早期思想。

比较龙溪和绪山以及甘泉所说，龙溪所说的阳明早年为学历程，多了一个遍读朱子书，依照朱子学格物方法下手的阶段。王阳明开始学习时，为了应付科举考试，埋首于诗赋词章，钻研八股文。18岁时，在江西广信谒见理学家娄一斋，听娄讲述朱熹"格物致知"之学，为朱学所吸引，便遍读朱熹的著作，认真践履，欲通过"格物"求得"天理"，结果"劳思致疾"，未

---

① 黄宗羲：《明儒学案·姚江学案》，中华书局2008年版，第180页。
② 钱德洪：《刻文录叙说》，《王阳明全集》，上海古籍出版社2011年版，第1574页。

悟天理,由此对朱学产生怀疑。这也就是阳明格物所代表的那一个阶段特征,显示了朱子学对于阳明思想的形成有着重要的刺激作用。

"五溺"和"三变"相比,五溺包含了骑射等不属文之事,而三变则主要聚焦于学问方面。二者同样都揭示了阳明早年曾有一段泛滥于佛老二氏的经历。在失望于程朱理学之后,阳明把学术兴趣转向了佛老,企图从中求得修身治国之方,曾隐居阳明洞按道教的"导引术"修身养性。后又感到佛老要超尘脱俗、抛弃伦理纲常,"此簸弄精神,非道也"。于是,又重新回到重人伦亲情的"圣人之学",正式倡言"身心之学"。与湛若水定交后,他学为圣贤、倡明圣学之志更加坚定,终于回到完全认同儒学的立场。最终在龙场得到大悟。

总观"五溺""三变"之说,阳明早年有相当长的一段时间,为学主旨不定,不仅对于朱子学、佛道二氏的学术思想都有所涉猎,而且还曾沉溺于辞章和任侠骑射。当然,并不能把这几者的顺序理解为一种完全线性发展的关系。它们在王阳明思想发展过程中往往互相渗透,很难将它们视为各自界限分明的不同阶段。综合来看,阳明早年为学历程的变化可以表示如下:"先生早岁举业,溺志辞章;既而从事宋儒循序格物之学,顾物理吾心终判为二,若无所入,因求之老释,出入久之,若有会于心,后觉二氏之说终不可付之日用,于是归本于洛身心之学,尤契于甘泉所谓自得之旨;然终未能释疑于向物求理之说,谪居龙场,再经忧患、澄默之余,始大悟圣门格致之旨,学问大旨自此立矣。"①

阳明的早期思想对于他后来的思想发展有着重要的影响。首先,王学形成过程中的"三变"为其心学体系的最终形成奠定了坚实的思想基础。如他为应付科考而"泛滥于词章",不久又"遍求考亭遗书读之",钻研程朱理学,这不仅使他能够在朱学统治科场的情况下受益匪浅,而且使他对程朱理学有了较充分的认识,为其后批判、吸收、超越程朱理学提供了不可或缺的思想条件。其次,王学形成后的"三变"充分吸收了已有的思想认识成果。阳明曾出入佛老,肯定佛老,对佛老有过较深入的研究,这使他能够深切地认识到佛老"自私用智,守静归寂,本无仁民爱物之心",二氏"失之虚罔空寂,而无有乎家国天下之施"。在批判佛老、否定佛老的

① 陈来:《有无之境:王阳明哲学的精神》,生活·读书·新知三联书店 2009 年版,第 367 页。

同时，他又肯定并从中吸取某些思想，借以深化自己的认识，认为"二氏之学，其妙与圣人只有毫厘之间"，接受了佛家的"明心见性"之说及直觉的修养方法，要求人们"无求其同异于儒释，求其是者而学焉可矣"。佛学与儒学一样，也有其"是"，不应完全否定，这显然与他早年出入佛老有关。①正是由于阳明的思想发展经历了一个自我否定、自我超越的曲折演进过程，又由于其思想发展的不同阶段之间，既相互区别，各有特点，又相互联系，密不可分，最终促成了阳明的自创新说和一生功绩。

---

① 苗润田：《中国儒学史·明清卷》，广东教育出版社 1998 年版，第 66 页。

朱、陆"早异晚同"论

在理学史上,元末明初徽州学者赵汸所作《对问江右六君子策》较早提出了朱、陆"合并于暮岁"。生活于中晚明的程敏政和王阳明,顺承着宋末元初以来和会朱、陆,调融理学与心学的学说思潮,分别编纂成《道一编》和《朱子晚年定论》,力倡朱陆"早异晚同"之论。程敏政在其编成于弘治二年(1489)的《道一编》中集中表述了他对朱、陆学术"始异而终同"的看法。在该书的序中,程敏政曾自述编纂目的及内容道:

> 朱、陆二氏之学,始异而终同,见于书者可考也。不知者往往尊朱而斥陆,岂非以其早年未定之论而致夫终身不同之说,惑于门人记录之手而不取正于朱子亲笔之书耶?……于斋居之暇,过不自揆,取无极七书、鹅湖三诗钞为二卷,用著其异同之始,所谓早年未定之论也;别取朱子书札有及于陆子者,厘为三卷,而陆子之说附焉。……编后附以虞氏、郑氏、赵氏之说,以为于朱、陆之学盖得其真。若其余之纷纷者,殆不足录,亦不暇录也。①

程敏政编纂《道一编》的基本用心在于,以朱学为立场,厘析朱熹学思历程,揭示朱学真价值。王阳明受《道一编》影响,在南京与朱子学者的辩论中编辑《朱子晚年定论》。此书初刻于正德十三年(1518),内容上首冠以《序》,中录朱熹《答黄直卿》等三十四书,末附吴澄《说》,袁庆麟《跋》。

严斥王阳明的陈建颇为准确地指出《朱子晚年定论》对于《道一编》的承继关系。他说朱、陆"早异晚同"论,"盖萌于赵东山之《对江右六君子策》,而成于程篁墩之《道一编》,至近日王阳明因之,又集为《朱子晚年定

---

① 程敏政:《道一编自序》,见《道一编》卷首,明弘治三年刻本。

论》"。又说:"程篁墩著《道一编》,分朱、陆同异为三节,始焉如冰炭之相反,中焉则疑信之相半,终焉若辅车相倚;朱、陆'早异晚同'之说,于是乎成矣。王阳明因之,遂有《朱子晚年定论》之录,与《道一编》'辅车相倚'之说正相倡和。"①不过纠考其实,阳明编纂《朱子晚年定论》的用意并不同于基本持朱子理学立场的程敏政。阳明自道云:

> 予既自幸其说之不谬于朱子,又喜朱子之先得我心之同,然且慨夫世之学者徒守朱子中年未定之说,而不复知求其晚岁既悟之论,竞相呶呶,以乱正学,不自知其已入于异端。辄采录而裒集之,私以示夫同志,庶几无疑于吾说,而圣学之明可冀矣。②

可以看出,阳明的用意是以自我学说为中心,用其所规划的朱子晚年定论来印证己说的正当性,其目的和程敏政有所不同。所以,当罗钦顺既从学术角度批评其《朱子晚年定论》失于考据,又以尊朱立场指斥阳明"于朱子之说有相抵牾,揆之于理,容有是耶"时,阳明回答道:

> 其为《朱子晚年定论》,盖亦不得已而然。中间年岁早晚诚有未考,虽不必尽出于晚年,固多出于晚年者矣,然大意在委曲调停以明此学为重。平生于朱子之说如神明蓍龟,一旦与之背驰,心诚有所不忍,故不得已而为此。"知我者,谓我心忧;不知我者,谓我何求?"盖不忍抵牾朱子者,其本心也;不得已而与之抵牾者,道固如是,不直则道不见也。执事所谓决与朱子异者,仆敢自欺其心哉? 夫道,天下之公道也;学,天下之公学也。非朱子可得而私也,非孔子可得而私也。……然则某今日之论,虽或与朱子异,未必非其所喜也。③

阳明立论不以朱子学说为准,而是以其心目中的天下大公之学,实际也就是心学为标准。因此,在内容上,《朱子晚年定论》与《道一编》也有所不同,陈建说:"盖《道一编》犹并取二家言论比较异同,阳明编《定论》则常

---

① 陈建:《学蔀通辨·总序》,明嘉靖二十七年刻本。
② 王守仁:《朱子晚年定论序》,《王文成公全书》,中华书局 2015 年版,第 158—159 页。
③ 王守仁:《传习录·答罗整庵少宰》,《王文成公全书》,中华书局 2015 年版,第 97 页。

取朱子所自言而不及象山一语。篁墩盖明以朱、陆为同,而阳明则变为阳朱而阴陆耳。"①所谓"朱子自言",实际上就是《朱子晚年定论》辑录了朱子一些可以从心学角度解释的表述。如所录《答陈才卿》云:"详来示,知日用功夫精进如此,尤以为善。若知此心此理端的在我,则参前倚衡,自有不容舍者,亦不待求而得,不待操而存矣。格物致知亦是因其所已知者推之,以及其所未知,只是一本,元无两样工夫也。"又录《答杨子直》曰:"学者堕在语言,心里无得,固为大病。然于语言中,罕见有彻头彻尾者。盖资质已不及古人,而工夫又草草,所以终身于此若存若亡,未有卓然可恃之实。近因病后不能极力读书,却觉有进步处。大抵孟子所论'求其放心',是要诀尔!"这些都表明阳明其实是借朱、陆"早异晚同"论来阐发自己的心学思想,"借古人酒杯,浇自家块垒"。

虽然陈建对程敏政和王阳明的朱、陆"早异晚同"论大加驳斥,此论在明代中期以后依然成为学术界的主流论调,影响很大。比如王廷相就深受影响,他引用朱子《与吴茂实书》后评论道:

> 观此知文公亦曾悔悟自己偏于讲论文义之非,子静先生亦非不曾讲学者。但其门人无识,各竞门户之胜,自相排诋,遂致二先生有支离、禅定之异。后学不能深察详考,随声附和,渺无会通之见,崇朱者以讲论为真诠,守陆者以禅定为执要,终身畔于圣人之学而不自知,由之各相沿习,误天下后学,至于今尚然。②

王廷相的这种朱陆调和的观点在立论倾向上无疑和朱陆"早异晚同"说是一致的,虽然他的基本学术主张并不同于阳明。此后,清初的黄宗羲在《宋元学案》中也评论说:"考二先生之生平自治,先生之尊德性,何尝不加功于学古笃行,紫阳之道问学,何尝不致力于反身修德,特以示学者之入门各有先后,曰'此其所以异耳'。然至晚年,二先生亦俱自悔其偏重。"他列举朱陆二人晚年的论述,说明二者"始虽有意见之参差,终归于一致而无间","原无有背于圣人,矧夫晚年又志同道合乎!"③

---

① 陈建:《学蔀通辨》"前编"卷下,明嘉靖二十七年刻本。
② 王廷相:《雅述》,《王廷相集》,中华书局1989年版,第848—849页。
③ 黄宗羲:《宋元学案》,中华书局1986年版,第1886—1887页。

　　黄宗羲的看法显然也是在心学立场下对于朱、陆"早异晚同"说的继续阐发。要之,此说,不是一种严格学术思想史考察,而毋宁说是学者对于过往学术的一种理论建构。顾炎武就此批评阳明道:"颠倒早晚,以弥缝陆学而不顾矫诬朱子,诳误后学之深。"不过,在朱陆"早异晚同"说的推动下,学者无论所持观点为何,都不得不对朱陆异同作出一种基于自我理论视角的解释。这也是明代以后对于朱、陆异同的讨论越来越丰富,入清以后也依然连绵不绝的原因。①

---

①　朱、陆"早异晚同"论的历史影响参陈寒鸣:《程敏政和王阳明的朱、陆"早异晚同"论及其历史影响》,《朱子学刊》2008 年第 1 辑。

平濠之役

正德十四年(1519),福州三卫军人进贵等胁迫众兵士谋叛,时任汀赣巡抚、佥都御史的王阳明奉命拟去福建剿匪。六月十五日丙子,阳明所率部队刚至丰城,宁王朱宸濠突然在江西南昌起兵谋反。面对突发情况,王阳明当机立断回舟吉安,倡义起兵。当时人皆以为愚,或疑其诈。弟子邹守益在军中,见人情汹汹,入请于阳明,阳明正色曰:"此义无所逃于天地之间,使天下尽从宁王,我一人决亦如此做。人人有个良知,岂无一人相应而起者?若夫成败利钝,非所计也。"①表达了其平藩的坚定决心。

王阳明一边调配军粮备战,一边发出讨贼檄文。他会齐各地军兵,运用反间计等巧妙战略,于七月二十日一举攻克南昌。朱宸濠急忙回救南昌,二十四日与阳明所部相遇于南昌东北的黄家渡。叛军战败退至八字垴。二十六日,明军以火攻,宸濠大败,将士焚溺而死者三万余人,宸濠与其世子及僚属李士实、刘养正、王纶等皆被擒。

然而对阳明来说,叛乱虽然平定,后续的波澜却远未平息。八月,王守仁捷报尚未送达北京,明武宗自称"奉天征讨威武大将军镇国公",于八月二十二日率兵"亲征"。虽然在南下到涿州时,阳明捷报已至,但明武宗仍一意南征。武宗在南京一带四处游玩,武宗身边嬖幸甚至建议将朱宸濠放归鄱阳湖,让明武宗生擒。正德十五年(1520)闰八月,已被阳明擒获的朱宸濠在南京被"献俘"给明武宗。武宗与诸近侍着戎服以作战之势,将除去桎梏的朱宸濠重新伐鼓鸣金而擒之,作凯旋状而归。但明武宗直到十月方才班师,十二月,武宗在通州处死朱宸濠,除宁王之藩。

平濠之役虽然是一次政治和军事行动,却在阳明学的发展史上有着重大的意义。首先,阳明本人通过此战的军事胜利从实践层面加深了对

① 王畿:《读先师〈再报海日翁吉安起兵书〉序》,《王畿集》,凤凰出版社 2007 年版,第 342 页。

自我学说的自信:"自经宸濠、忠、泰之变,益信良知真足以忘患难,出生死,所谓考三王,建天地,质鬼神,俟后圣,无弗同者"[①];"今日虽成此事功,亦不过一时良知之应迹,过眼便成浮云,已忘之矣!夫死天下事易,成天下事难;成天下事易,能不有其功难;不有其功易,能忘其功难。此千古圣学真血脉路。"[②]在平藩之后,阳明紧接着就提出了致良知的学术宗旨,学术进入了新的阶段。这不能不说是这种在巨大危机下克服困难的实践经验的支撑和诱发。

其次,平濠作为阳明平生的一大功业,对后学视野中阳明形象的塑造有重要的推动作用。阳明死后,"朝中有异议,爵荫赠谥诸典不行",黄绾上疏列阳明四大功,第一条就是平濠的巨大功绩:"宸濠不轨,谋非一日……故当时中外诸臣,多怀观望。若非守仁忠义自许,身任讨贼之事,不顾赤族之祸,倡义以勤王,运筹以伐谋,则天下安危未可知。"[③]

而后学也可以从平濠之战赞扬阳明知行合一,也就是事功和学术的统一。如龙溪由此称赞阳明:"千古经纶之实学,亦可以窥其微矣。"[④]黄道周说:"若仁者之无敌,自伊尹以来,乘昌运,奏显绩,未有盛于文成者也。"[⑤]清修《明史》也说:"终明之世,文臣用兵制胜,未有如守仁者也。"[⑥]明代晚期世俗文化中兴起的王阳明崇拜,很大程度上也是基于以平藩为代表的军事功勋。另一方面,功业的巨大在某种程度上反而遮盖了阳明的学术成就,在以学问不以事功论的标准下,成为反对者阻挡阳明从祀的理由。

---

① 王守仁:《王文成公全书》,中华书局 2015 年版,第 1455—1456 页。
② 王畿:《读先师〈再报海日翁吉安起兵书〉序》,《王畿集》,凤凰出版社 2007 年版,第 343 页。
③ 王守仁:《王文成公全书》,中华书局 2015 年版,第 1513 页。
④ 王畿:《读先师〈再报海日翁吉安起兵书〉序》,《王畿集》,凤凰出版社 2007 年版,第 343 页。
⑤ 王守仁原著、施邦曜辑评:《阳明先生集要》,中华书局 2007 年版,第 6 页。
⑥ 张廷玉等:《明史》,中华书局 1974 年版,第 5170 页。

王、湛交游与论争

  阳明高第王畿云:"时海内主盟道术,惟吾夫子与甘泉翁",意谓阳明学与甘泉学在当时影响最大。阳明以"致良知"为宗旨,而湛若水则提出"随处指认天理",两人早期的关系,按照阳明的描述可谓"志同道合"。王、湛两人在正德元年相识之初(1506),即以倡明圣学为己任。湛若水回忆说,王阳明"正德丙寅,始归正于圣贤之学,会甘泉子于京师,语人曰:'守仁从官三十年,未见此人。'相与定交。讲学一宗程氏'仁者浑然与天地万物同体'之旨。故阳明公初主格物之说,后主良知之说。甘泉子一主随处体认天理之说,然皆圣贤宗旨也"①。另据王阳明回忆云:"某不问学,陷溺于邪辟者二十年,而始究心于老释。赖天之灵,因有所觉。始乃沿周程之说求之,而若有得焉。顾一二同志之外,莫予翼也,岌岌乎仆而后兴。晚得友于甘泉湛子,而后之志益坚,毅然若不可遏,则予之资于甘泉多矣。甘泉之学,务求自得者也。"②王阳明和湛若水定交后,不久因得罪刘瑾被贬为贵州龙场驿丞。湛若水得知后,曾赠诗九首,诗中说:"自我初识君,道义日与寻。一身当三益,誓死以同襟。"(《惜别诗》)"圣人常无为,万物常往来。何名为无为,自然无安排。勿忘与勿助,此中有天机。"(《皇天诗》)表示结识阳明是道义之交,是生死与共的挚友。同时,也劝王阳明切不可悲观消沉,要顺应自然无为,从勿忘勿助中体认天机。

  但此后随着两人学问生命的不同发展,其中的差异也逐渐凸显出来。正德九年(1514),阳明在滁州督马政时,甘泉从安南使还,两人曾在滁阳辩论儒佛同根问题。依湛若水《奠王阳明先生文》叙述当时情况云:"一晤滁阳,斯理究极。兄言迦、聃,道德高博,焉与圣异,子言莫错。我谓高广,

---

① 湛若水:《阳明先生墓志铭》,《湛甘泉先生文集》卷三十一,清康熙刻本。
② 王守仁:《别湛甘泉序》,《王文成公全书》,中华书局2015年版,第279页。

在圣范围；佛无我有，《中庸》精微；同体异根，大小公私；斁叙彝伦，一夏一夷。"①则阳明与甘泉都承认儒佛同体，对二者是否同根则持见相左。当时二者的讨论还未涉及《大学》。此后在正德十年（1515）左右，阳明即本着"心即理"的立场，对于传统朱子学的"即物穷理"的格物说展开了理论批评，认为是"求之于外了"，反对使用朱子的《大学》改本，而主张回归《大学》古本。而湛若水则"持旧说"，较为维护朱子的格物说，认为"若以格物理为外，是自小其心也"，对《大学》古本未之深信。两者对于格物的理解并不一致。

至正德十四年（1519），湛若水改而信任古本，认为"格物犹言造道"，"格物亦只是随处体认天理"。有阳明弟子言此言与阳明之说渐同。对此阳明认为："甘泉用功，所以转身来。当时与说'亲民'字不须改，他亦不信。今论格物亦近，但不须换'物'字作'理'字，只还他一'物'字便是。"对湛若水的观点仍有不满。

正德十六年（1521），阳明对甘泉寄赠《学庸测》答书，认为"中间极有发明处，但于鄙见尚大同小异耳。'随处体认天理'是真实不诳语，鄙说初亦如是"，然而他又话锋一转，认为"及根究老兄命意发端处，却似有毫厘未协，然亦终当殊途同归也。修齐治平，总是格物，但欲如此节节分疏，亦觉说话太多"。并且坚持"致知之说，鄙见恐不可易，亦望老兄更一致意，便间示知之。此是圣学传心之要，于此既明，其余皆洞然矣。意到恳切处，不得不直，幸不罪其僭妄也！"②

嘉靖元年（1522），湛若水有《答阳明王都宪论格物》，较为集中地论述了自己的格物说。针对王阳明的格物说认为有"不敢信者四"，其一是文意重复，其二是前后缺少照应，其三其四是认为不可徒正念头；而其自己的格物说有"有可采者五"，一是同于程子，二是承接上文，三是呼应下文，四是"正合古本以修身申格物之旨为无疑"，五是可以兼知行。因而最终湛若水认为自己的格物说绝非是阳明所认为的"求之于外"。③

嘉靖五年（1526）正月，阳明寄书邹守益，评论湛学云："随处体认天理之说，大约未尝不是，只要根究下落，即未免捕风捉影，纵令鞭辟入里，亦

---

① 湛若水：《奠王阳明先生文》，《湛甘泉先生文集》卷三十，清康熙刻本。
② 王守仁：《答甘泉》，《王文成公全书》，中华书局 2015 年版，第 219 页。
③ 湛若水：《答阳明王都宪论格物》，《湛甘泉先生文集》卷七，清康熙刻本。

与圣门致良知之功尚隔一尘。若复失之毫厘，便有千里之谬矣。"①同年，甘泉应邹守益之请作《广德州儒学新建尊经阁记》云："能开聪明、扩良知，非《六经》能外益之。聪明良知也，我自有之，彼但能开之扩之而已也。如梦者醉者，呼而觉之，非呼者外与之觉也。知觉彼固有之也，呼者但能觉之而已也。故曰，六经觉我者也。今之谓聪明知觉，不必外求诸经者，不必呼而能觉之类也。"②甘泉将觉醒的主体放在六经之上，这是阳明绝不能同意的，因此阳明曲折回应道："今良知之说，已将学问头脑说得十分下落，只是各去胜心，务在共明此学，随人分限，以此循循善诱之，自当各有所至。若只要自立门户，外假卫道之名，而内行求胜之实，不顾正学之因此而益荒，人心之因此而益惑，党同伐异，覆短争长，而惟以成其自私自利之谋，仁者之心有所不忍也。"③

阳明的态度虽然激烈，但其生前与甘泉并未就良知与天理的问题展开直接的辩论。直到其逝世以后，甘泉才对阳明的良知观点有较为激烈的直接批评。如云阳明门人"谓常知常觉，灵灵明明为良知，大坏阳明公之教"④。提出"良知必用天理，天理莫非良知"，并指出："到见得天理，乃是良知，若不见得天理，只是良知，又安得良？""盖知觉是心，必有所知觉之理乃为真知也。"除了对致良知学说有所批评之外，甘泉还说明自己和阳明对于心的看法不一："吾与阳明之说不合者，有其故矣。盖阳明与吾看心不同，吾之所谓心者，体万物而不遗者也，故无内外；阳明之所谓心者，指腔子里而为言者也，故以吾之说为外。"⑤

此外，对于工夫论特别是"勿忘勿助"，阳明和甘泉观点也有所不同，甘泉认为"勿忘勿助之间，乃是一"，"勿忘勿助，元只是说一个敬字"，"盖勿忘勿助之间，只是中正处也"⑥。甘泉将勿忘勿助与敬字等同起来，无疑与阳明的观点不同。在阳明看来："区区因与说我此间讲学，却只说个'必有事焉'，不说勿忘勿助。"他尤其反对守着勿忘勿助的方法所导致的悬空无着实下手的弊病，主张在事上用功："今却不去必有事上用工，而乃

---

① 王守仁：《寄邹谦之》，《王文成公全书》，中华书局2015年版，第243页。
② 湛若水：《广德州儒学新建尊经阁记》，《湛甘泉先生文集》卷十八，清康熙刻本。
③ 王守仁：《寄邹谦之·五·丙戌》，《王文成公全书》，中华书局2015年版，第249页。
④ 湛若水：《答邹东廓司成》，《湛甘泉先生文集》卷七，清康熙刻本。
⑤ 湛若水：《答扬少默》，《明儒学案·甘泉学案》，中华书局2008年版，第883—884页。
⑥ 湛若水：《聂文蔚侍御》，《湛甘泉先生文集》卷七，清康熙刻本。

悬空守着一个勿忘勿助。此正如烧锅煮饭，锅内不曾渍水下米，而乃专去添柴放火，不知毕竟煮出个甚么物来。吾恐火候未及调停，而锅已先破裂矣。近日一种专在勿忘勿助有用者，其病正是如此。终日悬空去做个勿忘，又悬空去做个勿助，漭漭荡荡，全无实落下手处，究竟工夫只做个沉空守寂，学成一个痴呆汉。"①阳明和甘泉对待勿忘勿助的态度显然是相反的。

阳明卒（1529 年 1 月）后，甘泉撰《奠王阳明先生文》，曾经总结与阳明之间的争论云："遥闻风旨，开讲穗石；但致良知，可造圣域；体认天理，乃谓义袭；勿忘勿助，言非学的。离合异同，抚怀今昔。切劘长已，幽明永隔。"②又撰《阳明先生王公墓志铭》，认为和阳明虽然持论有异，但是所言交相为用："故阳明公初主格物之说，后主良知之说；甘泉子一主随处体认天理之说，然皆圣贤宗指也。而人或舍其精义，各滞执于彼此言语，盖失之矣。故甘泉子尝为之语曰：'良知必用天理，天理莫非良知。'以言其交用同也。"③

由此可见阳明与甘泉二人论学虽多有不同，但正如甘泉所言"盖两家之学，善用则同，不善用则异"④。两人在皆秉持与朱子理学不同的广义心学的基本立场上是具有一致性的。尤为重要的是，这种不同学术观点间的理论纷争及相互切磋、沟通，既充分展示了各自的理论优势，也暴露出各自的理论缺陷，促使他们在论争中不断修正、完善和发展自己的学术见解，这便使明代心学逐渐走向了成熟。

---

① 王守仁：《传习录》卷中《答聂文蔚》，《王文成公全书》，中华书局 2015 年版，第 102—103 页。
② 湛若水：《奠王阳明先生文》，《湛甘泉先生文集》卷三十，清康熙刻本。
③ 湛若水：《阳明先生王公墓志铭》，《湛甘泉先生文集》卷三十，清康熙刻本。
④ 湛若水：《再答戚黄门秀夫》，《湛甘泉先生文集》卷七，清康熙刻本。

龙场悟道

明武宗正德元年(1506)十一月,王阳明因救言官乃上《乞宥言官去权奸以章圣德疏》,触怒把持朝政的宦官刘瑾,结果被刘瑾矫旨将他廷杖四十后系狱,十二月谪为贵州龙场驿丞。龙场苗、僚杂居,环境异常险恶,谪官龙场,是王阳明坎坷人生的一次劫难,也是促成他悟道的一个关键。在贵州的三个年头里,王阳明遍历种种苦难,却认识到"圣人之道,吾性自足,向之求理于事物者误也",创立了自己独特的心学体系。

阳明初到龙场时的环境极为恶劣,龙场当时"处于万山丛棘之中,蛇虺魍魉,蛊毒瘴疠,与居夷人躲舌难语,可通语者,皆中土亡命"①。外来之人,水土不服,随时都有生命危险。阳明初至,并无居所,只好自结草庵以居之,阳明在《初至龙场无所止结草庵居之》诗中对此描述云:"草庵不及肩,旅倦体方适。开棘自成篱,土阶漫无级。迎风亦萧疏,漏雨易补缉。"②由于生活环境所迫,阳明在龙场还要为生计所劳碌,从阳明《居夷诗》中的"夷俗多火耕,仿习亦颇便""下田既宜稌,高田亦宜稷。种蔬须土疏,种蕨须土湿""去草不厌频,耘禾不厌密""即是参赞功,毋为轻稼穑""采蕨西山下,扳援陟崔嵬"等诗句中可以看出阳明需要从事自给自足的生产劳动。阳明其时还病患加身,如《居夷诗》中言:"卧疴闭空院,忽来故人车。""路僻官卑病益闲,空林惟听鸟间关。地无医药凭书卷,身处蛮夷亦故山。""野夫病卧成疏懒,书卷长抛旧学荒。""移居正拟投医肆,虚席乃烦避讲堂。""卧病空山无药石,相传土俗事神巫。"等等。③此外,阳明还面对着刘瑾的威胁。阳明在赴谪途中,曾被刘瑾的刺客追杀,其后巡抚贵州的都御史王质又借故寻衅于阳明,后赖阳明同乡、时任贵州按察副使的

---

① 王守仁:《王文成公全书》,中华书局 2015 年版,第 1396 页。
② 王守仁:《王文成公全书》,中华书局 2015 年版,第 836 页。
③ 王守仁:《王文成公全书》,中华书局 2015 年版,第 833—861 页。

毛科从中调解方罢。

但正是在这样一种险恶的状况中，阳明设想"圣人处此，更有何道？"，达成了颇具传奇色彩的龙场悟道。"忽中夜大悟格物致知之旨，寤寐中若有人语之者，不觉呼跃，从者皆惊。始知圣人之道，吾性自足，向之求理于事物者误也。"他终日默坐"玩易窝"中，冥思苦想，反复诵读《周易》，"始其未得也，仰而思焉，俯而疑焉，函六合，入无微，茫乎其无所指"，后经思索再三，认识到"精粗一，内外翕，视险若夷，而不知其夷之为厄"①的道理，终于悟出"心即理"之道，"格物致知"之旨，这就是名震中外的"龙场悟道"。

阳明于七年后对这次略带传奇色彩的悟道叙述说："守仁早岁业举，溺志词章之习，既乃稍知从事正学，而苦于众说之纷扰疲苶，茫无可入，因求诸老、释，欣然有会于心，以为圣人之学在此矣！然于孔子之教，间相出入，而措之日用，往往缺漏无归；依违往返，且信且疑。其后谪官龙场，居夷处困，动心忍性之余，恍若有悟，体验探求，再更寒暑，证诸六经、四子，沛然若决江河而放诸海也。然后叹圣人之道坦如大路。"②王阳明自觉得失荣辱之心皆已超越，他将自己的亲身体悟印证于经典，无不契合。可见，阳明的龙场悟道，固然是受到了其时其地自身境遇的刺激，也是长期以来纠心于圣人之学的成果。

阳明在龙场期间广收弟子，写了《教条示龙场诸生》，以立志、勤学、改过、责善四事规范诸生，并应提学副使席书聘主贵阳书院，开始传播其体悟后的心学主张。龙场悟道是阳明思想发展过程的一大重要关节。经过这一生死砥砺磨难的过程，阳明完成了学术思想的方向性转变。之后他便提出了"知行合一"之说，奠定了"致良知"的理论基础，后来进而形成了完整而系统的心学理论体系。

---

① 王守仁：《玩易窝记》，《王文成公全书》，中华书局 2015 年版，第 1029 页。
② 王守仁：《朱子晚年定论序》，《王文成公全书》，中华书局 2015 年版，第 157—158 页。

"知行合一"说

"知行合一"说首倡于阳明在贵阳书院讲学之时。《王文成公年谱》正德四年（1509）记载：

> 是年先生始论知行合一。始席元山书提督学政，问朱陆同异之辨。先生不语朱陆之学，而告之以其所悟。书怀疑而去。明日复来，举知行本体证之《五经》诸子，渐有省。往复数四，豁然大悟，谓"圣人之学复睹于今日；朱陆异同，各有得失，无事辩诘，求之吾性本自明也"。遂与毛宪副修葺书院，身率贵阳诸生，以所事师礼事之。①

"知行合一"说提出后，阳明一度没有继续阐扬。但伴随着思想的逐渐成熟，尤其是和致良知学说结合之后，阳明又开始大为主张知行合一的宗旨，此说因而是阳明晚年常常提起的讲学话头。在王阳明看来，"致良知"并不是一个单纯的求知过程，而且更重要的还在于它是一个力行的过程。他在给顾东桥的书信中写道："今吾子特举学问思辨以穷天下之理，而不及笃行，是专以学问思辨为知，而谓穷理为无行也已。天下岂有不行而学者邪？岂有不行而遂可谓之穷理者邪？"②在答其弟子问学时说：

> 人若真实切己用功不已，则于此心天理之精微，日见一日，私欲之细微，亦日见一日。若不用克己工夫，终日只是说话而已，天理终不自见，私欲亦终不自见……今人于已知之天理不肯存，已知之人欲不肯去，且只管愁不能尽知，只管闲讲，何益之有？③

① 王守仁：《王文成公全书》，中华书局 2015 年版，第 1396 页。
② 王守仁：《王文成公全书》，中华书局 2015 年版，第 57 页。
③ 王守仁：《王文成公全书》，中华书局 2015 年版，第 26 页。

尔那一点良知,是尔自家底准则。尔意念着处,他是便知是,非便知非,更瞒他一些不得。尔只不要欺他,实实落落依着他做去,善便存,恶便去……此便是格物的真诀,致知的实功。①

由这些论述可见,致良知的关键在于笃行,在于真实切己地用功,在于实实落落依着他去做,而不是口是心非,不是一味空谈,不是"茫茫荡荡悬空去思索,全不肯着实躬行"。因为,在王阳明看来"行是知之成",只有将道德意识付诸道德践履,落实在"行"上,才是体认良知活动的最终完成,也才能说是"致良知"了,"真知即所以为行,不行不足谓知"。这说明,在王阳明的"良知"论中,笃行是"致良知"所必需的一个不可或缺的重要环节。

然而,王阳明认为,当时社会上由于受程朱"知先行后"说的思想影响,人们往往将知行"截然分作两件",致使知行严重脱节,并造成了严重的社会后果,"士皆巧文博词以饰诈,相规以伪,相轧以利,外冠裳而内禽兽,而犹或自以为从事于圣贤之学"②。面对这种状况,王阳明在深入探讨知行关系问题的基础上,提出"知行合一"说。王阳明认为,知行之所以不能"截然分作两件",不能把它们割裂开来、对立起来,这首先是因为知行是相互联系、相互依存、相互包含的。他说:"某尝说:知是行的主意,行是知的功夫;知是行之始,行是知之成。若会得时,只说一个知,已自有行在;只说一个行,已自有知在。"③即认为知是行的指导,行是实现知的手段;知是行的开始,行是知的完成。这样,知中有行,行中有知;离知即无行,离行也不会有知。因此,二者是统一的,而不是绝对对立的。在这里,王阳明意识到知行是一种辩证的关系,肯定了人类有意识、有目的的活动都是知行统一的过程,不乏思想的深刻性。

从上述思想出发,王阳明又提出了"一念发动处,便即是行"来提高人们提高道德修养的自觉意识。在他看来,如果人们不承认"一念发动处便即是行",就会产生有了不善的念头也不去克服而任其发展的错误,这样势必会误入歧途,做出种种违反道德原则的不善行为。王阳明虽然把"一

---

① 王守仁:《王文成公全书》,中华书局 2015 年版,第 115 页。
② 王守仁:《书林司训卷》,《王文成公全书》,中华书局 2015 年版,第 342 页。
③ 王守仁:《王文成公全书》,中华书局 2015 年版,第 5 页。

念发动"归入行,扩大了行的外延,但他并没有把知与行完全等同起来,不仅没有否定行,而且高度重视践行在人类知行活动中的重要作用。他指出,知是以行为目的的,"真知即所以为行,不行不足谓之知"①。真知一定要表现为行,没有实行过的就不算是真知。这里所说的"行",便是"着实去做这件事",亦即把思想认识付诸实行的意思,而不是一念发动的意念活动了。所以他又说:"以求履其实而言谓之行。"②"凡谓之行,只是着实去做这件事。"③正是基于这种认识,他竭力反对知先行后说,批判悬空思索,揣摩影响,而不去身体力行的士风。他在批评那种"知食乃食,知汤乃饮"的知先行后说时,指出:"食味之美恶,必待入口而后知,岂有不待入口而已先知食味之美恶者耶?""路岐之险夷,必待身亲履历而后知,岂有不待身亲履历而已知路岐之险夷者耶?"④"哑子吃苦瓜,与你说不得,你要知此苦,还须你自吃。"⑤"如称某人知孝,某人知弟,必是其人已曾行孝行弟,方可称他知孝知弟,不成只是晓得说些孝弟的话,便可称为知孝弟。又如知痛,必已自痛了,方知痛。知寒必已自寒了,知饥必已自饥了。知行如何分得开,此便是知行的本体……必要是如此方可谓之知,不然只是不曾知。"⑥要想知道食物的味道必须亲口尝一尝;要想知道路途是艰险还是平坦,必须亲自走一走;要断定某人是否知孝知弟,必须看他是否行孝行弟了。质言之,要获得某种知识,不能靠"悬空口耳讲说",而要靠实行,只有有了亲身经验,在实行之后,才能真正得到知识,也才算有了知;只有通过践行,也才能判定一个人是否具有真知。这些论述,不仅包含了认识来源于实践,知以行为基础的思想,而且也内含了知要靠行来检验的思想因素,这无疑是正确的、值得肯定的。⑦

阳明的知行合一之说一经提出,就获得了弟子们的普遍追随,但也受到了不少质疑。其中阳明弟子邹守益与朱子学者吕柟之间的辩论很有代表性。阳明殁后,两人同在南都为官,共主讲席于太常南所,来往密切,时

---

① 王守仁:《王文成公全书》,中华书局 2015 年版,第 52 页。
② 王守仁:《书林司训卷》,《王文成公全书》,中华书局 2015 年版,第 57 页。
③ 王守仁原著、施邦曜辑评:《阳明先生集要》,中华书局 2008 年版,第 193 页。
④ 王守仁:《王文成公全书》,中华书局 2015 年版,第 51 页。
⑤ 王守仁:《王文成公全书》,中华书局 2015 年版,第 46 页。
⑥ 王守仁:《王文成公全书》,中华书局 2015 年版,第 5 页。
⑦ 苗润田:《中国儒学史·明清卷》,广东教育出版社 1998 年版,第 79—84 页。

时切磋学问，"予与东廓邹氏之在南都也，三年矣。每以居室之远，会不能数。然会必讲学，讲必各执所见，十二三不合焉"①，而知行合一说就是两人讨论时最常涉及而又不合的问题。吕柟记载两人在南京的第一次会面道：

> 初会于第，东廓曰："行即是知，譬如登楼不致其上，则不见楼上所有之物。"予应曰："苟目不见楼梯，将何所于加足以至其上哉？"东廓亦不以为然。②

邹守益坚持阳明的知行合一之说，以"尊德性"为前提，故有"行即是知"之说；而吕柟坚守程朱理学的"道问学"的进路，主张知行分开，知先行后。通过多次论辩，吕柟逐渐认识到程朱理学自身的一些不足，也看到了"尊德性"作为前提的现实意义，并抱着挽救时弊的心态，对心学的某些理论采取了更加柔和的态度。③

> 有学于邹氏之门者或见予，予必以予之所见者告之，且曰："今之学以甘贫为本，改过为急，苟能行焉，讲知行之不合无损也；苟不行焉，虽讲知行之合无益焉。"④

可见，虽然吕柟对邹守益之说一直不以为然，但是也对知行合一说不再采取完全否定的态度。这也在一个侧面反映了阳明学影响力的日益扩大。如果说吕柟对知行合一说的批评还较为温和的话，那么另外一些学者的批判则比较激烈。当时主气的学者吴廷翰批评道："知之与行，自有先后，自有作用，但不可截然为二途耳，岂可混而一之乎？"他进一步分析道："知行合一所以必辨其不然者，无他，盖知行两处用工，而本则一耳。若以知即是行，则人之为学只是力行便了，又何必致知。"⑤吴廷翰和吕柟

---

① 吕柟：《泾野先生文集》卷七，明嘉靖三十四年德昌刻本。
② 吕柟：《泾野先生文集》卷七，明嘉靖三十四年德昌刻本。
③ 萧无陂：《吕柟与阳明心学之间的论学交往考》，《宝鸡文理学院学报（社会科学版）》2010年第4期。
④ 吕柟：《泾野先生文集》卷七，明嘉靖三十四年德昌刻本。
⑤ 吴廷翰：《吴廷翰集》，中华书局1984年版，第56页。

一样持朱子学知先行后的立场,所以他认为,虽然知行的根本一致,但是二者毕竟范畴不同,如果直接以知为行,则将会消除在先的致知的独立意义。明亡以后,王船山对知行合一说的批评更加严厉。但船山主要是从知而不行的角度进行批评:

> 若夫陆子静、杨慈湖、王伯安之为言也,吾知之矣。彼非谓知之可后也,其所谓知者非知,而行者非行也。知者非知,然而犹有其知也,亦惝然若有所见也。行者非行,则确乎其非行,而以其所知为行也。以知为行,则以不行为行,而人之行、物之理,若或见之,不以身心尝试焉。[1]

船山乃至批评阳明"销行以归知,终始于知"。这显然是认为阳明消除了不以"身心尝试"的行,而使得徒有见知的现象发生。从思想上看,船山批评的原因自然在于他和阳明对于知、行范畴的理解不同。但也要注意到,船山从知而不行角度的批判,有着针对晚明空谈心性泛滥、学乏实际的良苦用心,他和吕柟、吴廷翰等人由朱子学知先行后说出发的批评的着重点自然不同。因此,同时代的陈确从推重行的角度认为"行到然后知到",对阳明之说矫正了朱子学成说反而表示了肯定:"阳明子言'知行合一','知行无先后','知行并进',真是宋儒顶门针子。"[2]由此种种分辨,我们可以看出,"知行合一"说有着可解释的丰富性、多样性,这一学说在近代以来一再被不断地重新理解诠释,并影响了民主革命的思潮,也自然有着理论内蕴的合理性。

---

① 王夫之:《尚书引义》,中华书局 1976 年版,第 76 页。
② 陈确:《答张考夫书》,《陈确集》,中华书局 1979 年版,第 588 页。

罗王之辩

　这是阳明思想成熟以后,和罗整庵之间,围绕着《大学古本》和《朱子晚年定论》之间展开的论辩。正德十五年(1520)在江西以书信来往的形式开始。论辩的论题以大学文本问题为中心,主要涉及格物、正心等中心观念的理解。两人观点早有分歧,但集中而彻底的爆发则是在此论辩之中。

　　论辩的具体经过是,正德十三年(1518),阳明弟子薛侃、欧阳德等将阳明的《古本大学》《朱子晚年定论》刊刻,随即又编入《传习录》行世,并将之寄赠整庵。整庵对阳明的相关观点大不同意,认为阳明"但当求之于外,而程朱格物之说,不免求之于外"以及对朱子《大学》分章补传视之为支离等论断不正确,"局于内部而遗其外,禅学而已"。

　　整庵的意见在正德十五年(1520)夏给王阳明的信中有充分的表示。整庵开头说与阳明两人"往在南都","于话言未克倾吐所怀,以求归于一,是恒用为歉"。"去年夏士友有以传习录见示者,亟读一过,则凡向日所闻,往往具在,而他所未闻者尚多",于是将己见"辄敢一二条陈,仰烦开示"。信的主要内容有两个方面。一个方面是针对阳明对朱子格物之说为外的指摘,加以辩护,所谓"切详大学古本之复,盖以人之为学,但当求之于内。而程朱格物之说,不免求之于外。圣人之意殆不其然,于是遂去朱子之分章而削其所补之传,直以支离目之,曾无所用夫?"整庵对阳明此观点的评论是"当仁之让可谓勇矣,窃惟圣门设教,文行兼资,博学于文,厥有明训。颜渊称夫子之善诱,亦曰博我以文。文果内邪外邪,是固无难辨者。凡程朱之所为说,有戾于此者乎?"因此如果仅仅认为"学不资于外求,但当反观内省以为务,则正心诚意四字亦何不尽之有,何必于入门之际便困以格物一段工夫也?"

　　正是由于经文文本有格物一段在先,整庵认为阳明不得不从内的角度对格物加以诠释:"训曰物者意之用也,格者正也,正其不正,以归于正也。其为训如此,要使之内而不外,以会归一处,亦尝就以此训推之,如曰意用于事亲,即事亲之事而格之,正其事亲之事之不正者,以归于正,而必尽夫天理。"于是阳明的解释在整庵看来是"盖犹未及知字已,见其缴绕迂曲而难明矣"。尤其是如此格物和正心诚意有叠床架屋之嫌,如整庵所云:"继此诚意正心之目,无乃重复堆栈,而无用乎大哉?"所以整庵从内外浑然不分的角度阐明"乾元万物资始,至哉坤元! 万物资生,凡吾之有此身,与夫万物之为万物,孰非出于乾坤? 其理固皆乾坤之理也,自我而观,物固物也;以理观之,我亦物也,浑然一致而已,夫何分于内外乎?"偏于内外两端的一边都是不合适的:"溺于外而遗其内,俗学是已;局于内而遗其外,禅学是已。凡为禅学之至者,必自以为明心见性,然于天人物我,未有不二之者,是可谓之有真见乎?"

此外,对于《朱子晚年定论》,整庵指出朱子论学书尺三数十卷之内,阳明只摘录三十余条所谓为学主向内者为晚年定论。而朱子答何叔京书四通时朱子年方四十有六,不可能是晚年定论。[①]

阳明《答罗整庵少宰书》先说明自己"不敢自以为极则而安之","正思就天下之有道以讲明之耳",然后又认为世之讲学者有二:"有讲之以身心者;有讲之以口耳者。讲之以口耳,揣摸测度,求之影响者也;讲之以身心,行著习察,实有诸己者也,知此则知孔门之学矣。"

接下来转入讨论的两个正题,第一是关于整庵对于阳明的"遂去朱子之分章而削其所补之传"的分析,阳明认为"《大学》古本乃孔门相传旧本耳。朱子疑其有所脱误,而改正补缉之。在某则谓其本无脱误,悉从其旧而已矣"。所以"学贵得之心","虽其言之出于孔子,不敢以为是也"。自己对于大学文本的"改正补缉之",重于背朱而轻于叛孔,是有正当性的。

第二,重点是对于整庵认为阳明因为《大学》文本中有格物一段,依自身为学内求的倾向,不得不曲为之说,却造成了叠床架屋的解释效果的指责。阳明用了大段的篇幅加以回复。首先阳明认为如果依照整庵的看法:"则修身二字亦足矣,何必又言正心? 正心二字亦足矣,何必又言诚意? 诚意二字亦足矣,何必又言致知,又言格物? 惟其工夫之详密,而要

---

① 罗钦顺:《与王阳明书》,《困知记》附录,中华书局 2013 年版,第 141—146 页。

之只是一事,此所以为精一之学,此正不可不思者也。"

接着阳明从正面论述自己格物说与正心、诚意、致知的统一关系:"故格物者,格其心之物也,格其意之物也,格其知之物也;正心者,正其物之心也;诚意者,诚其物之意也;致知者,致其物之知也:此岂有内外彼此之分哉!理一而已。……故就物而言谓之格;就知而言谓之致;就意而言谓之诚;就心而言谓之正:正者,正此也;诚者,诚此也;致者,致此也;格者,格此也。皆所谓穷理以尽性也。"

最后说明辨明此学有非常的重要性,"凡某之所谓格物,其于朱子'九条'之说,皆包罗统括于其中;但为之有要,作用不同,正所谓毫厘之差耳。然毫厘之差而千里之谬实起于此,不可不辨"。而自己的《朱子晚年定论》,"中间年岁早晚诚有所未考,虽不必尽出于晚年,固多出于晚年者矣。然大意在委曲调停以明此学为重"。又解释自己并非如整庵所言决与朱子异,而是本着"夫道,天下之公道也;学,天下之公学也,非朱子可得而私也,非孔子可得而私也"的精神来讲明学术。①

整庵于嘉靖七年(1528)冬再次寄书于阳明,继续讨论大学格物问题,整庵书中针对阳明的格物之说提出三处疑难。

第一处疑难是针对阳明格物说本身。阳明前书云"格物者格其心之物也,格其意之物也,格其知之物也。正心者,正其物之心也;诚意者,诚其物之意也;致知者,致其物之知也",整庵批评阳明此处存在由于物的概念模糊所导致的不自洽:"夫谓格其心之物格其意之物格其知之物,凡其为物也三,谓正其物之心,诚其物之意,致其物之知,其为物也一而已矣。就三物而论,以程子格物之训推之,犹可通也。以执事格物之训推之,不可通也。就一物而论,则所谓物者,果何物邪?如必以为意之用,虽极安排之巧,终无可通之日。"

第二处疑难是认为阳明对于"意在于事亲,即事亲是一物;意在于事君,即事君是一物"等此类说法尚可以说,但是对于"论语川上之叹,中庸鸢飞鱼跃之旨"就难以用吾意着于川之流、鸢之飞、鱼之跃,正其不正以归于正。

第三处疑难也是从文本本身的细微处发难。阳明论学书云:"吾心之良知,即所谓天理也。致吾心良知之天理于事事物物,则事事物物皆得其

---

① 王守仁:《答罗整庵少宰书》,《困知记》附录,中华书局 2013 年版,第 215—220 页。

理矣。致吾心之良知者，致知也；事事物物各得其理者，格物也。"整庵认为如果如阳明所言的逻辑，在《大学》的文本应该是："则大学当云，格物在致知，不当云致知在格物；当云知至而后物格，不当云物格而后知至矣。"进一步，整庵认为阳明"既言精察此心之天理，以致其本然之良知，又言正惟致其良知以精察此心之天理"，那么天理和良知之间是一还是非一？孰先孰后？都是让人感到困惑的。①

整庵"初作此书，将以复阳明往年讲学之约，书未及寄，而阳明下世矣"，未能作答。罗、王之辩未尽彻底，但是两人讨论的问题，特别是阳明的格物新说，是其理论的重要关节。可以说，与整庵的辩论使得阳明有机会面对学术对立立场的批评，更加精致、细腻地构建自己的理论。整庵《困知记》下卷二十有云："庚辰春，王伯安以大学古本见惠，其序乃戊寅七月所作。序云……夫此其全文也，首尾数百言，并无一言及于致知。近见阳明文录，有大学古本序，始改用致知立说，于格物更不提起。其结语云：乃若致知，则存乎心悟。致知焉，尽矣。阳明学术，以良知为大头脑，其初序大学古本，明斥朱子传注为支离，何故却将大头脑遗下，岂其拟议之未定欤？合二序而观之，安排布置，委曲迁就，不可谓不劳矣。然于大学本旨，恶能掩其阴离阳合之迹乎！"②庚辰即正德十五年（1520），其时阳明对于大学的理解如整庵所言还是相当执着于格物。其后阳明改以致知为宗旨，不再强调格物在《大学》中的重要性。这固然是阳明自身学思发展的结果，有理论的一贯性，也不能不说和整庵的极力辩驳有关。

---

① 罗钦顺：《与王阳明书·又》，《困知记》附录，中华书局 2013 年版，第 146—148 页。
② 罗钦顺：《困知记》，中华书局 2013 年版，第 125 页。

"致良知"说的提出

依据《年谱》所载,正德十六年(1521),阳明始揭致良知之教,谓"自经宸濠、忠、泰之变,益信良知真足以忘患难,出生死,所谓考三王,建天地,质鬼神,俟后圣,无弗同者"。乃遗书弟子邹守益曰:"近来信得致信得致良知三字,真圣门正法眼藏。往年尚疑未尽,今自多事以来,只此良知无不具足。譬之操舟得舵,平澜浅濑,无不如意,虽遇颠风逆浪,舵柄在手,可免没溺之患矣。"又语弟子陈九川云:"我此良知二字,实千古圣圣相传一点滴骨血也。"又曰:"某于此良知之说,从百死千难中得来,不得已与人一口说尽。只恐学者得之容易,把作一种光景玩弄,不实落用功,负此知耳。"对于阳明为学宗旨的变化,《年谱》认为"先生自南都以来,凡示学者,皆令存天理去人欲以为本。有问所谓,则令自求之,未尝指天理为何如也。……今经变后,始有良知之说"①。

但考诸阳明思想变化的线索,则致良知思想的萌发乃至成熟可能尚在此年之前。如阳明在嘉靖二年(1523)致书薛侃时曾云:"'致知'二字,是千古圣学之秘,向在虔时终日论此,同志中尚多有未彻。近于古本序中改数语,颇发此意,然见者往往亦不能察。今寄一纸,幸熟味!此是孔门正法眼藏,从前儒者多不曾悟到,故其说卒入于支离。"②阳明居虔之时正是在正德十五年(1520)。《传习录》载陈九川庚辰往虔州再见阳明求教,阳明让其致知,陈九川问如何致知,阳明乃曰:"尔那一点良知,是尔自家底准则。尔意念着处,它是便知是,非便知非,更瞒它一些不得。尔只不要欺它,实实落落依着它做去,善便存,恶便去,它这里何等稳当快乐!此便是格物的真诀,致知的实功。若不靠着这些真机,如何去格物?我亦近

---

① 王守仁:《王文成公全书》,中华书局 2015 年版,第 1456—1457 页。
② 王守仁:《寄薛尚谦》,《王文成公全书》,中华书局 2015 年版,第 241 页。

年体贴出来如此分明,初犹疑只依它恐有不足,精细看,无些小欠缺。"①
可见正德庚辰(1520)阳明在江西之时,已经体贴出致良知的说法。②

　　当然,如果论及致良知的类似话头或想法,当萌发的更早。就经典而言,《孟子》本有良知之说,而《大学》工夫八条目中致知的"知"也需要有所解释。阳明提出知行合一时,作为本体的知已经隐含着良知的观念。如《传习录》载徐爱录:"知是心之本体,心自然会知:见父自然知孝,见兄自然知弟,见孺子入井自然知恻隐,此便是良知,不假外求。若良知之发,更无私意障碍,即所谓'充其恻隐之心,而仁不可胜用矣'。然在常人不能无私意障碍,所以须用致知格物之功,胜私复理。即心之良知更无障碍,得以充塞流行,便是致其知。知致则意诚。"③正如薛侃所言:"'良知'二字,以理言之,尽天下之理;以事言之,尽天下之事;以学言之,尽天下之学。阳明先生晚年提掇此二字出来,道理方有统会处。早年虽不曾提出,然所讲莫非是这件。"④

　　尽管如此,"致良知"说的提出仍然反映了阳明生命和学思的新的探索和发展。阳明在龙场之后,一直没有找到一个合适的话语以接引学者,统括自己的思想主张。"致良知"说提出以后,阳明即十分得意地将其视为圣学的不二法门,如其云:"吾'良知'二字,自龙场已后,便已不出此意,只是点此二字不出,于学者言,费却多少辞说。今幸见出此意,一语之下,洞见全体,直是痛快,不觉手舞足蹈。学者闻之,亦省却多少寻讨功夫。"⑤又云:"区区所论'致知'二字,乃是孔门正法眼藏,于此见得真的,直是建诸天地而不悖,质诸鬼神而无疑,考诸三王而不谬,百世以俟圣人

① 王守仁:《王文成公全书》,中华书局2015年版,第115页。
② 目前学界关于王阳明"始揭致良知之教"的时间至少有五说,分别是:正德三年(1508)于贵州龙场说(据阳明自云"吾'良知'二字,自龙场以后,便已不出此意")、正德九年(1514)于南京说(据黄久庵《阳明先生行状》云:"甲戌,升南京鸿胪寺卿,始专以'良知'之旨训学者")、正德十四年(1519)于南昌说(近束景南先生经考证主此说,见氏著《王阳明年谱长编》三,上海古籍出版社2017年版,第1108—1111页)、正德十五年(1520)在赣州说(据《传习录》与陈明水云"近年体贴出来如此分明"等)、正德十六年(1521)于南昌说(据《年谱》载本年"始揭致良知之教"与钱绪山《刻〈阳明先生文录〉叙说》云"'良知'之说,发于正德辛巳年")。正如此处指出的,综合来看,以正德十五年(1520)说为妥当。
③ 王守仁:《王文成公全书》,中华书局2015年版,第8页。
④ 薛侃:《薛侃集》,上海古籍出版社2014年版,第8页。
⑤ 王守仁:《王文成公全书》,中华书局2015年版,第11页。

而不惑!"①又云:"致知之说,鄙见恐不可易,亦望老兄更一致意,便间示知之。此是圣学传心之要,于此既明,其余皆洞然矣。"②又云:"自孔孟既没,此学失传几千百年。赖天之灵,偶复有见,诚千古之一快,百世以俟圣人而不惑者也。"③可见阳明对自己提出致良知为理论概念核心的得意和重视。

嘉靖以后,阳明晚年居越讲学,单提致良知三字为宗旨,得到学者的热烈响应。致良知是阳明心学的最后归宿,"吾平生讲学,只是致良知三字"④。致良知说的提出,表现出阳明思想日趋成熟,使得格物及知行合一说发生了微妙的变化,与佛道智慧的融合也更加圆融。⑤

---

① 王守仁:《与杨仕鸣》,《王文成公全书》,中华书局 2015 年版,第 224 页。
② 王守仁:《答甘泉》,《王文成公全书》,中华书局 2015 年版,第 219 页。
③ 王守仁:《书魏诗孟卷》,《王文成公全书》,中华书局 2015 年版,第 340 页。
④ 王守仁:《寄正宪男手墨二条》,《王文成公全书》,中华书局 2015 年版,第 1142 页。
⑤ 本条参见陈来:《有无之境——王阳明哲学的精神》第七章第一节致良知说的提出,生活·读书·新知三联书店 2009 年版,第 181—187 页。

"拔本塞源"论

　　"拔本塞源论"见于今本《传习录》中卷卷首王阳明《答顾东桥书》一书文末"夫拔本塞源之论不明于天下"一段,写于嘉靖四年(1525)年九月。此段至少在嘉靖十六年(1537)薛侃所刻《阳明则言》中,已被命名为"拔本塞源论"。晚明陈龙正单独选出刊行,标明为"拔本塞源论"。刘宗周《阳明传信录》节选时也题做"拔本塞源"。拔本塞源语出《左传》昭公九年:"我在伯父,犹衣服之有冠冕,木水之有水原,民人之有谋主也。伯父若裂冠毁冕,拔本塞源,专弃谋主,虽戎狄,其何有有余一人。"拔本塞源论为阳明的最著名论断之一,表明了其万物一体的伦理思想。王阳明亦颇重视此信,曾转寄他人以阐明他的思想:"寄去鄙录,末后《论学》一书,亦颇发明鄙见,暇中幸示及之。"①所谓《论学》一书,即是指此信。

　　此书可以分为十一段。首段标明夫"拔本塞源"之论不明于天下。第二段说明"夫圣人之心,以天地万物为一体,其视天下之人,无外内远近,凡有血气,皆其昆弟赤子之亲,莫不欲安全而教养之,以遂其万物一体之念"。第三段描述各种状况圣人有忧之,是以推其天地万物一体之仁以教天下,使之皆有以克其私,去其蔽,以复其心体之同然。其教之大端,则尧、舜、禹之相授受,所谓"道心惟微,惟精惟一,允执厥中"。而其节目则舜之命契,所谓"父子有亲,君臣有义,夫妇有别,长幼有序,朋友有信"五者。三代时无外界干扰,所以人多能之。第四段言"学校之中,惟以成德为事,而才能之异或有长于礼乐,长于政教,长于水土播植者,则就其成德,而因使益精其能于学校之中"。如此可以各安其业,天下共安。第五段言"其才能之异若皋、夔、稷、契者,则出而各效其能,若一家之务,或营其衣食,或通其有无,或备其器用,集谋并力,以求遂其仰事俯育之愿,惟

---

① 　王守仁:《答毛古庵宪副》,《王文成公全书》,中华书局 2015 年版,第 265 页。

恐当其事者之或怠而重己之累也"。第六段为一转折，"三代之衰，王道熄而霸术猖；孔、孟既没，圣学晦而邪说横：教者不复以此为教，而学者不复以此为学"。第七段云"既其久也，斗争劫夺，不胜其祸，斯人沦于禽兽夷狄，而霸术亦有所不能行矣"。于是若是者纷纷籍籍，群起角立于天下。第八段云"世之学者，如入百戏之场"，莫衷一是，故圣人之学日远日晦，而功利之习愈趋愈下。第九段总结"盖至于今，功利之毒沦浃于人之心髓，而习以成性也几千年矣"。第十段基于以上所论的状况，发出这样的感慨："以若是之积染，以若是之心志，而又讲之以若是之学术，宜其闻吾圣人之教，而视之以为赘疣柄凿，则其以良知为未足，而谓圣人之学为无所用，亦其势有所必至矣！"最后一段表达"所幸天理之在人心，终有所不可泯，而良知之明，万古一日"的理想和信心。[①]

此论后人评价甚高。一方面是论者从此论万物一体的角度评价其气势磅礴，议论宏大。如刘宗周云："快读一过，迫见先生一脉真血脉，洞彻万古。蒙尝谓孟子好辨而后，仅见此篇。"孙奇逢云："拔本塞源之论，以宇宙为一家，天地为一身。真令人恻然悲，戚然痛，愤然起。是集中一篇大文字，亦是世间一篇有数文字。"另一方面是从此论涉及事功的角度评价王学在治理上的实际趋向，如聂豹云："若破得世情，便自安本分。阳明先生拔本塞源论中论，尽之。"[②]陈龙正云："拔本塞源论，乃先生直接道统处。智略技能，至先生极矣。然一毫不恃，尽擘破之，而唯求复心体之为贵。解悟灵通，至先生极矣。然一毫不恃，尽擘破之，而唯施行五伦为贵。其心则唯欲安天下之民，惟共成天下之治。道学一点真血脉，先生得之。恐后世以顿悟而疑其为儒之禅，以事功而疑其为儒之杂，不可不辩也。"耿定向在其请从祀阳明的上疏中也云："所著拔本塞源论，最为明切，使中外臣工，实是体究。则所以翼太平之治实多，而守仁之志已得。彼唯欲朝廷协一德之交。而不乐有倡道之名也。"[③]

此论所体现的一体仁学的伦理实践取向也影响了阳明后学的思想。钱德洪论及阳明晚年"万物一体"思想时云："平生冒天下之非诋推陷，万死一生，遑遑然不忘讲学，惟恐吾人不闻斯道，流于功利机智，以日堕于夷

---

① 王守仁：《王文成公全书》，中华书局2015年版，第66—70页。

② 聂豹：《困辨录·辨诚》，《聂豹集》，凤凰出版社2007年版，第609页。

③ 参陈荣捷：《王阳明传习录详注集评》，台湾学生书局1983年版，第199—200页。

狄禽兽而不觉；其一体同物之心，诶诶终身，至于毙而后已。此孔、孟已来贤圣苦心，虽门人子弟未足以慰其情也。"①此处所言完全合乎《拔本塞源论》的思想，可见"流于功利机智"和"堕于夷狄禽兽"是王阳明对当时学术功利化和官德堕落的最突出的揭示，他所宣扬的"万物一体"之说也正是针对时弊而发，有着极为现实的意义。② 江右王门二传刘元卿从仁学的角度发明《拔本塞源论》的理论意义："孔子之仁……有宋诸儒言人人殊。程子万物一体之说，其孔门之嫡脉乎？当时杨谢衍其流，罗李掀其波，泰山乔岳之朱，倚辰扳斗之陆，方驾并出，亦程氏之仁所流也。朱子而后弊为训诂词章。王文成出而救之，拔本塞源一论，读之者无不痛心肺肺乎仁人之言哉。今天下谈王氏之学者满家，然未有深研其求仁之脉者。"泸潇认为仁就是所谓不虑而知之良知，"吾性之自不容已"，他反对"吾且成己，而后可以成物的说法"，认为"天下皆己也，一体也，不可割之使小也"，他主张以人之病痛犹病痛在己身，"圣贤之心何尝一日忘天下"③，这直接继承了阳明所论，表现了一种仁学的实践特征。阳明大弟子王畿曾经以此论作为后学学习阳明思想的入门教材。一直到现代，梁启超、钱穆、张岱年、陈来等学者对王阳明此论都推赞有加，以为此乃阳明晚年的代表性著作。

---

① 王守仁：《王文成公全书》，中华书局 2015 年版，第 49 页。

② 参陈来：《王阳明"拔本塞源"的思想》，《贵州文史丛刊》2017 年第 1 期。

③ 刘元卿：《一气说》，《刘元卿集》，上海古籍出版社 2014 年版，第 385—386 页。

南镇观花

　　"南镇观花"也即"山花之论"。此论出自《传习录下》："先生游南镇，一友指岩中花树问曰：'天下无心外之物，如此花树，在深山中自开自落，于我心亦何相关？'先生曰：'你未看此花时，此花与汝心同归于寂。你来看此花时，则此花颜色一时明白起来。便知此花不在你的心外。'"[①]

　　南镇观花发生在阳明晚年归隐绍兴期间（1521—1526），南镇即是现今浙江会稽山。在回答友人关于花在山间自开自落，与我的心又有何关系的问题时，王阳明解释说，当你看见花时，有了花的感觉，花的颜色才呈现出来；你还没看见花时，花便和你心同归于寂静状态，从而人不会有花的感觉，花也不会显现。这样一来，花明花寂便完全以人的感觉为转移，纯粹是主体的产物了。此条语录历来被认为是王阳明"心外无物"之论的典型代表而知名。

　　在回答"天地鬼神万物，千古见在，何没了我的灵明，便俱无了"的问题时，王阳明运用了同样的方法。他说："我的灵明，便是天地鬼神的主宰，天没有我的灵明，谁去仰他高？ 地没有我的灵明，谁去俯他深？ 鬼神没有我的灵明，谁去辨他吉凶灾祥？ 天地鬼神万物离却我的灵明，便没有天地鬼神万物了。""今看死的人，他这些精灵游散了，他的天地万物尚在何处？"[②]此处仍然是说，有了我的感觉，才有天地鬼神万物的存在；否则，人死了，没有感觉了，没有"灵明"了，天地万物也就不存在了。

　　纵览王阳明"心外无物"说的理路，他首先从分析身、心关系入手，提出"心者，身之主宰"的命题，为其心、物关系理论奠定了必要的思想基础。他说："耳目口鼻四肢，身也，非心安能视听言动？ 心欲视听言动，无耳目

---

①　王守仁：《王文成公全书》，中华书局 2015 年版，第 133 页。

②　王守仁：《王文成公全书》，中华书局 2015 年版，第 153—154 页。

口鼻四肢亦不能。故无心则无身，无身则无心。但指其充塞处言之谓之身，指其主宰处言之谓之心。"①这里，他说明了一个浅显易明的道理，即心欲视听言动，不能离开耳目口鼻四肢之身，而身若离开心，也无法视听言动。因此，身、心是相互联系、彼此依存的。同时，身与心又是支配与被支配的关系，心作为整个人体的主宰，支配着人的全部视听言动。在阐明心在身心关系中的主导地位和支配作用后，王阳明马上转向心、物关系问题的思辨，指出："指心之发动处谓之意，指意之灵明处谓之知，指意之涉着处谓之物，只是一体。"②即就心的发动而言叫做"意"，就意的灵明而言叫做"知"，就意的涉及处而言叫做"物"，都是一回事。这也就是说，"物"不是离开心、意而独立存在的客观事物，它仅仅是心或意的涉着处、显现物。因此，无心、无意即无物，"心者，天地万物之主也"，心包容物、主宰物。

从上述可以看出，王阳明讨论身心关系，论说心是身之主宰，完全是服务于他的心物理论的。而在其心物论中，"意之涉着处谓之物"，则成为他要说明"心外无物"的关键。正因为如此，王阳明在其著作中反复强调这一点。他说："身之主宰便是心，心之所发便是意。""意之所在便是物，如意在于事亲，即事亲便是物。""意在于视听言动，即视听言动便是一物，所以某说无心外之理，无心外之物。"③"物者，事也。凡意之所发，必有其事，意所在之事谓之物。"④"意之所用必有其物，物即事也。如意用于事亲，即事亲为一物；意用于治民，即治民为一物；意用于读书，即读书为一物……有是意即有是物，无是意即无是物矣。"⑤在这里，王阳明把主体活动的对象说成是心意的产物，把反映客观事物所产生的"意"归之为"心之所发"，断言人的"心"意识到哪里，那里就产生事物，否则就无物。这种观点可以作多种理解。一是将阳明所谓的物理解为做事。一是将其从价值的角度理解为意义本体论上的。⑥ 近代以来此论还与贝克莱的存在就是

① 王守仁：《王文成公全书》，中华书局 2015 年版，第 113 页。
② 王守仁：《王文成公全书》，中华书局 2015 年版，第 113 页。
③ 王守仁：《王文成公全书》，中华书局 2015 年版，第 7 页。
④ 王守仁：《大学问》，《王文成公全书》，中华书局 2015 年版，第 1118 页。
⑤ 王守仁：《王文成公全书》，中华书局 2015 年版，第 58—59 页。
⑥ 参陈来：《有无之境：王阳明哲学的精神》，生活·读书·新知三联书店 2009 年版，第 66—68 页。

被感知等命题联系起来,作为阳明主观唯心主义的证据。

　　总之,王阳明的"心外无物"说及其多方面的论证,较之陆九渊的心本论更为精细、丰富和严密。他对身心、心物关系的考察和论述,无疑都有助于深化人们已有的认识。因此,不止在理学的立场,从人类思想史的角度说,其心物理论也具有一定的理论价值。[①]

[①]　本条参苗润田《中国儒学史·明清卷》,广东教育出版社 1998 年版,第 71—74 页。

沿途聚讲

沿途聚讲是王艮讲学经常采用的方式。心斋以"山林隐逸""市井愚蒙"等中下层民众为讲学对象："先生益自信,乃制古深衣服,冠五常冠,绦经,搢笏,所至与人讲论道学。……乡人始而骇,渐而信,久而浸与俱化焉。"①由于他讲学的范围广阔,曾讲学过广德复初书院、泰州安定书院、金陵新泉书院等地,不限于一定,而在所到之处往往有其门生子弟出银租借民房为"讲堂""讲社",就形成了其沿途随处聚讲的讲学风格。

最为典型的是王艮入阳明门下之后的一次北行传道的活动："先生益自任,乃辞阳明先生去,制招摇车,将遍游天下。遂至京师,都人士聚观如堵。顾以先生言,多出独解,与传注异。且冠服车轮悉古制,咸目摄之。会阳明先生亦以书促还会稽,乃复游吴、越间,依阳明讲业。"②黄直《祭王艮文》也描述王艮此次北游的情状云:"癸未之春,会试举场,兄忽北来,驾车彷徨。随处讲学,男女奔忙。至于都下,见者仓皇。事迹显著,惊动庙廊。同志曰吁,此岂可长。再三劝谕,下车解装。共寓京邸,浩歌如常。我辈登科,兄乐未央。"③

王艮北行讲学,主要是因为"风之未远",于是希望通过周流天下,扩大阳明学术的影响力。因此,泰州学派的狂士特点都使用上了:深衣、五常冠、笏板,再加新创的蒲轮。讲学的内容则是不同于传统经传注释而是自出机杼的"独解"。从结果而言,王艮的这次讲学是成功的,所至之处皆

---

① 徐玉銮:《府志先生传》,转引自侯外庐主编:《中国思想通史》第四卷第二十二章,人民出版社1960年版,第967页。

② 见徐玉銮:《府志先生传》,如赵大洲《墓志铭》言:"未至都下,先一夕,有老叟梦黄龙无首,行雨,至崇文门变为人立。晨起往候,而先生适应之。"则类神迹,参侯外庐主编:《中国思想通史》第四卷第二十二章,人民出版社1960年版。

③ 转引自侯外庐主编:《中国思想通史》第四卷第二十二章,人民出版社1960年版,第967—968页。

引起轰动。在都下,不但"都人士聚观如堵",而且惊动了官府。在这种易于招祸的形势下,"同志相顾愕眙,共匿其车,劝止之。先生留一月,竟谐众心而返。然先生意终远矣"。王艮回到会稽,王阳明三日不见,以示裁抑之意。王艮因而知过改过,从此"敛圭角,就夷坦"。

不过,虽然泰州学派讲学颇有奇装异服等引人之处,但其讲学之所以吸引观众,主要还不在于形式上的"冠服车轮悉古制",而是由于讲学的方式和内容。这种用浅易通俗的语言和百姓日用之道的内容来讲解良知的平民式讲学方法,是泰州学派讲学的重要特色。

天泉证道与无善无恶之辩

嘉靖六年(1527)九月,王阳明由绍兴起征广西思恩、田州前夕,其弟子王畿和钱德洪因对"四句教"的理解产生分歧,于是来到王阳明面前请教。时在九月八日夜[1],因三人谈话地点在天泉桥上,故史称"天泉证道"。《传习录》对此事本末进行了详细的记载,龙溪先举阳明所言"无善无恶是心之体,有善有恶是意之动,知善知恶是良知,为善去恶是格物"不是"究竟话头",认为"若说心体是无善无恶,意亦是无善无恶的意,知亦是无善无恶的知,物是无善无恶的物矣。若说意有善恶,毕竟心体还有善恶在"。而绪山则认为"心体是天命之性,原是无善无恶的。但人有习心,意念上见有善恶在,格致诚正,修此正是复那性体功夫。若原无善恶,功夫亦不消说矣"。于是"是夕侍坐天泉桥,各举请正"。阳明对二者的争论采取折中的态度,认为"二君之见正好相资为用,不可各执一边",分别是接人的两种方法:"利根之人直从本源上悟入。人心本体原是明莹无滞的,原是个未发之中。利根之人一悟本体,即是功夫,人己内外,一齐俱透了。其次不免有习心在,本体受蔽,故且教在意念上实落为善去恶。功夫熟后,渣滓去得尽时,本体亦明尽了。""汝中之见,是我这里接利根人的;德洪之见,是我这里为其次立法的。"阳明认为其四句教教旨不可更改,"只依我这话头随人指点,自没病痛",而且强调"人有习心,不教他在良知上实用为善去恶功夫,只去悬空想个本体,一切事为俱不着实,不过养成一个虚寂。此个病痛不是小小,不可不早说破"。[2]

此条陈来认为是钱德洪所录,但陈荣捷认为是黄省曾所记,绪山在编订《传习录》时可能进行了润色。王阳明《年谱》"九月壬午,发越中"条也

---

[1]　陈来认为在九月七日,见其《有无之境:王阳明哲学的精神》,生活・读书・新知三联书店 2009 年版。

[2]　王守仁:《王文成公全书》,中华书局 2015 年版,第 145—146 页。

有记载,此条从内容看亦和钱德洪相关,和《传习录》所记大同小异,都是偏向于绪山的立场,认为"二君以后再不可更此四句宗旨。此四句中人上下无不接着。我年来立教,亦更几番,今始立此四句。人心自有知识以来,已为习俗所染,今不教他在良知上实用为善去恶功夫,只去悬空想个本体,一切事为,俱不著实。此病痛不是小小,不可不早说破"①。

以上两种俱可视为钱德洪方面对于天泉证道的记载。此外,另一当事人王畿对于此事也有所记,此即弁诸王龙溪集的《天泉证道纪》。此篇站在龙溪一方的立场对于龙溪的观点叙述较为详尽,如云龙溪对于四句教的质疑云:"夫子立教随时,谓之权法,未可执定。体用显微,只是一机;心意知物,只是一事。若悟得心是无善无恶之心,意即是无善无恶之意,知即是无善无恶之知,物即是无善无恶之物。盖无心之心则藏密,无意之意则应圆,无知之知则体寂,无物之物则用神。天命之性粹然至善,神感神应,其机自不容已,无善可名。恶固本无,善亦不可得而有也。是谓无善无恶。若有善有恶则意动于物,非自然之流行,着于有矣。自性流行者,动而无动,着于有者,动而动也。意是心之所发,若是有善有恶之意,则知与物一齐皆有,心亦不可谓之无矣。"在述及阳明对于龙溪、绪山两人观点评判的时候,也明显偏向于龙溪一边:"汝中所见,我久欲发,恐人信不及,徒增躐等之病,故含蓄到今。此是传心秘藏,颜子明道所不敢言者,今既已说破,亦是天机该发泄时,岂容复秘?然此中不可执着。若执四无之见,不通得众人之意,只好接上根人,中根以下人无从接授。若执四有之见,认定意是有善有恶的,只好接中根以下人,上根人亦无从接授。但吾人凡心未了,虽已得悟,仍当随时用渐修工夫。不如此不足以超凡入圣,所谓上乘兼修中下也。汝中此意,正好保任,不宜轻以示人。概而言之,反成漏泄。德洪却须进此一格,始为玄通。德洪资性沉毅,汝中资性明朗,故其所得亦各因其所近。若能互相取益,使吾教法上下皆通,始为善学耳。"②

此段记载中,夫子为阳明,先生为龙溪,钱子为绪山。这段记载明显偏向于龙溪,认为"上乘兼修中下也"。此外龙溪在《钱绪山行状》中对于

---

① 王守仁:《王文成公全书》,中华书局 2015 年版,第 1489—1490 页。
② 王畿:《天泉证道记》,《王畿集》,凤凰出版社 2007 年版,第 1—2 页。

此事也有描述,不过其内容大体不出《天泉证道纪》之外。

而在事件的非直接参与者的记载中,邹东廓对于天泉证道一事的记载较为重要,其云:"阳明夫子之平两广也,钱、王二子送于富阳。夫子曰:'予别矣,盍各言所学?'德洪对曰:'至善无恶者心,有善有恶者意,知善知恶是良知,为善去恶是格物。'畿对曰:'心无善而无恶,意无善而无恶,知无善而无恶,物无善而无恶。'夫子笑曰:'洪甫须识汝中本体,汝中须识洪甫工夫。二子打并为一,不失吾传矣!'"①

有学者认为此段记载说明所谓的四有说乃是指"至善无恶者心,有善有恶者意,知善知恶是良知,为善去恶是格物"。阳明的四句教正是要求把四有说和龙溪的四无说"打并为一"。"四句教"是阳明的教学宗旨,是"彻上彻下工夫",这是阳明所强调的第一点;其次,阳明虽然承认王畿的"四无说"是"接利根人"的一种教法,但是又指出此说有可能导致"只去悬空想个本体"等弊病,这是阳明所强调的第二点。

总之,王阳明既肯定了"四无说"和"四有说"所包含的合理内容,又认为二者各有理论缺陷。在他看来,"四无说"适用于天性聪敏的"上根之人",这种人能够当下彻悟心体无善无恶,一了百当;"四有说"适用于资质稍差的"中根以下人",这种人须经过长期的渐修功夫,在意念上为善去恶。但不能只重悟本体,不注重渐修功夫,或者强调渐修功夫,而忽视了悟本体。正确的方法应当是把二者有机统一起来,相资为用。王阳明告诫王畿说:"利根之人,世亦难遇,本体功夫一悟尽透,此颜子、明道所不敢承当,岂可轻易望人?"②就是说"四无说"在理论上可以成立,但在现实中却是难遇、鲜见的,因之不可以"轻易示人"。对王阳明的这一折中解释,王畿虽未正面提出异议,但仍然坚持自己的观点,并认为:"学须自证自悟,不从人脚跟转,若执着师门权法以为定本,未免滞于言诠,非善学也。"③显然,在王畿看来"四无说"是他自证自悟的理论创见,是不能轻易放弃的。

当然,王畿并不全然地否认经验层面的意有善恶,他说:"若有善有恶,则意动于物,非自性之流行,着于有矣。"也就是说,意之善恶不是心之

①　邹守益:《青原赠处》,《邹守益集》,凤凰出版社 2007 年版,第 103 页。
②　王守仁:《王文成公全书》,中华书局 2015 年版,第 146 页。
③　王畿:《天泉证道记》,《王畿集》,凤凰出版社 2007 年版,第 1 页。

所发，而是意动于物使然。他又说："吾人一切世情嗜欲，皆从意生。心本至善，动于意始有不善。"①人的一切私意杂念、世情嗜欲都是从意念上产生的，而心本体则完美无缺、至善至美。那么，怎样才能达到体用一致，克服意之恶呢？王畿指出，他的"四无说"从心体上立根，是先天正心之学；钱德洪的"四有说"从动意上立根，是后天诚意之学。先天正心学易简省力，后天诚意之学虽有省察克治之功，但繁难费力，难以从根本上解决问题。他说："正心，先天之学也；诚意，后天之学也……心本至善，动于意始有不善。若能在先天心体上立根，则意所动自无不善，一切世情嗜欲自无所容，致知功夫自然易简省力，所谓后天而奉天时也。若在后天动意上立根，未免有世情嗜欲之杂。才落牵缠，便费斩截，致知功夫转觉繁难，欲复先天心体便有许多费力处。"②只有从先天之心上立根，立足于至善的良知本体，了悟心本体是无善无恶的，那么，人的一切世情嗜欲、私意杂念就不会有容身之地，意、知、物便无善无恶了。相反，若是只从后天意念上用力，那就免不了受世情嗜欲之累，难以从根本上克服私意杂念，要想复明先天心体就会花费许多功夫。正是基于此，王畿坚持其"四无说"，力倡先天正心之学。③

"四句教"尤其是首句"无善无恶是心之体"的观点在王门当中及晚明思想界产生了较大的反响。湛若水亦曾针对"四句教"指出，"或言心意知物、先生则曰：有善无恶者心之体，有善有恶者意之动，知善知恶者心之神，达其知之善于意心身家国天下得所止者物之格"④。及至万历年间，围绕"四句教"等问题，王畿的弟子周汝登与刘宗周的老师许孚远之间、耿定向的弟子管志道与东林党人顾宪成之间，分别产生了激烈的辩论。特别是以顾宪成、高攀龙为代表的东林党人对"无善无恶"说进行了严厉的批判，认为其说之提倡，有可能产生两大弊病："空"与"混"，"空则一切解脱，无复挂碍"；"混则一切含糊，无复拣择"。也就是说，有可能给社会伦理秩序带来混乱。结论是"此之谓以学术杀天下万世"⑤。

---

① 王畿：《陆五台赠言》，《王畿集》，凤凰出版社2007年版，第445页。
② 王畿：《三山丽泽录》，《王畿集》，凤凰出版社2007年版，第10页。
③ 苗润田：《中国儒学史·明清卷》，广东教育出版社1998年版，第119页。
④ 湛若水：《天关语通录》后《附山斗会中述先生语意》，《湛甘泉先生文集》卷二十三，清康熙刻本。
⑤ 顾宪成：《证性编》卷三，《顾端文公遗书》，清康熙刻本。

上述这种批判乃是基于认为阳明学及其后学的某些思想言论在当时社会上产生了诸种严厉的弊端。到了晚明,刘宗周、黄宗羲在思想倾向上与顾、高等东林党人虽然未必一致,但也以为阳明后学有一种崇尚玄虚之弊端,究其思想上的原因,乃在于"无善无恶"说之提倡,因而不仅对王畿的"四无说"有严厉之批判,甚至怀疑"四句教"本身并非王阳明所持有的主张,而是王畿的杜撰。如刘宗周云:"先生每言'至善是心之本体,又曰'至善只是尽乎天理之极,而无一毫人欲之私。'……有时说'无善无恶理之静',亦未曾径说'无善无恶是心体'。若心体果是无善无恶,则有善有恶之意又从何处来?知善知恶之知又从何处来?……蒙因为龙溪易一字曰:'心是有善无恶之心,则意亦是有善无恶之意,知亦是有善无恶之知,物亦是有善无恶之物。不知先生首肯否?'"①

然而也必须看到,在阳明的思想中,已包含了"四无"说的理论因素,"从先天心体上立根"这一观点实与阳明心学注重发明本心的主旨相契。阳明早年也曾说过"我此论学,是无中生有的工夫"②。这实际上与王畿所主张的"从无处入手"的观点并无二致。阳明并说"无善无恶者理之静,有善有恶者气之动。不动于气,即无善无恶,是谓至善"③。刘宗周怀疑《传习录》下卷所记"王门四句教"乃是出自王畿之杜撰,以为"无善无恶"只可说"理之静",而不可用来指称"心之体"。其实,理既是超越一切的绝对存在,也就无所谓善恶分别,这一观点实可溯源于二程的"理为无对"、朱子的"道是泛言"等思想。既然"心即理"是阳明哲学的最高命题,那么"无善无恶"不仅可以形容"理之静",同样可以用来规定"心之体"。总之,不得不说刘宗周等人的怀疑缺乏文本根据,而王畿的"四无"说实是阳明心学在理论上的一种延伸。

由于所讨论问题的重要意义和深远影响,"天泉证道"被视为阳明的晚年定论,在阳明学发展史中一直有着道统象征的重要地位。王畿弟子周汝登(别号海门)在万历辛丑(1601)中秋的天泉桥宴会上,就如此云:"此桥乃阳明夫子证道处也,证道在嘉靖丁亥岁。"④周汝登于阳明学标志

---

① 刘宗周:《阳明传信录》,《明儒学案·姚江学案》,中华书局 2008 年版,第 218 页。
② 王守仁:《王文成公全书》,中华书局 2015 年版,第 41 页。
③ 王守仁:《王文成公全书》,中华书局 2015 年版,第 36 页。
④ 周汝登:《越中会语》,《周汝登集》,浙江古籍出版社 2015 年版,第 62—63 页。

性的天泉之桥，"在时空联想中注入理学家式的体道情怀，表达的是一种对儒学道统学脉的担当"①。

————————

① 王格：《学承和学脉：周汝登"学派归属"的重新认定》，《中国哲学史》2018 年第 2 期。

严滩问答

　　嘉靖六年丁亥(1527)九月八日,王阳明自越城出发,赴广西思田平乱,前一日与绪山、龙溪二子在天泉桥论学,申发"四句宗旨"。《王文成公年谱》云:"九月壬午发越中","甲申渡钱塘",又说"先生游吴山、月岩、严滩,俱有诗,过钓台……"①,这是说阳明在杭州一带又滞留数日。据过钓台诗跋"时从行进士钱德洪、王汝中,建德尹杨思臣及元材凡四人"②,可知钱、王其时送阳明至钓台,后在富阳一带分别。嘉靖八年(1529)春钱、王二人在《讣告同门》文中云:"前年秋,夫子将有广行,宽、畿各以所见未一,惧远离之无正也,因夜侍天泉桥而请质焉。夫子两是之,且进之以相益之义。冬初,追送于严滩请益,夫子又为究极之说。由是退与四方同志更相切磨,一年之别,颇得所省,冀是见复得遂请益也,何遽有是邪? 鸣呼! 别次严滩,逾年而闻讣复于是焉,云何一日判乎道,遂为终身永诀之乎?"③据以上材料所载,在天泉证道后,钱德洪与王畿送王阳明起赴思恩、田州公务,至富春江严滩,师徒之间又围绕"四句教"有一番问答,即所谓的"严滩问答"。由于此后阳明平乱归来后病殁,故"严滩问答"作为王阳明本人的最后定见之一,具有重大的意义。

　　关于此一问答的具体内容,钱德洪与王畿分别有记。《传习录》下载钱德洪记录此事云:"先生起行征思、田,德洪与汝中追送严滩,汝中举佛家实相幻想之说。先生曰:'有心俱是实,无心俱是幻;无心俱是实,有心俱是幻。'汝中曰:'有心俱是实,无心俱是幻,是本体上说工夫。无心俱是实,有心俱是幻,是工夫上说本体。'先生然其言。洪于是时尚未了达,数年用功,始信本体工夫合一。但先生是时因问偶谈,若吾儒指点人处,不

① 王守仁:《王文成公全书》,中华书局 2015 年版,第 1490 页。
② 王守仁:《王文成公全书》,中华书局 2015 年版,第 1490 页。
③ 《讣告同门》,《王文成公全书》,中华书局 2015 年版,第 1657 页。

必借此立言耳！"①

钱德洪后来虽然也体悟到本体工夫合一的意义，但认为阳明严滩所言乃是偶谈，儒者指点学问不必借用佛家用语。而王畿在《绪山钱君行状》中亦对于此事有所记载，则持完全的肯定态度，其云："夫子赴两广，予与君送至严滩。夫子复申前说，'二人正好互相为用，弗失吾宗'，因举'有心是实相，无心是幻相；有心是幻相，无心是实相'为问。君拟议未及答，予曰：'前所举，是即本体证工夫；后所举，是用工夫合本体。有无之间，不可以致诘。'夫子莞尔笑曰：'可哉。此是究极之说。汝辈既已见得，正好更相切磨，默默保任，弗轻漏泄也。'二人唯唯而别。"②此处所记阳明本人说辞更为详细明确，且明言此是究极之说。对于"有心俱是实，无心俱是幻；无心俱是实，有心俱是幻"此句，按照王龙溪所揭示的被王阳明首肯的理解，可以从本体和工夫两个不同维度加以理解。前句所谓是本体上说工夫，乃是指就心性本体而言，善恶是有明确区分的，要确定善的实在性，摒弃佛教对善恶无所肯定的立场；后者所谓是工夫上说本体，乃是指从工夫上而言，要无所着意，避免拟议安排，着实做实在工夫。

"严滩问答"比之天泉四句，虽有隐晦之病，但也有其优越性。因为在"严滩问答"之中，阳明并没有如同四句教将无善无恶放在首要的位置上，也自然不会引起无善无恶说所容易引起的那样一种负面的理论效应。严滩四句持以有为体、以无为用的精神，在本体和工夫两个层面将有和无统一起来，从而有效地突出了儒家本体上有和工夫上无的立场。将严滩四句和天泉问道合而观之，可以看出阳明晚年定说的特点。③

---

① 王守仁：《王文成公全书》，中华书局 2015 年版，第 154 页。
② 王畿：《绪山钱君行状》，《王畿集》，凤凰出版社 2007 年版，第 586 页。
③ 参见陈来：《有无之境——王阳明哲学的精神》，生活·读书·新知三联书店 2009 年版，第 261—262 页。

南浦请益

严滩送别之后，阳明兼程转江西赴广东。嘉靖六年丁亥（1527）十月，阳明到达江西南昌西南的南浦，江右及门弟子率两三百人于此地相候，向阳明请益。这就是所谓的"南浦请益"。对于此事，王龙溪详细记载如下：

> 阳明过江右，东廓、南野、狮泉、洛村、善山、药湖诸同志二三百人候于南浦请益。夫子云："军旅匆匆，从何处说起。我此意蓄之已久，不欲轻言，以待诸君自悟。今被汝中拈出，亦是天机该发泄时。吾虽出山，德洪、汝中与四方志相守洞中，究竟此件事，诸君只裹粮往浙，相与聚处，当自有得，待予归未晚也。"①

关于请益的内容，文中所说的"蓄之已久，不欲轻言……今被汝中拈出，亦是天机该发泄时"与王畿在《天泉证道纪》中阳明说的"汝中所见，我正欲发，恐人信不及，徒增躐等之病，故含蓄到今……今既已说破，亦是天机该发泄时"是相符合的，所以南浦请益，请益的是天泉证道事，而主要说的是王畿的"四无说"。

聂豹弟子徐阶在其所作《龙溪王先生传》中也记载了此事，其云"文成至洪都，邹司成东廓暨水洲、南野诸君，率同志百余人出谒，文成曰：'吾有向上一机，久未敢发，近被王汝中拈出，亦是天机该发泄时。吾方有兵事，无暇为诸君言，但质之汝中，当有证也'"②这一内容，王畿的同乡弟子赵锦在《龙溪王先生墓志铭》中亦有记载，与徐阶所记一字不差。徐阶和赵锦的内容来源应该主要是龙溪本人。

---

① 王畿：《天泉证道记》，《王畿集》，凤凰出版社 2007 年版，第 2 页。
② 徐阶：《龙溪王先生传》，《王畿集》，凤凰出版社 2007 年版，第 825 页。

关于阳明在南浦的活动,《年谱》所载为王阳明发舟广信,诸生徐樾自贵溪追至余干请益。阳明告之曰:"此体岂有方所,譬之此烛,光无不在,不可以烛上为光。"因指舟中曰:"此亦是光,此亦是光。"又指舟外水面曰:"此亦是光。"随后第二日阳明至南浦,讲《大学》,盛况空前,"诸生屏拥,多不得闻"。"唐尧臣献茶,得上堂旁听。……惊曰:'三代后安得有此气象耶!'及闻讲,沛然无疑"①。但此处所载并没有涉及龙溪所言的拈出天机一事。

如此,南浦请益的内容似乎成了龙溪的单方面说法。不过也需要指出,另有一些材料可以间接证明南浦请益的真实性。如在南浦请益第二年,嘉靖七年(1528),赴京会考的罗洪先已听到王门弟子对钱德洪和王畿的高度评价:"嘉靖戊子,予计偕北上,求友于四方,咸曰:'君不闻阳明之门所评乎?'江有何黄,浙有钱王',盖指雩都何善山秦,黄洛村弘纲与绍兴钱绪山德洪,王龙溪畿也。"罗洪先在给何廷仁作《墓志铭》时特地指出其随阳明"在南浦而趋南浦"。罗洪先与钱德洪论年谱亦有言:"天泉桥上与龙溪兄分辨学术,当时在洛村兄所闻亦如此。"邹守益的《青原赠处》曾叙述了天泉证道的情况,但将地址误记,具体内容也与阳明年谱和天泉证道纪有所差异。黄弘纲和邹守益对天泉证道情况的了解,显然是来自钱、王二人之外的消息源,也极有可能是来自南浦请益时阳明本人所云。②

当然,《传习录》和阳明《年谱》对于此事失载,可能是由于编辑者认为此事无足轻重,没有学术意义;也有可能是钱德洪对此事的内容有所微词,毕竟钱德洪对年谱中天泉证道的编纂也曾有过删定。不过由于记载的缺失,我们对于南浦请益的更多详细情况也难以获知了。但不管怎样,南浦请益可以看成是阳明殁前一次重要的学术活动。

---

① 王守仁:《王文成公全书》,中华书局 2015 年版,第 1491—1492 页。
② 本条参方祖猷:《王畿评传》,南京大学出版社 2001 年版,第 111—113 页。

致知议辩

嘉靖三十四年(1555),王龙溪有《致知议略》①,从良知学的角度阐述其关于致知的看法。此文缘起乃是"徐生时举将督学敬所君之命,奉奠阳明先师遗像"于天真书院,因就王畿而问学,"临别,出双江、东廓、念庵三公所书赠言卷",祈王畿一言以证所学。其主要内容主要有以下八个方面。

第一,王畿以良知与知识之区别为起头,认为两者"差若毫厘,究实千里。……良知者,本心之明,不由学虑而得,先天之学也。知识则不能自信其心,未免假于多学亿中之助,而已入于后天矣"。

第二,良知在圣学中的重要性体现在其"即是未发之中,即是发而中节之和,此是千圣斩关第一义,所谓无前后内外、浑然一体者也"。因此对于良知而言,"若良知之前别求未发,即是二乘沉空之学;良知之外别求已发,即是世儒依识之学"。

第三,依次诠释了独知、乾知和良知的同质关系。对于独知,王畿认为"独知无有不良,不睹不闻,良知之体,显微体用通一无二者也。戒慎恐惧、致知格物之功,视于无形,听于无声,日用伦物之感应而致其明察者,此也。知体本空,着体即为沉空;知本无知,离体即为依识"。这主要从人伦日用的工夫论角度阐明良知的特征。

第四,对于《易》中"乾知大始"中的乾知,王畿也认为即是良知,所谓"乾知即良知,乃混沌初开第一窍,为万物之始,不与万物作对,故谓之独。以其自知,故谓之独知。乾知者,刚健中正,纯粹精也。七德不备,不可以语良知,中和位育皆从此出,统天之学,首出庶物,万国咸宁者也"。这是从宇宙论的角度说明良知作为万物之始的地位。

---

① 王畿:《王畿集》,凤凰出版社 2007 年版,第 130—132 页。

第五，王畿阐明了良知在寂感、有无、动静中的形态"几"："动而未形，有无之间，几之微也。动而未形，发而未尝发也，有无之间不可致诘。此几无前后、无内外，圣人知几，贤人庶几，学者审几，故曰：'几者，动之微，吉之先见者也。'"此几即是王畿所谓的一念之几，知几、庶几、审几等研几工夫是后天一念工夫的重要关节。①

第六，转至工夫论的学上。王畿以颜回和子贡作对比，认为颜回"有不善未尝不知、未尝复行，正是德性之知、孔门致知之学，所谓不学不虑之良知也"。而与颜回正相反，"子贡务于多学，以亿而中，与颜子正相反。颜子没而圣学亡，子贡学术易于凑泊，积习渐染，至千百年而未已也"。王阳明将良知二字"信手拈出，乃是千圣绝学"。此正和孔子所言："吾有知乎哉？无知也。"相应，言良知之外别无知也。所以"世儒不能自信其心，谓空空不足以尽道，必假于多学而识以助发之"，存在着非常大的缺失。

第七，说明良知和日常格物致知不可分割的关系，"格物是致知日可见之行，随事致此良知，使不至于昏蔽也。吾人今日之学，谓知识非良知则可，谓良知外于知觉则不可；谓格物正所以致知则可，谓在物上求正而遂以格物为义袭则不可"。

第八，强调了良知在愚夫愚妇与圣人之间的那种先在的普遍性，"只有愚夫愚妇未动于意欲之时与圣人同"，而只有在具体的实践工夫中，"才起于意、萌于欲，不能致其良知，始与圣人异耳"。

以上八点，前四点主要是从良知本体上议论，第五点论几兼及本体工夫，后三点主要是从工夫上发挥，可以说是较为全面地体现了王畿对于良知学的认识，是其为学的一篇要领。由于龙溪好辩，"龙溪笔胜舌"，王门中与其观点相左者时常与其往复辩难。聂豹对于《致知议略》的疑难以及王畿的回应就是其中的重要代表。

聂豹与王畿之间的《致知议辩》②共有九个回合。

第一辩：关于先后天、良知即中即和、良知即寂即感，以及现成良知等

---

① 王龙溪的研几之学可参见彭国翔的分析，见氏著《良知学的展开——王龙溪与中晚明的阳明学》，生活·读书·新知三联书店 2005 年版，第 136—141 页。

② 王畿：《王畿集》，凤凰出版社 2007 年版，第 132—141 页。

之论辩①。

聂豹云："邵子云：'先天之学，心也；后天之学，迹也。'先天言其体，后天言其用，盖以体用分先后，而初非以美恶分也。"此是针对龙溪议略第一点言先天后天。

"'良知是未发之中'，先师尝有是言，若曰良知即是发而中节之和，词涉迫促。"此处是针对议略第二点，言良知只是未发之中。

又云："寂，性之体，天地之根也，而曰非内，果在外乎？感，情用，形器之迹也，而曰非外，果在内乎？抑岂内外之间别有一片地界可安顿之乎？即寂而感存焉，即感而寂行焉，以此论见成，似也，若为学者立法，恐当更下一转语。《易》言内外，《中庸》亦言内外，今曰无内外；《易》言先后，《大学》亦言先后，今曰无先后。是皆以统体言工夫。"此条是针对议略第二点及第三点寂感无内外。

"良知之前无未发，良知之外无已发，似是浑沦未判之前语，设曰良知之前无性，良知之外无情，即谓良知之前与外无心，语虽玄而意则舛矣。"此处是质疑议略中第二点的沉空与依识。

"尊兄高明过人，自来论学只是混沌初生、无所污坏者而言，而以见在为具足，不犯做手为妙悟，以此自娱可也，恐非中人以下之所能及也。"此处是论及龙溪为学风格，也兼及第八点。

王畿对于第一难的答复如下。首先是答复聂豹先后天之疑难。双江根据邵雍，认为先天后天是以体用分，非是以善恶分。龙溪赞同此点，但认为就道德实践而言，"先天是心，后天是意，至善是心之本体，心体本正，才正心便有正心之病。才要正心，心便已属于意。'欲正其心，先诚其意'，犹云舍了诚意更无正心工夫可用也"。因此对于工夫而言在发用上的意义就是"致知工夫在格物上用"，"非谓矫强矜饰于喜怒之末、徒以制之于外也。"

接下来是回答双江对于无内外先后之难。双江根据《易传》《大学》《中庸》等经典认为本体工夫有内外先后。但对于寂而言，即本体便是工

---

① 辩论名称依牟宗三《从陆象山到刘蕺山》。对《致知议略》和《致知议辩》的理解亦可参见牟宗三的诠释，见氏著《从陆象山到刘蕺山》，《牟宗三先生全集》第八卷，联经出版事业有限公司2003年版，第257—322页。聂豹亦有《致知议辩》和《答王龙溪》文，内容多有龙溪集中未载者，此处所述以龙溪文为主。

夫,对于感而言,即工夫便是本体,所以龙溪云:"寂非内而感非外,盖因世儒认寂为内、感为外,故言此以见寂感无内外之学,非故以寂为外、以感为内而于内外之间别有一片地界可安顿也。既云寂是性之体,性无内外之分,则寂无内外可不辨而明矣。"

复次是回答双江对于"良知即是未发之中,即是发而中节之和"之难。龙溪本于阳明,阳明答《陆原静书》言:"未发之中即良知也,无前后内外而浑然一体者也。……未发在已发之中,而已发之中未尝别有未发者在。已发在未发之中,而未发之中未尝别有已发者在。"龙溪据此云:"良知之前无未发者,良知即是未发之中,若复求未发,则所谓沉空也。良知之外无已发者,致此良知即是发而中节之和,若别有已发,即所谓依识也。语意亦似了然,设为良知之前无性、良知之后无性,即谓之无心而断以为混沌未判之前语,则几于推测之过矣!"但依照牟宗三的分析,阳明本意是指就良知分析来说,而有歧义。龙溪乃就致良知而综合来说,导致了双江对其有"语涉促迫"之难。

最后,回答双江对于其论学风格的批评,兼及良知的见在具足问题。龙溪谓:"公谓不肖高明过人,自来论学只从混沌初生无所污坏者而言,而以见在为具足、不犯做手为妙悟,不肖何敢当?……此原是人人见在具足、不犯做手本领工夫,人之可以为尧舜、小人之可使为君子,舍此更无从入之路、可变之几,固非以为妙悟而妄意自信,亦未尝谓非中以下所能及也。"

第一辩龙溪的答复最长,涉及的问题也最多,具有答辩总纲的意味。

第二辨:关于"乾知"之论辩。

此辩是关于龙溪《致知议略》中第三、四点乾知而言。双江引用朱子《周易本义》解释"乾知大始"的解释"乾主始物而坤作成之"一语认为知字原属下文,而龙溪"今提知字属乾字,遂谓乾知为良知,不与万物作对为独知,七德咸备为统天",与其他经典文本不合,"六经之言,各有攸当,似难以一例牵合也"。双江希图通过以经典文本为评判标准否定龙溪对于乾知的理解。

对此龙溪认为"'乾知大始',大始之知,混沌初开之窍,万物所资以始。知之为义本明,不须更训主字",他反驳道:"下文证之曰'乾以易知',以易知为易主可乎?"所以"此是统天之学,赞元即所以赞乾,非二义也"。

第三辨:关于"独知"之论辩。

这是关于《致知议略》中第三点独知而言。双江引用程子"不睹不闻便是未发之中,说发便属睹闻",认为"独知是良知的萌芽处,与良知似隔一尘。此处著功,虽与半路修行不同,要亦是半路的路头也"。双江认为"致虚守寂方是不睹不闻之学、归根复命之要"。而对于虚寂的批评则是没有认识到"夫明物察伦、由仁义行,方是性体自然之觉,非以明察为格物之功也。如以明察为格物之功,是行仁义而袭焉者矣。以此言自然之觉,误也"。双江进一步提出其理解的主宰:"其曰'视于无形,听于无声',不知指何者为无形声而视之听之? 非以日月伦物之内必有一个虚明不动之体以主宰之,而后明察之? 形声俱泯,是则寂以主夫感,静以御乎动,显微隐见通一无二是也。"他最后将寂感与咸卦联系起来:"夫子于咸卦特地提出虚寂二字以立感应之本,而以至神赞之,盖本卦之止而说以发其蕴。"

龙溪对此批评道:"独知是良知的萌芽,才发便属睹闻,要亦是半路修行的路头,明察是行仁、义而袭,非格物之功。致虚守寂,方是不睹不闻之学,日用伦物之内别有一个虚明不动之体以主宰之,而后明察之形声俱泯,似于先师之旨或有所未尽契也。"他正面阐释对于独知的理解:"良知即所谓未发之中,原是不睹不闻,原是莫见莫显。……致者致此而已,守者守此而已,视听于无者视听此而已,主宰者主宰此而已。"进而批评双江:"今若以独知为发而属于睹闻,别求一个虚明不动之体以为主宰,然后为归复之学,则其疑致知不足以尽圣学之蕴,特未之明言耳。"

第四辨:关于"几"之论辩。

这是关于《致知议略》第五点。双江批评龙溪道:"今不谓诚神为学问真工夫,而以有无之间为人心真体用,不几于舍筏求岸? 能免汪洋之叹乎?"他认为几要关联着本体的诚来论述:"诚精而明,寂而疑于无也,而万象森然已具,无而未尝无也。神应而妙,感而疑于有也,而本体寂然不动,有而未尝有也。"随后他列举经典中的各种言论,认为"言几也,舍诚而求几,失几远矣! 内外先后、混逐忘助之病,当有能辨之者"。

龙溪认为几和诚、感并非有二:"良知之实体为诚,良知之妙用为神,几则通乎体用而寂感一贯,故曰有无之间者,几也。有与无正指诚与神而言。"所以"《大学》所谓诚意,《中庸》所谓复性者,皆以慎独为要,独即几也"。

第五辩：关于"不学不虑"之论辩。

这是关于《致知议略》第六点。双江在一定程度上肯定学的意义，认为："子贡多识、亿中为学，诚与颜子相反，至领一贯之训而闻性与天道，当亦有今于具足之体，要未可以易视之也。先师良知之教本于孟子，孟子言孩提之童、不学不虑、知爱知敬，盖言其中有物以主之，爱敬则主之所发也。今不从事于所主以充满乎本体之量，而欲坐享其不学不虑之成，难矣！"

龙溪则强调良知不同于知识、不需学虑的自然性质，其云："先师良知之说仿于孟子，不学不虑，乃天所为，自然之良知也。惟其自然之良，不待学虑，故爱亲敬兄触机而发，神感神应。惟其触机而发，神感神应，然后为不学不虑自然之良也。"

第六辩：关于空空之论辩。

这也是《致知议略》中第六点关于工夫的问题。聂豹针对空空发问，一是"今谓良知之外别无知，疑于本文为赘，而又以空为道体，圣人与鄙夫无异，则鄙夫已具圣人体段，圣人告之，但与其空，如称颜子之庶乎足矣，复何两端之竭耶？"二是"心与耳目口鼻以空为体，是也，但不知空空与虚寂何所别？"

龙溪回复空空原是道体，"鄙夫之空与圣人同，故能叩其两端而竭，盖是非本心，人所固有，虽圣人亦增减他一毫不得。若有一毫意见填实，即不能叩而竭矣。心口耳目皆以空为体，空空即是虚寂，此学脉也"。

第七辩：关于"格物有工夫无工夫"等之论辩。

双江认为格物无工夫。其思路是："今曰'格物是致知日可见之行，随在致此良知，周乎物而不过'，是以推而行之为政，全属人为，终日与物作对，能免牵己而从之乎？其视性体自然之觉何啻千里？"并且认为龙溪"兄谓'觉无未发，亦不可以寂言，求觉于未发之前，不免于动静之分，入于茫昧支离而不自觉'云云，疑于先师之言又不类。师曰：'良知是未发之中，寂然大公的本体，便自能发而中节，便自能感而遂通。'感生于寂，和蕴于中，体用一原也"。总之"则致知之功要在于意欲之不动，非以周乎物而不过之为致也"。

龙溪则鲜明地提出"格物者，《大学》到头实下手处，故曰'致知在格物'，若曰格物无工夫，则《大学》为赘词，师门为剩说，求之于心，实所未解"。龙溪认为双江"苦口拈出虚寂话头以救学者之弊,固非欲求异于师门也",但是"然因此遂斩然谓格物无工夫,虽以不肖随在致此良知、周乎物而不过之说亦以为全属人为、终日与物作对、牵己而从之,恐亦不免于惩羹吹齑之过耳"。

第八辩:关于"误现成良知为告子生之谓性"。

这涉及致知议略的第八点。双江认为告子生之谓性与孟子"苟得其养,无物不长,苟失其养,无物不消"不同,后者"非以天地见成之息冒认为己有而息之也"。他进一步论道:"仁者与物同体,亦惟体仁者而后能与物同之,驭气摄灵与定息以接天地之根诸说恐是养生家所秘,与吾儒之息未可强同,而要以收敛为主则一而已。"

龙溪则认为仁与息、理与气未尝离,"驭气摄灵与呼吸定息之义不可谓养生家之言而遂非之,……但取用不同耳"。

第九辩:余辩。

此辩其实仍然是与上一辩论的问题有关。双江强调自己对于息的正面理解:"息有二义,生灭之谓也。攻取之气息,则湛一之气复,此气化升降之机,无与于学问也。予之所谓息者,盖主得其所养,则气命于性,配义与道,塞乎天地,生生之机也。"

而龙溪强调生生的意义,暗示双江:"则谓虚寂原是性体,归是归藏之义,而以为有所归,与生生之机微若有待,故疑其入于禅定。"并认为双江所言"佛学养觉而啬于用,时儒用觉而失所养","恐亦非所以别儒佛之宗也"。

对龙溪的回应,双江又有《答王龙溪》逐条加以回复,其中基本观点立场不出《致知议辩》的范围。关于这场争论,罗洪先亦有《读双江公致知议略质略》表达看法,他批评王畿道:"自来圣贤论学,未尝有不犯做手一言,未有学而不由做者,惟佛家则立跻圣位,此龙溪极误人处。"王畿与聂豹的"致知议辩",是王阳明卒后王门弟子的一次大辩论,集中代表了王门现成派和归寂派的思想矛盾,在思想史上具有典型的意义。

厅堂三间之喻

  厅堂三间之喻是阳明学关于儒释道三家关系的一个著名的比喻,较为典型地反映了阳明学者的三教观。厅堂三间之喻发轫于王阳明本人。《阳明先生年谱》嘉靖二年(1523)十一月条载张元冲在舟中问:"二氏与圣人之学所差毫厘,谓其皆有得于性命也。但二氏于性命中着些私利,便谬千里矣。今观二氏作用,亦有功于吾身者,不知亦须兼取否?"王阳明答曰:"说兼取,便不是。圣人尽性至命,何物不具,何待兼取?二氏之用,皆我之用:即吾尽性至命中完养此身谓之仙;即吾尽性至命中不染世累谓之佛。但后世儒者不见圣学之全,故与二氏成二见耳。譬之厅堂三间共为一厅,儒者不知皆吾所用,见佛氏,则割左边一间与之;见老氏,则割右边一间与之;而己则自处中间,皆举一而废百也。圣人与天地民物同体,儒、佛、老、庄皆吾之用,是之谓大道。二氏自私其身,是之谓小道。"[①]此处王阳明的意思是儒道两教本来均可为吾儒所用,由于后世儒者不明所以,将左右两间房间割与佛道。此段议论的真正意义或者可以理解为从大道或者圣学的全体看来,释、道都应该被包容在以儒家为主体的大道之中,这可谓是阳明本人的三教一致论。

  此后阳明弟子龙溪根据其师观点加以更大的发挥。当有友人问其云:"佛氏虽不免有偏,然论心性甚精妙,乃是形而上一截理。吾人叙正人伦,未免连形而下发挥,然心性之学沉埋既久,一时难为超脱,借路悟入,未必非此学之助。"王龙溪以为此说似是而非,其认为儒学并非"不说虚,不说寂,不说微,不说密","只因圣学不明……反被二氏点检訾议,敢于主张做大。吾儒不悟本来自有家当,反甘心让之,尤可哀也已。先师尝有屋舍三间之喻。唐虞之时,此三间屋舍原是本有家当,巢许辈皆其守舍之

---

① 王守仁:《王文成公全书》,中华书局 2015 年版,第 1468 页。

人。及至后世,圣学做主不起,仅守其中一间,将左右两间甘心让与二氏。及吾儒之学日衰,二氏之学日炽,甘心自谓不如,反欲假借存活"。① 基于以上看法,王畿认为三家屋舍原是本有家当,提出"良知之学乃三教之灵枢",要"以良知范围三教"。

阳明学的这种三教一致论,由于有泯灭儒释道差别的倾向,当时就遭到了不少学者的质疑。如湛若水即有对陈献章和王阳明观点的综合评论,认为白沙所云"儒与释无累一也",只是名义上而言,实质上儒释的"无累盖不同也"。"释之无累,外天地万物而空其心者也;儒者胸中虽无一物,却无物不体;虽全放下,却以无一事而非性之所固有而存之,是谓万物皆备也。又如释氏恶死则求偷生之术,恶物欲乱心则绝灭人伦。儒者义重生轻,不外人伦日用,而自有洒然境界",据此他不点名批评阳明的三间之论道:"近来有为儒释辨者,却有三间说,谓儒居其中,而异端亦得窃其左右间而处之,其亦以无累相同,而未论其同而异者乎? 其儒释无累,亦已自有不同,何得在三间之内? 是皆讲学不精之故也。"②

此后顾宪成也注意到了阳明的厅堂三间之喻,其评论云:"阳明将儒与仙释设一厅三间之喻,殆不可晓。……曰'一厅',言同也,俨然以'范围三教'为己任。曰'三间',源异也,又以自托于吾圣人同而异,天下又孰能议其混异而同? '仙家说到虚,圣人又岂能虚上加得一毫实? 释家说到无,圣人岂能无上加得一毫有?'是以吾之性命与二氏混也,不可言也。"③顾宪成将阳明的一厅三间之比喻和龙溪据此而得出的范围三教的理论看成一个整体加以批评,认为从儒家的立场看来,这种比喻混淆了二教,是难以被理解和接受的。

到清初,方以智也认为"新建三间之喻未也",他的立场却是另外的角度。他说:"明堂必南,而为天地理其家事者也。北奥者,守黑者也。骑危者,虚空座也。尊主者曰屋以栋为主乎? 辨实主者曰屋以基为主乎? 两扫者曰栋与基皆非也,屋以虚空为主也。""明堂""北奥""骑危"分指儒道释三教。儒家以栋梁为屋之主,道家以地基为屋之主,佛教以室中虚空为屋之主。在方以智看来,风雨时处屋,晦息时居奥,治事待客时施用于明

---

① 王畿:《三山丽泽录》,《王畿集》,凤凰出版社 2007 年版,第 15 页。
② 湛若水:《新泉问辨录》,《湛甘泉先生全集》卷八,清康熙刻本。
③ 顾宪成:《还经录》,《顾端文公遗书》,清康熙刻本。

堂,各家皆应时而动而用,才合乎"不落有无"的"屋理"。[①] 方以智这里实际已经是借阳明的命题大加发挥,阐述自己超越有实法、无实法的合二而一的哲学。

总之阳明的厅堂三间之喻作为阳明学派关于儒释道三教关系的一个经典论述,在当时和其后受到了广泛的关注和讨论。此喻无论对阳明自身的理论结构,或是对于晚明三教合一的思潮而言,都具有一定的代表意义。

---

① 方孔炤、方以智:《周易时论合编》,中华书局 2019 年版,第 14—16 页。

"精金喻圣"说

　　王阳明精金喻圣的比喻既反映了王阳明的圣人观,更重要的是反映了他的良知学说的一个基本特征。此喻出于《传习录》,阳明通过此喻,意在证明这样一点:"圣人之所以为圣,只是其心纯乎天理,而无人欲之杂",就好比"足色"之金,精金其所以为"精",是因为"成色足而无铜铅之杂"。同样,因为"金到足色方是精",所以"人到纯乎天理方是圣"。"然圣人之才力,亦有大小不同,犹金之分两有轻重。尧、舜犹万镒,文王、孔子犹九千镒,禹、汤、武王犹七八千镒,伯夷、伊尹犹四五千镒。才力不同,而纯乎天理则同,皆可谓之圣人。"这是就"足色"而言,虽"分"相差"悬绝",总之是"金"则无不同。因此,重要的是看"足色何",其中是否杂有"锡铅铜铁",使得质上发生变异。如果只在"分量"上斤斤计较,犹如世儒喜于知识才能上"毕精竭力",纵使"分量"愈增,却使"分两愈增而成色愈下",最终"无复有金矣"。①

　　但是有弟子不明白王阳明为什么把"大成至圣"的孔子说成是"九千镒"而不是"万镒",问:"闻先生以精金喻圣,以分两喻圣人之分量,以锻炼喻学者之工夫,最为深切;惟谓尧、舜为万镒,孔子为九千镒,疑未安。"

　　王阳明回此只是从"躯壳上起念","故替圣人争分两;若不从躯壳上起念,即尧、舜万镒不为多,孔子九千镒不为少"。"所以谓之圣,只论'精一',不论多寡,只要此心纯乎天理处同,便同谓之圣。"重要的是,每个人必须用"自己力量精神","只在此心纯乎天理上用功,即人人自有,个个圆成,⋯⋯无不具足"。如何使得自己的"足色之金"能够永远保持不变,这才是人们应该关注的重要课题。②

---

① 王守仁:《王阳明全集》,上海古籍出版社 2011 年版,第 31—32 页。
② 王守仁:《王阳明全集》,上海古籍出版社 2011 年版,第 31—32 页。

可见,"精金喻圣"虽是一个比喻,却体现出王阳明的良知学说的一个重要观点,亦即良知本体"人人具足""个个圆成"这一良知现成的观点。阳明认为,人的知识才能有多寡以及积累的问题,而人心良知则是现成圆满的。故而只有精纯驳杂的问题,而无"分量轻重"之别,更不能以量之多寡去做计较。可以说,阳明此喻所含的思想意义对阳明心学来说是非常重要的。①

不过,既然尧舜和孔子纯乎天理之点并无二致,那么就很难不让人生发尧舜高于孔子之感。阳明让人只论精一不论多寡恐怕难以如愿。比如童克刚问:"《传习录》中以精金喻圣,极为明切。惟谓孔子分两不同万镒之疑,虽有躯壳起念之说,终是不能释然。"并且一再请问。阳明乃以《易》作答,认为:"伏羲作《易》,神农、黄帝、尧、舜用《易》,至于文王演卦于羑里,周公又演爻于居东。二圣人比之用《易》者似有间矣。孔子则又不同。……况孔子玩《易》,韦编乃至三绝,然后叹《易》道之精。曰:'假我数年,五十以学《易》,可以无大过。'比之演卦演爻者更何如?更欲比之用《易》如尧、舜,则恐孔子亦不自安也。"②阳明此答乃和前两次谈及"精金喻圣"不同,正面陈述了他何以认为尧舜分量重于夫子。阳明认为孔子只是玩《易》学《易》,尚且比不上演卦演爻者如文王周公,若比之于用《易》的尧舜,则"孔子亦不自安也"。

但是这种解释显然有着尧舜高于孔子的意蕴。阳明的反对者抓住此点大加抨击。如冯柯在《求是编》中就认为阳明在前后两次比喻中存在自相矛盾之处。冯柯云:"使果以替圣人争分两为躯壳起念,则阳明前日以分量喻圣人分量者,独非躯壳起念乎?使前日之喻非躯壳起念,独何以今日之疑为躯壳起念乎?既自以为不从躯壳起念,不替圣人争分两,何不以孔子为万镒,尧舜为九千乎?"③而陈建《学蔀通辨》则更加直白地认为:"《传习录》又谓尧舜犹万镒,文王孔子犹九千镒,禹汤武王七八千镒。信斯言,则文王孔子均未得为至圣矣。阳明之猖狂无忌惮甚矣。"④

王门内部也有对此说继续表示不同看法的。比如王艮从比较尧、舜、

---

① 吴震:《中国理学》第四卷,东方出版中心 2002 年版,第 292—294 页。
② 王守仁:《王阳明全集》,上海古籍出版社 2011 年版,第 1297—1298 页。
③ 转引自陈荣捷:《王阳明传习录详注集评》,台湾学生书局 1983 年版,第 130 页。
④ 陈建:《学蔀通辨续编下》,《陈建著作二种》,上海古籍出版社 2015 年版,第 231 页。

禹和孔子的角度出发,认为孔子有过于尧、舜之处,其云:"盖尧舜之治天下,以德感人者也。……故有此位乃有此治。"而孔子"只是学不厌,教不倦,便是致中和、位天地、育万物,便做了尧舜事业,此至简至易之道,视天下如家常事,随时随处无歇手地。故孔子为独盛也"。并进而对于其师的精金喻圣观点微示不同意见:"先师尝有精金之喻,予以为孔子是灵丹,可以点石成金,无尽藏者。"①在点铁成金、转化人心的这个意义上,甚至据说明末高僧觉浪道盛也不自觉地使用了阳明的比喻:"必需一并付与大炉火,烹炼一番,使那铜、铅、铁、锡,都销尽了,还他国初十成本色也。"②

冯柯、陈建和王艮都看出了阳明思想中以尧舜高于孔子的倾向。邓艾民通过比较朱子和阳明,指出:"朱熹重立言垂训,故以孔子贤于尧舜:'若吾夫子则虽不得其为,而所以继往圣、开来学,其功反有贤于尧、舜者。'(《中庸章句序》)王守仁重平章百姓,协和万邦,以用《易》高于学《易》,故以尧、舜贤于孔子:'中国圣人,以尧、舜为最。'(《谏迎佛疏》)这与二人的思想体系是相应的。"③的确,阳明思想中有着对于现实秩序建立安顿的强烈关怀,这也在"精金喻圣"的譬喻中不自觉地流露了出来。

---

① 王艮:《王心斋全集》,江苏教育出版社 2001 年版,第 17 页。
② 参荒木见悟:《觉浪道盛初探》,廖肇亨译,《中国文哲研究通讯》1999 年第 9 卷 4 期。
③ 邓艾民:《传习录注疏》,上海古籍出版社 2012 年版,第 65 页。

"颜子没而圣学亡"说

颜子没而圣学亡语出于正德辛未(1511)①的《别湛甘泉序》之中。此文是阳明在京师时,为湛甘泉奉旨出使安南所作,是阳明关于儒家道统思想的一个重要命题。其文云:"颜子没而圣人之学亡。曾子唯一贯之旨传之孟轲,终又二千余年而周、程续。自是而后,言益详,道益晦;析理益精,学益支离无本,而事于外者益繁以难。盖孟氏患杨、墨;周、程之际,释、老大行。今世学者,皆知宗孔、孟,贱杨、墨,摈释、老,圣人之道,若大明于世。……甘泉之学,务求自得者也。世未之能知其知者,且疑其为禅。诚禅也,吾犹未得而见,而况其所志卓尔若此。则如甘泉者,非圣人之徒欤!"②总的来看,此文的中心思想是以是否自得为学问最重要的根基。阳明区分了古今两种偏离圣学形式的不同。杨、墨、老、释"学仁义,求性命,不得其道而偏",阳明"独且以为贤",因为"彼其心犹求以自得";而"今之所大患者"在于缺少自得而有本的"记诵词章之习"。所以阳明认为学问最为紧要之处在于是否自得,如果由自得而道偏,尚可以肯定其贤,而如果"自以为若是亦足",则"圣人之学遂废"。阳明通过对支离无本之学的批判和学贵自得的提倡,张扬了甘泉和以甘泉为同调的自身的学术取径。

不过姑且不论具体内容,在形式上"颜子没而圣学亡"的表述可谓奇特,当时就有弟子表示"此语不能无疑",阳明对此解释道:"见圣道之全者惟颜子。观喟然一叹,可见其谓'夫子循循然善诱人,博我以文,约我以

---

① 《王文成公全书》系注此文于正德壬申(1512),盖由于甘泉正式出行之日在壬申,但年谱载此文作于辛未(1511),另《增城沙堤湛氏族谱》著录此序亦署"正德辛未九月晦日拜手书"。关于此文具体写作时间束景南先生辨之甚明,参束景南:《王阳明年谱长编》二,上海古籍出版社 2017 年版,第 634 页。
② 罗洪先《湛甘泉先生墓表》综括全文如此。见《湛甘泉先生文集》卷三十二,清康熙刻本。

礼',是见破后如此说。博文约礼,如何是善诱人?学者须思之。道之全体,圣人亦难以语人,须是学者自修自悟。颜子虽欲从之,未由也已,即文王望道未见意。望道未见,乃是真见。颜子没,而圣学之正派遂不尽传矣。"①据此,阳明之所以推重颜子,乃是因为阳明认为对于见道而言,言益详,道益晦,必须要靠学者自修自悟才能见道。而就道之恍惚无定体而言,颜子见道之全而又望道未见,所以此乃是真见。阳明之意并不在于在道统序列上说明颜子之后圣学无传,而是在于强调道需自悟才可得见。

"颜子没而圣学亡"一语在阳明后学中影响很大。王阳明高弟王畿对此语十分看重,将其视为一个表露自己重要思想的话头。如龙溪云:"颜子有不善未尝不知、未尝复行,正是德性之知、孔门致知之学,所谓不学不虑之良知也。才动即觉,才觉即化,未尝有一毫凝滞之迹,故曰'不远复,无祗悔'。子贡务于多学,以亿而中,与颜子正相反。颜子没而圣学亡,子贡学术易于凑泊,积习渐染,至千百年而未已也。"②实际上,龙溪多次用良知的才觉即化的特征来诠释"颜子没而圣学亡"一语的正当性,并强调颜子性格之中那种不学不虑的特征,和多闻多识或者世俗重事功之学相对立,凸显其所有的空空道体。如其又云:"老师良知之旨原是千古绝学,颜子一生功夫只受用得此两字。自颜子没而圣学亡,世之学者以识为知,未免寻逐影响,昧其形声之本耳。夫知之与识,差若毫厘,缪实千里,不可不辨。无分别者,知也;有分别者,识也。知是本心之灵,是谓根本知,无知无不知。性是神解,不同妄识,托境作意而知,亦不同太虚廓落,断灭而无知也。"③此段话强调知识和良知的区别,良知之知的根本性正是颜子所有的,也是阳明对颜子有此断语的原因。

龙溪在此之外,对于此语还有一层理解的意涵,这就是工夫上的已达忘境的无心之无。龙溪从忘的角度详细描述了颜子之学相对于曾子和孟子更为高明的原因:"师云:'颜子没而圣人之学亡,此是险语。'毕竟曾子、孟子所传是何学,此须心悟,非言诠所能究也。略举其似。曾子、孟子尚有门可入、有途可循、有绳约可守,颜子则是由乎不启之局,达乎无辙之境,固乎无滕之缄。曾子、孟子犹为有一之可守,颜子则已忘矣。喟然一

① 王守仁:《王文成公全书》,中华书局 2015 年版,第 30 页。
② 王畿:《致知议略》,《王畿集》,凤凰出版社 2007 年版,第 131 页。
③ 王畿:《与孟两峰书》,《王畿集》,凤凰出版社 2007 年版,第 208 页。

叹盖悟后语：无高坚可着，无前后可据，欲罢而不能，欲从而无由，非天下之至神，何足以语此？"①

然而作为阳明此语所赠与的对象，湛若水却对龙溪所言批评道："一者何物，何寻何忘，而亦何有何无？恐此又说坏了三子。颜子得一善，拳拳服膺何曾便肯放？颜子没而圣人之学遂亡，其亡盖不在此。择善得一，有识悟，有真悟。真悟入微，拳拳服膺，乃圣门戒恐自然，原非把着，此所当知耳。"②甘泉批评龙溪所谓忘，似乎有一物把着之意。甘泉自身的观点在《默识堂记》中有所体现："孔子后，道在颜子，故明道程氏曰：'惟颜子便默识。'默识不待启，启不待语，故曰：'颜子没，而圣人之学不传。'"甘泉将颜子见道的路径与启不待语等同起来，给予了"颜子没而圣人之学不传"一语正面的意涵。即不传乃是传道的合法方式，因为道本身就有着不待启语的特征。这与阳明、龙溪一脉的理解思路显然有异。

在龙溪与甘泉之外，"颜子没而圣学亡"一语在中晚明影响深远，是学者讨论的焦点议题之一，甚至成为阳明学理论的一个显著符号。正如江右王门章潢云："谈圣学者莫不曰：'颜子没而圣人之道亡'。"③如邹守益也有对此句的评论，其云："先师之训曰，颜子没而圣学正派遂不尽传，学者往往疑之。……天下之言学术多矣，要之不过二病。滞于有者，以功利词章为悦也；沦于无者，以空寂玄虚为悦也。有无之间，见与不见之妙，于高坚前后间卓尔如有所立。谓之有，则非无也。谓之无，则非有也。非真见圣道之全，其孰能默而成之？"④魏良弼亦对阳明此语有着详尽的解释："独云颜子没而圣人之学亡，何耶？颜子之学，……常知常致，即常一矣。故云庶几者，几于一也。"⑤邹、魏二人基本是站在肯定此语的角度，至于阳明三代弟子则理解更加多元，如邹元标曰："昔人云：'颜子没圣人之学

① 王畿：《抚州拟岘台会语》，《王畿集》，凤凰出版社 2007 年版，第 16 页。
② 湛若水：《天关语通录》，《湛甘泉先生文集》卷二十三，清康熙刻本。
③ 章潢：《博文约礼》，《图书编》卷十四，景印《文渊阁四库全书》第 968 册，台湾商务印书馆 1986 年版，第 600 页。
④ 邹守益：《正学书院记》，《邹守益集》，凤凰出版社 2007 年版，第 357 页。
⑤ 魏良弼：《重修阳明王先生祠记》，《太常少卿魏水洲先生文集》卷四，《四库全书存目丛书》集部第 85 册，齐鲁书社 1997 年版，第 59 页。

亡。'愚见圣人之学,千古千今,人人本有,未尝亡也。在人悟不何如。"①
邹元标认为圣学未尝亡,关键在于人是否自悟。而焦竑则部分肯定了多
闻多见:"……'颜子殁而圣人之学亡,后世所传是子贡多闻多见一派学
问,非圣学也。'先生曰:'多闻择其善者而从之,多见而识之',是孔子所自
言,岂非圣学?"②邹元标和焦竑二人虽然在大概规模上没有偏离阳明说
此语的立场,但偏重的角度和阳明相比已经明显不同了。

　　另一方面,基于此语的巨大影响,王学的反对者自然将其作为一个标
靶,进行强烈的批评。批评者通常集矢于此语颜子之后道统无传的表面
意义。如陈建《学蔀通辨》云:"……颜子没而圣学亡,阳明送湛甘泉文有
此言也。信斯言,则曾思孟子皆不足以语圣学,而阳明直继孔颜之绝学
矣。"③顾应祥《精虚斋惜阴录》云:"愚谓此言非也。谓颜子没而圣学亡,
则曾子之《大学》、子思之《中庸》、孟子七篇仁义非圣学乎?……又况良知
一言发自孟子,格物致知出自曾子。不知在颜子未没之前耶?抑在颜子
已殁之后耶?"④清代以后那些反阳明学的学者的批评观点与此如出一
辙,如张伯行云:"阳明每云'颜子没而圣学亡',将至曾子、子思、孟子于何
地乎? 其过中失正,大抵皆此类。"刁包云:"阳明师弟动云'颜子没而圣学
亡'。夫颜子没,而圣人之学在曾子;曾子没,而圣人之学在子思;子思没,
而圣人之学在孟子。胡为其亡也?"⑤陈建、顾应祥乃至张伯行、汤斌从传
统理学的道统观角度对于颜子没而圣学亡一语进行批判,显然是理学式
立场先行的评论。可见他们对于此语的理解又在那些关切角度已经不同
于阳明的阳明后学之下了。⑥

①　邹元标:《答钱肇阳明府》,《愿学集》卷二,景印《文渊阁四库全书》第 1294 册,台湾商务印书
　　馆 1986 年版,第 66 页。
②　焦竑:《古城问答》,《澹园集》,中华书局 1999 年版,第 733—734 页。
③　陈建:《学蔀通辨续编下》,《陈建著作二种》,上海古籍出版社 2015 年版,第 230 页。
④　顾应祥:《静虚斋惜阴录》卷三,《四库全书存目丛书》子部第 84 册,齐鲁书社 1995 年版,第 84
　　页。
⑤　张伯行语见《困学录集粹》卷三,刁包语见《潜室札记》卷上,转引自荒木见悟《道统论的衰退
　　与新儒林传的展开》,载《思想与文献——日本学者宋明儒学研究》,华东师范大学出版社
　　2010 年版,第 13 页。
⑥　关于"颜子没而圣学亡"一说的历史影响,可参彭丹:《"谈圣学者莫不曰"——"颜子没而圣学
　　亡"的思想效应》,《孔子研究》2019 年第 4 期。

王何之辩

这是王廷相与何塘之间关于阴阳造化问题的辩论,进行于嘉靖五年(1526)至嘉靖十三年(1534)间。何塘曾对当时一些气本论的观点不满,先后撰有《阴阳管见》《阴阳管见后语》等,批评近世学者未明造化之妙。王廷相则有《慎言》以及专门针对何塘的《答何粹夫》(二首)、《答何粹夫论五行书》、《答何柏斋造化论》、《阴阳管见辨》等。

二者论辩主要有两个阶段。第一阶段主要是围绕何塘的《阴阳管见》[①]展开,王廷相根据《慎言》中的观点,写有《答何粹夫》二首[②],从两个角度展开批评。一是关于横渠的"太虚即气"。何塘云:"太虚即气,太虚不能不聚而为万物,万物不能不散而为太虚。聚则离明得施而有形可见,散则离明不得施而无形不可见。不可因其可见始谓之有,因其不可见,遂谓之无。故谓圣人不言有无言有无为诸子之陋。此其书之大指也。殊不知造化之道,阳为神,阴为形,形聚则可见,散则不可见。神无聚散之迹,故终不可见。今夫人之知觉运动,皆神之所为也,是岂有形而可见乎?观人则造化之妙可知矣。张子之论,盖以意见窥测而未至者也。"王廷相对此批评道:"《正蒙》'太虚不得不聚而为万物,万物不得不散而为太虚'此自完好……为其续以离明得施、不得施之说,则自为滞碍,亦不可以此而弃其至论也。"二是关于阴阳的辩论。何塘持"阴阳相离"论,云"天为阳、地为阴。火为阳,水为阴。天阳之阳也,故神而无形;地阴之阴也,故形而不神"等等。王廷相则以"阴阳相须"相待而不可离,"大抵阴阳论至极精处,气虽无形,而氤氲焄蒿之象即阴,其动荡飞扬之妙即阳,如火之附物然,无物则火不见示是也"。两者的意见完全相左。

---

① 何瑭:《阴阳管见》,《明儒学案·诸儒学案中三》,中华书局 2008 年版,第 1164—1168 页。
② 王廷相:《答何粹夫》(二首),《王廷相集》,中华书局 1989 年版,第 488—490 页。

第二阶段主要是围绕何塘针对《慎言》所作的《阴阳管见后见》[①]展开。王廷相作《答何粹夫论五行书》[②]《答何柏斋造化论》[③]等，主要有以下几个角度。

一、宇宙本源问题。何塘针对《慎言》中"道体不可言无，生有有无"的观点，提出道体兼有无，宇宙之本是太极，它是阴阳合一未分者也，阴有阳无。"道体兼有无，阴为形，阳为神，神而无形者，其本体盖未尝相混也。释、老谓自无而有，诚非矣。浚川此论出于横渠，要其归，则与老氏无而生有者无异也。释氏则实以有无并论，与老氏不同，此不可不知。所未精者，论真性与运动之风为二，及以风火为形耳。《阴阳管见》中略具此意，有志于道者详之可也。浚川所见，出于横渠，其文亦相似。"

而浚川则云："道体本有、本实，以元气而言也。元气之上无物，故曰太极。""有虚即有气"，虚气不离。并批评柏斋"体兼有无，亦自神无形有来"之论，认为"愚谓道体本有本实，以元气而言也。元气之上无物，故曰太极，言推究于至极，不可得而知。故论道体必以元气为始，故曰有虚即有气，虚不离气，气不离虚，无所始无所终之妙也。气为造化之宗枢，安得不谓之有？"

二、宇宙生成问题。何塘否定浚川的元气论，主张"天地水火造化本体，皆非有所对待而后生也"。"天宰之以神，地载之以形，水火二者交会变化于其间，万物由是而生，由是而死，造化之能事毕矣。自此之外，岂复有余蕴乎？"

浚川则反对何塘的说法，认为天地水火"四者皆自元气变化出来，未尝无所待者也"。"天者气化之总物，包罗万有而神者也，天体成则气化属之天矣，故日月之精交相变化，而水火生矣。观夫燧取火于日，方诸取水于月，可测矣。土者水之浮滓，得火而结凝者，观海中浮沫久而为石，可测矣。金石草木水火土之化也，虽有精粗先后之殊，皆出自元气之种，谓地与天，与水火一时并生，均为造化本体，愚切以为非然矣。"与此同时，浚川还指出何塘以五行配四时之谬。

---

① 何瑭：《阴阳管见后语》，《明儒学案·诸儒学案中三》，中华书局 2008 年版，第 1169—1172 页。
② 王廷相：《答何粹夫论五行书》，《王廷相集》，中华书局 1989 年版，第 506—508 页。
③ 王廷相：《答何柏斋造化论》，《王廷相集》，中华书局 1989 年版，第 963—974 页。

三、阴阳是可相离还是相待而有？这是延续第一阶段的争论。何塘主张"阴阳相离"，说云、水皆属阴，"少男有阳而无阴"，"少女有阴而无阳"，"凡属气皆阳"，"凡属形皆阴"，"天为阳地为阴，火为阳水为阴，天，阳之阳也，故神而无形；地，阴之阴也，故形而不神；火，阳之阴也，故可见，然初无形也；水，阴之阳也，故能化，然终无知也。天变而为风，地变而为山，火变而为雷，水变而为泽，雨雪霜露，皆泽之类也。观八卦之象，则可知矣。"等等，总之就是阴阳截然二分，阴阳不能并存于一物。

而浚川则云："阴阳即元气，相待而有，不可离析。"独阴独阳都不存在。"阴阳即元气，其体之始本自相浑，不可离析，故所生化之物，有阴有阳，亦不能相离。但气有偏盛，遂为物主耳。星陨皆火，能焚物，故为星，为阳余。柏斋谓'云为独阴'矣，愚则谓阴乘阳耳，其有象可见者，阴也；自地如缕而出，能运动飞扬者，乃阳也。谓'水为纯阴'矣，愚则为阴挟阳耳，其有质而就下者，阴也；其得日光而散为气者，则阳也。但阴盛于阳，故属阴类矣。"一阴一阳之谓道，即是表明阴阳两者不可分离。

四、形神有无之辩。何塘从上述的阴阳可离的观点出发，认为"阴为形，阳为神，神无而形有"。浚川则认为"神必借形气而有者，无形气则神灭"，"神者，形气之妙用"。由此两人分别持神灭论和神不灭论的观点。由此衍生到鬼神有无知觉的辩论，何塘云："浚川谓'鬼神无知觉灵应'，凡经训祸福祭享之类，皆谓'止是圣人以神道设教，实无此理'。此大误也。人，血肉之躯尔，其知觉感应，孰为之哉？盖人心之神也。心之神，何自而来哉？盖出于造化之神也。人有形声可验，则谓之有，神无形声可验，则谓之无，浅矣。"何塘自称曾"出入佛老医卜之说者，将二十年"，其观点与之有一定渊源关系。[1]

---

[1]　本条所述参考葛荣晋：《王廷相与明代气学》，中华书局 1990 年版，第 261—270 页。

阳明学派与王门分派

阳明学派是指明代王守仁所开创的一流传有绪,影响波及天下的儒家思想潮流和学派,或云王学,或云阳明心学。又因王阳明为浙江余姚人,姚江在其境内,又称为姚江学派。阳明学在明代中期以后风行一时,影响遍及天下,一度几取朱学而代之。所谓"宗守仁者曰姚江之学,别立宗旨,显与朱子背驰,门徒遍天下,流传逾百年,其教大行……嘉、隆而后,笃信程朱,不迁异说,无复几人矣"①。

阳明到处讲学,弟子遍及天下,可以说很早就有着潜在的学派建构意识。弘治十八年(1505)在京师任兵部主事,门人始进。谪贵州龙场后,正德五年(1510)、六年(1511)先后任南京刑部主事与京师吏部主事,门人渐多。六年(1511)十月升吏部员外郎,职事之余,开始聚众讲学。七年(1512)升南京太仆寺少卿。翌年十月至安徽滁州,与门人游琅琊瀼泉间,环坐者达数百人,于是从游之聚从此开始。正德十二年(1517)、十三年(1518)平江西福建寇乱,阳明于军旅间隙与门人数十人聚讲而不散。平定宁王叛乱以后,虽然由于政治和学术的双重压力谤议日炽,但阳明门人仍然日益增多。嘉靖三年(1524),阳明在越立稽山书院,门人来自湖广、广东、直隶、南赣、安福、新建、泰和等处。阳明每临讲座,左右环听者常不下数百人。

这种不问出身、不论资排辈的讲学风气,后来又由阳明的弟子后学们所发扬光大,比如嘉靖三十一年(1552),邓豁渠在泰州安丰场讲学时,"四众俱集,虽衙门书手,街上卖钱、卖酒、脚子之徒皆与席听讲"②;再比如万历十四年(1586)由王畿、钱德洪的弟子赵志皋主持的"鸡鸣寺凭虚阁大

---

① 张廷玉等:《明史·儒林传》,中华书局 1974 年版,第 7222 页。
② 邓豁渠:《南询录》卷三《自传》,载《中国哲学》第 19 辑,岳麓书社 1998 年版,第 383 页。

会"，与会者除诸生外，还有"绅矜之士，外及缁黄，下逮仆从"①。阳明学派讲学时依照阳明本人所言"四民异业而同道"的主张，致使听者范围上至王公将相，下至贩夫走卒，扩大了其学派的影响力，也使得门下弟子的复杂化程度大大加剧了。

可以归入阳明学派人物的可谓纷繁复杂，不能尽数，阳明门下弟子究竟以何标准界定，在其一传弟子时已经有诸多不同看法与争论，黄宗羲《蕺山同志考序》云："昔钱绪山作《阳明先生年谱》，立四证以书门弟子：一证于及门之日，一证于奔丧之日，一证于随地讲会之所，其人没则证之子弟门人。有见其名而不知其人，知其人而未究其学者，皆所不录。"②这是一般的门人标准。钱德洪又通过分析方献夫、黄绾、聂豹等人的实际经历，把阳明门人的标准定格为两类，即所谓"表所闻"者与"表所信"者："夫始未有闻，僚也，友也；既得所闻，从而师事之，表所闻也。始而未信师学于存日，晚生也；师没而学明，证于友，形于梦，称弟子焉，表所信也。"③

关于具体人数，陈荣捷分析后乃认为："阳明既讲学于南京、京师、江西与越，而弟子又来自各方。故其学说流播于江苏、江西、浙江，以至于国之南北。其流传之盛，实有过于朱子之门。据于重耀阳明弟子传纂，其有文字记录者一百四十六人。另见于年谱、万斯同之《儒林宗派》、毛奇龄之王文成传本及阳明书牍者一百六十一人，合共三百零七人。"④但其所谓确指之数却失之于教条，且忽略了中晚明门派与师承关系的复杂性。如果仔细分析阳明门下弟子的人数规模、来源与构成方式就会发现，由于阳明学派主要凭借讲学的方式扩大发扬，因而阳明后学的规模按照阳明本人不问出身、不论资排辈的讲学风气而论，仍然是浩浩荡荡不可胜数。⑤综上如以《明儒学案》为参考，以学者之间的师承递转为纽带，着重于学术思想的演进发展，特别是阳明后学师承关系，则阳明学派所属重要人物的大致如下所列：

浙中王门。浙中王门是阳明嫡系，《明儒学案》云："姚江之教，自近而

---

① 杨起元：《文塘黎先生墓志铭》，《杨复所先生家藏文集》，明崇祯刻本。
② 黄宗羲：《黄宗羲全集》第 11 册，浙江古籍出版社 1995 年版，第 59—60 页。
③ 王守仁：《王阳明全集》，上海古籍出版社 2011 年版，第 1371 页。
④ 陈荣捷：《宋明理学之概念与历史》，"中研院"中国文哲研究所 1995 年版，第 319—320 页。
⑤ 钱明：《阳明学派的门户特征》，《中共宁波市委党校学报》2006 年第 1 期。

远,其最初学者,不过郡邑之士耳。龙场而后,四方弟子始益进焉。郡邑之以学鸣者,亦仅仅绪山、龙溪,此外则椎轮积水耳。然一时之盛,吾越尚讲诵、习礼乐,弦歌之音不绝,其儒者不能一二数。"①则浙中王门的规模也盛极一时。浙中王门的主要人物有:钱德洪、王畿、徐爱、蔡宗兖、季本、黄绾、董沄、董穀、陆澄、顾应祥、黄宗明、万表、张元冲、程文德、徐用检、王宗沐、张元忭、孙应奎、胡瀚、周汝登、陶望龄等。其中王畿、钱德洪是阳明晚年最为倚重的弟子,王畿在一传弟子中尤其为学术宗盟。浙中后学中周汝登以王畿嫡传自任,也有很大的学术号召力。

江右王门。历来以江右王门区别于泰州、龙溪而为阳明正统,黄宗羲《明儒学案》亦云:"姚江之学,惟江右为得其传,东廓、念菴、两峰、双江其选也。再传而为塘南、思默,皆能推原阳明未尽之旨,是时越中流弊错出,挟师说以杜学者之口,而江右独能破之,阳明之道赖以不坠。盖阳明一生精神,俱在江右,亦其感应之理宜也。"②江右王门的主要人物有邹守益、欧阳德、聂豹、罗洪先、刘邦采、刘阳、刘魁、黄宏纲、何廷仁、陈九川、魏良弼、王钊、魏良政、魏良器、刘文敏、王时槐、邓以赞、万廷言、胡直、邹元标、罗大纮、宋仪望、邹善、邹德涵、邹德溥、邹德泳、邓元锡、章潢、冯应京、刘元卿等。其中阳明一传弟子邹守益、欧阳德、陈九川、聂豹、罗洪先等都是王门重镇。二传弟子中以胡直最为知名。三传弟子邹元标亦是其时的王门领袖。

南中王门。南中王门由于在江南留都的文化中心,又人文荟萃,其地讲会讲堂"几乎比户可封矣。而又东廓、南野、善山先后官留都,兴起者甚众"③。南中王门人物主要有戚贤、黄省曾、贡安国、查铎、周冲、朱得之、周怡、薛应旂、薛甲、唐顺之、唐鹤征、徐阶、萧良干等。不过,该派在王门中影响力较小,缺少有学术建树的代表性人物。

楚中王门。楚学之盛,"惟耿天台一派,自泰州流入"。当阳明在世时,"其信从者尚少"。由于天台一系《明儒学案》划入了泰州学案,故楚中王门人物只有蒋信、冀元亨等。该派在王门中势力薄弱,并不显赫。

---

① 黄宗羲:《明儒学案·浙中王门学案一》,中华书局 2008 年版,第 219 页。
② 黄宗羲:《明儒学案·江右王门学案一》,中华书局 2008 年版,第 331 页。
③ 黄宗羲:《明儒学案·南中王门学案一》,中华书局 2008 年版,第 578 页。

北方王门。"北方之为王氏学者独少"①，但如杨东明等在理论上亦有可取之处。北方王门人物有：穆孔晖、张后觉、孟秋、尤时熙、孟化鲤、杨东明、南大吉等。北方王门虽然在阳明学中声名不显，却形成了茌平王学和洛阳王学两个王学在北方的传播中心。

粤闽王门。《明儒学案》云："岭、海之士，学于文成者，自方西樵始。及文成开府赣州，从学者甚众。……乃今之著者，唯薛氏学耳。"②粤闽王门主要人物有：方献夫、薛尚贤、梁焯、郑一初、马明衡、薛侃、周坦、杨骥、杨鸾。其中，薛侃在王门中地位重要，是一传弟子中的领袖人物之一。

黔中王门。此派《明儒学案》缺载，实则亦阳明学派之一大支脉。其主要人物有：孙应鳌、席书、李渭。

止修学派。该派即李材之学。李材虽学于邹守益之门，但是黄宗羲认为其学虽出于致良知之学，已变其说，故而将其别立一学案。但从学术渊源上而言，其仍然属于王门。

泰州学派。该派以阳明重要弟子王艮为源头。泰州学派在《明儒学案》中别立一学案，未冠以王门之名，可以说是《明儒学案》体例上及黄宗羲本人思想中一大启人疑窦之处。这可能跟黄宗羲要避免当时泰州学派狂禅对于阳明学的消极影响，而有意地将泰州学派和王门进行切割有关。典型的事例就是周汝登本以王畿传人自居，却被列入泰州学派之列。③又如管志道大力张扬三教合一和无善无恶之说，对于泰州乃至阳明都不乏激烈批评，也被列入该学案。此外，该学案也未列名满天下亦谤满天下的李贽。

从宽泛的意义上，该派人物主要有王艮、王襞、王栋、徐樾、罗汝芳、程学颜、管志道、林春、赵贞吉、杨起元、焦竑、方学渐、祝世禄、程学博、李贽、颜钧、何心隐、邓豁渠、方与时、韩贞、耿定向、耿定理等。该派人物中具影响力者甚多。

依照《明儒学案》的线索，王门的分派大体如此。阳明学影响范围波及天下，阳明学者亦遍及天下，《明儒学案》中不载或未标明的分派和学者

---

① 黄宗羲：《明儒学案·北方王门学案》，中华书局2008年版，第635页。
② 黄宗羲：《明儒学案·粤闽王门学案》，中华书局2008年版，第654页。
③ 可参看彭国翔：《周海门的学派归属与〈明儒学案〉相关问题之检讨》，载《清华学报》新三十一卷第三期。

尚有很多,比如我们上面提到的黔中王学,还比如新安地区的王门学派等。

晚近以来,在现代学术研究范式下,学者更倾向于以思想的不同特征为王门划分派系。有代表性的比如日本学者冈田武彦对王门三派的划分。他认为左派持良知现成的观点,包括王畿、王艮、罗汝芳、周汝登、耿定向、何心隐、李贽等;右派持良知归寂的观点,包括聂豹、罗洪先、王时槐、万廷言、宋仪望等;正统派持良知修证的观点,包括钱德洪、邹守益、欧阳德、陈明水、季本、李材等。现代学界对王学分派的看法很多,但都是基于研究视角不同的"分类",无法完全体现阳明学发展中的实际情况。事实上,由于阳明学学术发展的复杂性和学者之间的错综交往,也很难从学术上对阳明后学作出完全清晰的学派划分。

阳明学虽然鼎盛一时,在万历末年发展到第三代传人之后①,随着学术传人的匮乏和学术自身的发展衍化,阳明学派逐渐衰落了,学术主流与风向开始转移。

---

① 如果以阳明亲传弟子为一传,以受到阳明一传弟子影响的、出生在正德末、嘉靖前期的阳明学者为二传,则出生在嘉靖中后期的二传以后的阳明学者可笼统视为三传。当然,此为一般而言,有的系统为二传或四传、五传。

甘泉学派

　　甘泉学派是以明儒湛若水为代表的学派，因湛若水号甘泉，故名。此派与王阳明同时讲学，各立门户，认为"天理"无时无处不在，"天理"亦人人固有，本存于作为本体之"心"中。"心也者，包乎天地万物之外，而贯夫天地万物之中者也。中外非二也。天地无内外，心亦无内外，极言之耳矣。"①可是，一旦本体中正之心被气习、物欲所蔽，变为"习心"，"天理"便没有了。所以，要消除"习心"，找回"天理"。其根本的办法不是陈献章的"从静坐中养出端倪来"，亦不是王阳明的"致良知"，更不是禅学的"空寂"，而是随时随地"随处体认"。其涵养便是"敬"，"以勿忘勿助自然为至"。总之，此派重视人的内心功夫，但同时又倡导要外交于物，在心事合一的前提下慎思笃行，反身修德，体认天理，尤其重视"心"对万物的统率作用。此派在明中期影响较大，后来则渐渐被王学所取代。此派主要人物有湛若水、吕怀、何迁、洪垣、唐枢、许孚远、冯从吾、唐伯元、杨时乔等，刘宗周、黄宗羲也出自许孚远一系。

　　甘泉学派的开创者湛若水（1466—1560），字元明，号甘泉，学者称甘泉先生，广东增城人。湛若水为陈献章嫡传，其学以"随处体认天理"为宗旨，曰："此吾六字符也，勿忘勿助，其庶几乎。"陈献章曾称赞说："日间随处体认天理，着此一鞭，何患不到古人佳处也。"②甘泉之学可以看成由程朱理学到阳明心学发展的一个中间形态，所以黄宗羲批评道："天理无处而心其处，心无处而寂然未发者其处，寂然不动，感即在寂之中，则体认者亦唯体认之于寂而已。今曰随处体认，无乃体认于感？其言终觉有病也。"③甘泉自中年后一直讲学不辍，加之又享高寿，故弟子甚多，当时号

---

① 湛若水：《心性图说》，《明儒学案》，中华书局 2008 年版，第 878 页。
② 陈献章：《与湛民泽·十一》，《陈献章集》，中华书局 1987 年版，第 193 页。
③ 黄宗羲：《明儒学案·甘泉学案一》，中华书局 2008 年版，第 876 页。

称与王学"分主教事"。甘泉在经学尤其是礼学和春秋学上也有造诣,主要著作有《甘泉先生文集》《圣学格物通》《二礼经传测》《春秋正传》《古乐经传》《心性图说》《白沙诗教解注》等。

吕怀(1492—1573),字汝德,号巾石,江西上饶广丰人。吕怀平生博览群书,对于经史百家、天文、星象、律吕精言,无不融会贯通。其学在根本上折中湛若水、王阳明,认为良知说与甘泉体认天理说宗旨相同,"心即理,理即心,人心天理,无非中者"。肯定气质由身而存,不能无偏。"气质之善,无待于变化,理不能离气以为理,心不能离身以为心。"①作《心统图说》,以河图之理证明,为学只要在于得理存心,变化气质,善学者应求端于天,不要为气质所局限。吕怀著有《周易卦变图传》二卷,另有《巾石类稿》三十二卷,但原本已佚。吕怀又精于音律,有《箫韵考逸》二卷、《律吕古义》三卷。

唐枢(1497—1574),字惟中,号子一,人称一庵先生,浙江归安人。明嘉靖五年(1526)进士,授刑部主事。其学亦绾合王、湛两家,以"讨真心"为宗旨,"真心"即"道心","讨"就是学问、思辨并身体力行,所谓"良知一拈万到,本末具举,今日只欠躬行"②。唐枢主要著作有《真心图书》《景行馆论》。

何迁(1501—1574),字益之,号吉阳,湖广德安人。嘉靖二十年(1541)进士。学识渊博,喜谈性名之学,后辞官专于讲学。何迁受业于甘泉,但不墨守师说,其学介于王、湛两家之间,以知止为要。认为"止者,此心感应之几,其明不假思,而其则不可乱。非止,则退藏不密,藏不密,则真几不生,天则不见"③。

洪垣(1507—1593),字峻之,号觉山,南直徽州婺源人。嘉靖十一年(1532)壬辰进士。当湛若水为礼部侍郎讲学京师时,洪垣受业其门。洪觉山融合吸收王、湛两家思想,强调格物致知、博文约礼,发展出以生意为心学归宿的生几之学。晚年思想融佛道入儒,追求心体的超越。觉山重视从历史中获得政治知识,重新诠释格物论,在明代心学中具有一定的历史地位。著作有《易说》《史说》《闻言》《应迹言》《周易玩辞》《理学要录诸言》《觉山史说》等。以上吕、唐、何、洪四人并称为甘泉门下四大弟子。此

---

① 黄宗羲:《明儒学案·甘泉学案二》,中华书局 2008 年版,第 911 页。
② 黄宗羲:《明儒学案·甘泉学案四》,中华书局 2008 年版,第 962 页。
③ 黄宗羲:《明儒学案·甘泉学案二》,中华书局 2008 年版,第 921 页。

外，《明儒学案》归入楚中王门的蒋信虽然兼师湛王，但更偏向甘泉，也属于湛门高第。

杨时乔（1531—1609），字宜迁，号止庵，江西信州上饶人。嘉靖四十四年（1565）进士。万历中，累官吏部左侍郎，卒谥端洁。止庵学于吕巾石，"其大旨以天理为天下所公共，虚灵知觉是一己所独得，故必推极其虚灵觉识之知，以贯彻无间于天下公共之物，斯为儒者之学；若单守其虚灵知觉，而不穷夫天下公共之理，则入于佛氏窠臼矣"[①]。止庵著有《端洁集》《两浙南关榷事书》《周易古今文全书》《马政记》等。

许孚远（1535—1604），字孟中，号敬庵，浙江德清人。早年受学于唐枢。其为学以克己为要，以反身寻究为功，曾与杨复所、周海门主盟南都讲学，有九谛九解之辩。著有《论语述》《敬和堂集》《大学述》《中庸述》等。

唐伯元（1540—1597），字仁卿，号曙台，广东潮州人。唐伯元曾师从吕怀，继承湛若水的学术观点，并使之更具实践性，认为心性是以物为载体的，离物心性便无从谈起。他崇奉程朱理学，强烈反对阳明学，认为其是"惑世诬民"，"后人效之，不为狗成，则从鬼化矣"[②]。这在一般主张调和湛王的甘泉学派中较为少见。唐伯元著述以今存的《醉经楼集》为主要代表作。

冯从吾（1557—1627），字仲好，号少墟，陕西长安人。万历十七年（1589）进士，官至工部尚书，创办关中书院，人称"关西夫子"。冯从吾受学于许敬菴，"故其为学，全要在本原处透彻，未发处得力，而于日用常行，却要事事点检，以求合其本体。此与静而存养，动而省察之说，无有二也"[③]。冯从吾又是晚明关学的集大成者，其汇合朱王的学术取径在晚明有一定代表性。有《冯少墟集》，编有《关学编》。

甘泉学派在万历以后逐渐衰落。刘宗周是许孚远弟子，但蕺山的学术已经偏离了甘泉学的学术特征，而是将理、气、心、性收拢一处，着力在慎独和诚意等心体功夫深处言说。蕺山弟子黄宗羲继承了他的学术方向。这样，甘泉学派虽然在师传上还延续不断，但宗旨已经不同于甘泉本来的主张。

---

① 黄宗羲：《明儒学案·甘泉学案六》，中华书局 2008 年版，第 1023 页。
② 《明儒学案·甘泉学案六》唐伯元语，中华书局 2008 年版，第 1002 页。
③ 黄宗羲：《明儒学案·甘泉学案五》，中华书局 2008 年版，第 921—922 页。

泰州学派

泰州学派因其创始人王艮为江苏泰州人而得名,该派可以视作由王阳明心学之中分化出来的一个独立的学派。据袁承业《心斋先生弟子师承表》载王艮门下有弟子四百八十七人,"上自师保公卿,中及疆吏司道牧令,下逮士庶樵陶农吏","几遍天下,散诸各籍"。《明儒学案》未将泰州学案收入王门,显示了泰州学派和阳明学派之间微妙的关系,以及黄宗羲对于泰州一脉的批判立场。《明儒学案》中泰州学案收录二十人,附七人。代表人物有王襞、徐越、王栋、颜钧、赵贞吉、罗汝芳、何心隐、杨起元、耿定向、焦竑、方学渐、管志道等。黄宗羲云:"阳明先生之学,有泰州、龙溪而风行天下,亦因泰州、龙溪而渐失其传。泰州、龙溪时时不满其师说,益启瞿昙之秘而归之师,盖跻阳明而为禅矣。"①泰州学派虽然出于阳明,但"往往驾师说上之,持论益高远,出入于二氏"②。该派又有主张个性、打破传统、自出机杼的特性,故黄宗羲谓:"泰州之后,其人多能以赤手搏龙蛇,传至颜山农、何心隐一派,遂复非名教之所能羁络矣。"③此派积极讲学布道,开拓了阳明学的平民化发展趋势,对明代中晚期的文艺界和思想界也有很大的影响。泰州学派的主要人物如下:

王艮(1483—1541),字汝止,号心斋,南直泰州人。其先世世居苏州,

---

① 黄宗羲:《明儒学案·泰州学案一》,中华书局 2008 年版,第 703 页。
② 张廷玉等:《明史·卷二百八十三·儒林二》,中华书局 1974 年版,第 7274 页。
③ 黄宗羲:《明儒学案·泰州学案一》,中华书局 2008 年版,第 703 页。需要指出,虽然长久以来学界基本都是根据《明儒学案》来划定泰州学派的人员范围。但近来的研究越来越表明,黄宗羲对于泰州学派的设定和取舍有着种种主客观因素的限制。如周汝登本是以龙溪门人自居,却列入近溪门下。再如耿定向一系与泰州学派并无明显的师承关系。而对于李贽如果将其理解为一个不属于固有学派的反传统的儒家学者可能更为合理。黄宗羲对于泰州学派的设定更可能被认为是其理解下的王门非正统和异端的集结。相关研究可参见吴震:《泰州学派研究》引言,中国人民大学出版社 2009 年版。

后落户泰州安丰场为灶户。早年因家贫辍学,后随父经商至山东拜谒孔庙时受到启发,认为"夫子亦人也,我亦人也,圣人者可学而至也"。于是"日诵《孝经》《论语》《大学》,置书于袖中,逢人质难,久而信口谈解,如或启之"。[①] 王艮于嘉靖元年(1522)往江西游阳明门,后执弟子礼。其学以"淮南格物说"为代表,强调身为天下国家的根本,以"安身立本"作为道德实践的出发点。王艮作为开创者奠定了泰州学派的学术风格,其门徒以平民百姓居多,学生大多为下层群众。其一生著述较少,着重口传心授,使"愚夫愚妇"明白易懂,这成了泰州学派的特色。王艮的著作后人辑为《王心斋先生遗集》。

王栋(1503—1581),字隆吉,号一庵,南直泰州人。王艮的族弟。曾师事王艮,得家学之传。先后任县训导、教谕、州学正。开门授徒,主持过泰州安定书院。其学认为"意是心之主宰"[②],强调用诚意工夫防止未发之弊。

王襞(1515—1587),字宗顺,号东崖。王艮次子。九岁起,随父至会稽,游学于阳明门下。曾师事王畿等,先后留越中近二十年,交游甚为广泛。阳明逝后,王襞随其父回乡,助王艮开门授徒。王艮死后,王襞又继承父志独立授徒,讲学不辍,"海内响应者,恍若心斋在焉"。王襞依王艮之嘱,终身不仕科举业,其学强调自然之谓道。王艮、王栋、王襞,并称为"淮南三王",为泰州学派的兴起起到了奠基的作用。

徐樾(? —1551),字子直,号波石,江西贵溪人。进士。先后任礼部侍郎、云南布政使。先师事阳明,后嘉靖七年(1528)、十年(1531)、十八年(1539)徐樾三次在王艮门下受业。王襞称为其父"高第弟子,于父之学,得之最深"。王艮则对其内人称徐曰:"彼五子乃尔所生,是儿乃我所生",并在逝前授予徐"大成之学"。徐樾后战死于云南。

颜钧(1504—1596),字子和,号山农,江西吉安永新人。从学徐樾三年,后又经徐介绍卒业于王艮门下。因而,颜亦得"泰州之真传",颜本人也以"泰州正传"自居。颜钧曾在家乡成立"萃和会",集家族老壮近七百人讲耕读孝悌之学。其在泰州学成之后,即至江西南昌,招徕千余名参加

---

① 黄宗羲:《明儒学案·泰州学案一》,中华书局 2008 年版,第 709 页。
② 黄宗羲:《明儒学案·泰州学案一》,中华书局 2008 年版,第 733 页。

科场考试的学子,宣讲"大成之道"。颜钧的言行引起当局者不满而被诱捕,后得弟子罗汝芳等营救出狱。颜钧曾为王艮守墓三年,又曾搜寻徐樾遗骸,归葬于王艮之侧,其学以"制欲非体仁"为宗旨。

罗汝芳(1515—1588),字维德,号近溪,江西南城人。在南昌听颜钧讲学时拜颜为师,为颜的得意门生。罗对其师颜钧非常崇敬,在颜钧入狱时曾竭力相救,近溪中进士后,曾周游四方多年。后任官时因讲学触怒张居正,又被罢黜。近溪是泰州学派的后劲,其学以孝悌为根基,主张孝悌为仁的本处。近溪与龙溪齐名而号称"二溪",他尤其擅于口头宣讲,鼓动人心,因而有"近溪舌胜笔"的美誉,影响遍及天下。

何心隐(1517—1579),原名梁汝元,字柱乾,号夫山,江西吉安永丰人。郡试中第一名。后接受了泰州学派的思想,"与闻心斋立本之旨",拜颜钧为师,他学习其师颜钧在家乡办"萃和会"的举措,也在自己的家乡办起了"聚和堂",进行理想社会的实验。何心隐由"安身立本""人之自然本性"出发,针对理学家的"存天理,去人欲",提出"寡欲",并创造了"育欲"这一新命题。何心隐大加反对张居正的改革,声言要入都"持正义,逐江陵去位,一新时局",被四处缉拿,最终死于狱中。

耿定向(1524—1596),字在伦,号天台,湖广黄安人。其学本阳明,属泰州学派,参之以朱子学佛学而加以融贯,对楚中王门有一定影响。天台之学以"不容己"为宗,不尚玄远。"不容己"即此显发冲创自然运为,无时或息。他的天道上的根据是天之于穆不已,生生不息,一切行为都是不容己之仁根的发用。

管志道(1536—1608),字登之,号东溟,人称"东溟先生",南直太仓人,师从耿定向。其学不辟佛、道,断言释氏诸经即"孔孟之义疏也",将儒、释、道三教统一于"性命之理",是晚明三教合一和礼化成俗的代表人物。管志道对于以王艮为代表的泰州学派的师道精神多有所批评。

焦竑(1540—1620),字弱侯,号澹园,南京人。高中进士第一。师事王襞、罗汝芳、耿定向,"尤笃信卓吾之学",是明代晚期的著名学者,以博学多才称著于世,其学主张率性而行,重三教合一。

杨起元(1547—1599),字贞复,号复所,广东归善人。杨起元早年服膺陈献章而未达其"致虚立本"之说,中年从学罗汝芳之后,始从"知性之学"的角度重新阐释了"致虚立本",晚年更由此发展出一套成熟的三教合一论。

总之,王艮以百姓日用指点良知,使阳明学趋于平民化。王襞强调自然之谓道。颜钧认为制欲非体仁。赵贞吉认为禅不足以害人。罗汝芳以孝悌为根基,主张孝悌为仁的本处。管志道"所言亦只是三教肤廓之论,平生尤喜谈鬼神梦寐"。王栋则提出"意是心之主",强调用诚意工夫防止未发之弊。从各个方面发扬了泰州学派"情识而肆"的特征。在实践上,泰州学派热衷讲学,广为布道,发展了一大批社会中下阶层的信徒,同时积极开展乡村政教治理实践,使得阳明学传播益广、影响愈大。

《传习录》的编辑

　　《传习录》是王阳明弟子记录其师学术思想的专集,由其门人徐爱、薛侃、南大吉、钱德洪等辑成。取曾子"传不习乎"之意,故名。今本凡三卷。起初阳明弟子徐爱认定王学为"百世以俟圣人而不惑"者,但学者"骤闻是说,皆目以为立异好奇,漫不省究";从游之士,又往往一知半解,见其粗而遗其精;故自正德七年(1512)始,"备录平日之所闻"。徐爱殁后,正德十三年(1518)薛侃将徐爱所录残稿和他与陆澄等新录部分合在一起,在虔刻印,仍名《传习录》,共三卷,所记为徐爱、陆澄、薛侃等与其师论学问答之语。嘉靖三年(1524),南大吉续刻时,增入阳明论学书信八篇,仍以原名在越出版,是为中卷。后钱德洪在编定全书时,去其答徐成之二书。因其中阳明曾谓"天下是朱非陆,论定既久,一旦反之为难,二书姑为调停两可之说,使人自思得之"。而钱德洪认为"今朱、陆之辨明于天下久矣","故今不复录"。下卷为陈九川、黄以方、黄省曾、钱德洪等所记,嘉靖三十五年(1556)钱德洪就曾才汉所辑《遗言录》加以删削,编成《传习续录》,在宁国刻印,并易中卷为问答体。此后隆庆六年(1572),浙江巡抚谢廷杰刊刻《王文成公全书》时,以薛侃所编《传习录》为上卷,以钱德洪增删南大吉所辑书信八篇为中卷,以《传习续录》为下卷,附以王守仁所编《朱子晚年定论》,统称《传习录》。该书上卷经本人审阅,为与门人问答语录,主要阐述格物致知见解和心与理一、知行合一等思想;中卷为阳明亲笔书信,是晚年成熟时期的著作,系统地阐述了他的致良知、知行合一、心物合一、万物一体等思想;下卷是阳明晚年的语录,虽未经本人审阅,但解说其晚年各种思想比较具体。[①]

　　《传习录》是阳明思想的重要代表,不仅影响明中期以后的中国学术

---

① 参陈瑛、许启贤主编:《中国伦理大辞典》,辽宁人民出版社 1989 年版,第 261—262 页。

思想,还远播海外。陈荣捷评价《传习录》云:"有明王学展播全国,支配国人精神思想百有余年。其致良知与知行合一之旨,至今仍为我国哲学一擎天高峰,而四句之教,聚讼数百载,火尚未阑。东渡而异地开花,于明治维新,给大生力。此强健思想之源泉,乃《传习录》也。钱穆尝谓我国有关修养人人所必读者为《论》、《孟》、《老》、《庄》、六祖《坛经》、《近思录》与《传习录》。比录于经,岂奢语哉?"①钱穆和陈荣捷二位先生对于《传习录》的高度评价和此书本身具有的重要思想价值是相称的。

  《传习录》的版本很多,除各种全书版本之外,主要的单行本有日本正德二年,即清康熙五十一年(1712)冈田群玉堂刻本,清道光十一年(1831)活字印《学海类编》本,清光绪三十二年(1906)国学保存会排印《国粹丛书》本,民国十六年(1927)上海商务印书馆发行的《学生基本丛书》本。此外中国和日本还有多种注释本。现代以来,陈荣捷《王阳明传习录详注集评》和邓艾民《传习录注疏》是较好的注本。

---

① 陈荣捷:《王阳明传习录详注集评》,台湾学生书局2013年版,第1页。

《阳明先生年谱》的编纂

　　王阳明殁后，王门弟子薛侃、欧阳德、黄弘纲、何性之、王畿以及张元冲等即筹划编纂《阳明先生年谱》。先是按年分地，搜集成稿，并由邹守益作总裁，然而未及合并成谱。至嘉靖二十六年(1547)丁未，钱德洪在嘉义书院获阳明遗稿三分之二，至是才完成了自阳明出生到谪官龙场这一段年谱的编辑工作。越十年，邹守益有感于"同志注念师谱者，今多为隔世人"①，因而敦请钱德洪接龙场而续其后之谱。

　　嘉靖四十一年(1562)，钱德洪与胡松赴江西安福丧吊邹守益，并乘此之便就正于罗洪先。王阳明《年谱》云："壬戌十月，(钱德洪)至洪都，而闻守益讣。遂与巡抚胡松吊安福，访罗洪先于松原。洪先开关有悟，读《年谱》若有先得者。乃大悦，遂相与考订。"②罗洪先于是为《年谱》"删繁举要，润饰是正，而补其阙轶"，计为书七卷。嘉靖四十二年(1563)癸亥四月，《阳明先生年谱》成，次年刊行于江西赣州。隆庆二年(1568)以后，钱德洪又对《年谱》有所增订，即增补了《年谱》附录一卷，其后沈启源取叙书汇录于《年谱》之后，编成了《年谱》附录一卷，收入《王文成公全书》卷三十二至三十四内，与《世德纪》合成五卷。③ 全书本《年谱》和嘉靖本《年谱》存在一些内容上的重大差异，主要是删减了关于阳明的神奇事迹和一些平濠细节的记载。④

　　钱德洪《阳明先生年谱序》对编纂年谱的意义作了发挥。他说："后世圣学不明，人失其宗，纷纷役役，疲极四海，不知'中'为何物。……寥寥数

① 王守仁：《王文成公全书》，中华书局 2015 年版，第 1543 页。
② 王守仁：《王文成公全书》，中华书局 2015 年版，第 1543 页。
③ 参陈荣捷：《王阳明传习录详注集评》，台湾学生书局 2013 年版，第 7—8 页。
④ 参见杨正显：《觉世之道：王阳明良知说的形成》附录一《王阳明〈年谱〉与从祀孔庙之研究》，北京师范大学出版社 2015 年版，第 300—335 页。

千百年,道不在位,孔子出,祖述尧、舜、颜、曾、思、孟、濂溪、明道继之,以推明三圣之旨,斯道灿灿然复明于世。惜其空言无征,百姓不见三代之治,每一传而复晦,寥寥又数百年。"而"吾师阳明先生出","谪居龙场,衡困拂郁,万死一生,乃大悟'良知'之旨。始知昔之所求,未极性真,宜其疲神而无得也。盖吾心之灵,彻显微,忘内外,通极四海而无间,即三圣所谓'中'也"。此谱编纂的目的就在于使得"后之读谱者,尚其志逆神会,自得于微言之表,则斯道庶乎其不绝矣"①。王畿作《刻阳明先生年谱序》也云:"我阳明先师崛起绝学之后",其良知学说是儒者有用之学,甚至称赞阳明是可以和汤、文王、孔子相提并论的闻知者:"先师缵承绝学,接孔孟之传以上窥姚姒,所谓闻而知之者非耶?"②罗洪先与钱德洪反复论定年谱,亦有《阳明先生年谱考订序》,以一个非亲炙后学的身份谈及了年谱对学者的价值:"故善学者竭才为上,解悟次之,听言为下。"认为自己"然于三者之辨,今已审矣。学先生之学者视此何哉?无亦曰是必有得乎其人,而年谱者固其影也"③。

《阳明先生年谱》可谓是一部王学发展史,其编纂过程历经三十余年,先后由阳明重要门人邹东廓、钱绪山等主其事,于文字精雕细琢,于材料穷搜极索,对王阳明思想发展过程的情况记录细致清楚,是后人了解阳明及其弟子学术特别是发展变化线索的重要文献。同时此谱为钱绪山所主持修纂,在一定程度上显示了绪山的观点主张,而绪山本人文字大多遗失,因此此谱对于了解钱绪山的思想也有相当的助益。

---

① 钱德洪:《阳明先生年谱序》,《王阳明全集》,上海古籍出版社 2011 年版,第 1499—1501 页。
② 王畿:《刻阳明先生年谱序》,《王阳明全集》,上海古籍出版社 2011 年版,第 1503—1504 页。
③ 罗洪先:《阳明先生年谱考订序》,《王阳明全集》,上海古籍出版社 2011 年版,第 1502 页。

良知异见

阳明学以良知作为核心概念。阳明身后其后学对于这一核心概念的理解出现了分化,这就是所谓的良知异见。实际上,在阳明在世之时,王龙溪与钱绪山就对良知有不同理解,这突出地表现在天泉证道和严滩答问中二人对于四句教的不同理解。阳明殁后,由于缺少了一定之尊以及良知概念本身所具有的内在张力,再加上阳明门下不同的为学路径和实践形态,使得阳明后学对于良知的理解日益分化和多元化。正如王龙溪所言:"概惟先师设教,时时提倡良知为宗,而因人根器,随方开示,令其悟人,惟不失其宗而已。一时及门之人,各以质之所近领受承接,人人自以为有得。乃者仪刑既远,微言日湮,吾党又复离群而索居,未免各执其方,以悟证学,不能圆融洞彻,归于大同。"①

王龙溪作为阳明大弟子,"吾党宗盟",对于阳明后学的良知有着透彻和通盘的了解,他也对良知异见的多元纷繁情况有多次的概括论述。嘉靖三十二年癸丑(1553)初夏,龙溪赴南谯之会途中先与甘泉弟子吕怀等人有滁阳之会。龙溪在会中对阳明之后良知观的分化有如下评述:

> 慨自哲人既远,大义渐乖而微言日湮。吾人得于所见所闻,未免各以性之所近为学,又无先师许大炉冶,陶铸销熔以归于一,虽于良知宗旨不敢有违,而拟议卜度掺和补凑,不免纷成异说。有谓良知落空,必须闻见以助发之;良知必用天理,则非空知。此沿袭之说也。有谓良知不学而知,不须更用致知;良知当下圆成无病,不须更用消欲工夫。此凌躐之病也。有谓良知主于虚寂,而以明觉为缘境,是自窒其用也。有谓良知主于明觉,而以虚寂为沉空,是自汩其体也。盖

---

① 王畿:《冲元会纪》,《龙溪会语》卷一,《王畿集》,凤凰出版社 2007 年版,第 681 页。

良知原是无中生有，无知而无不知。致良知工夫，原为未悟者设，为有欲者设。虚寂原是良知之体，明觉原是良知之用。体用一原，原无先后之分。学者不循其本，不探其源，而惟意见言说之胜，只益其纷纷耳。[①]

九年后在嘉靖四十一年壬戌（1562）冬的抚州拟砚台之会中，龙溪再次对当时所有的种种对于良知的理解提出了观察和批评：

有谓良知非觉照，须本于归寂而始得。如镜之照物，明体寂然而妍媸自辨，滞于照，则明反眩矣。有谓良知无见成，由于修证而始全。如金之在矿，非火符锻炼，则金不可得而成也。有谓良知是从已发立教，非未发无知之本旨。有谓良知本来无欲，直心以动，无不是道，不待复加销欲之功。有谓学有主宰、有流行，主宰所以立性，流行所以立命，而以良知分体用。有谓学贵循序，求之有本末，得之无内外，以致知别始终。此皆论学同异之见，差若毫厘，而其谬乃至千里，不容以不辨者也。寂者心之本体，寂以照为用，守其空知而遗照，是乖其用也。见入井之孺子而恻隐，见呼蹴之食而羞恶，仁义之心，本来完具，感触神应，不学而能也。若谓良知由修而后全，扰其体也。良知原是未发之中，无知而无不知，若良知之前复求未发，即为沉空之见矣。古人立教，原为有欲设，销欲正所以复还无欲之体，非有所加也。主宰即流行之体，流行即主宰之用。体用一原，不可得而分，分则离矣。所求即得之之因，所得即求之之证，始终一贯，不可得而别，别则支矣。吾人服膺良知之训，幸相默证，以解学者惑，务求不失其宗庶为善学也已。[②]

龙溪在此两处分析的良知异见的种种情况，显然互有同异。分别来看，《滁阳会语》中的"有谓良知不学而知，不须更用致知；良知当下圆成无病，不须更用消欲工夫"，即《抚州拟砚台会语》中的"有谓良知本来无欲，

① 王畿：《滁阳会语》，《王畿集》，凤凰出版社 2007 年版，第 34—35 页。
② 王畿：《抚州拟砚台会语》，《王畿集》，凤凰出版社 2007 年版，第 26—27 页。

直心以动,无不是道,不待复加销欲之功"。①《滁阳会语》中的"有谓良知主于虚寂,而以明觉为缘境",即《抚州拟砚台会语》中的"有谓良知非觉照,须本于归寂而始得。如镜之照物,明体寂然而妍媸自辨,滞于照,则明反眩矣"。因此,总结以上良知异见的种种议论,可以大体将对于良知的看法划分为如下八种②。

第一种对良知的看法,所谓"良知必用天理,则非空知",主要是指甘泉一派的观点,甘泉曾明确指出:"良知必用天理,天理莫非良知","若知良知即天理,则知非空知"。大概在龙溪看来,这派的观点没有摆脱朱子学传统下的对于闻见之知的看法,是以批评为"沿袭之说"。这种对于良知的批评看法,主要是来自王学外部。

第二种看法可能主要是指泰州学派。王艮之子王襞曾经如此描述过王艮之学的特点:"见阳明翁而学犹纯粹,觉往持循之过力也。契良知之传,工夫简易,不犯做手,而乐夫天然率性之妙,当处受用。"③但需要注意的是,龙溪本人之学也有不学而成、当下即是的特点。因此此处龙溪对于泰州一派的批评更多的是从其一悟本体即脱略了去欲一段工夫而言,此正如唐君毅所评论:"王龙溪之学,亦似有此现成良知之说,故人亦可本其说以成其狂肆。然实则龙溪言现成良知,乃悟本体,而即此本体以为工夫;非悟本体后,更无去蔽障嗜欲工夫者也。"④

第三种良知异见是指聂双江之归寂说。双江曾云:"今讲良知之学者,其说有二:一曰良知者,知觉而已,除却知觉别无良知。学者因其知之所及而致之,则知致矣。是谓无寂感、无内外、无先后而浑然一体者也。一曰良知者,虚灵之寂体,感于物而后有知,知其发也。致知者,惟归寂以通感,执体以应用,是谓知远之近,知风之自,知微之显而知无不良。夫二说之不相入,若枘凿然。主前说者,则以后说为禅定,为偏内;主后说者,

① 唐君毅认为此是指孟秋之说:"良知本来无欲,则北方王门孟我疆,亦明有是言。"见唐君毅:《中国哲学原论原教篇——宋明儒学思想之发展》,台湾学生书局1990年版,第363页。
② 对王龙溪良知异见的分析可参考彭国翔:《良知异见:中晚明阳明学良知观的分化与演变》,《哲学门》2001年第2期。
③ 王襞:《上昭阳太师李石翁书》,《王心斋全集》,江苏教育出版社2001年版,第217页。
④ 唐君毅:《中国哲学原论原教篇——宋明儒学思想之发展》,台湾学生书局1990年版,第378页。

又以前说为义袭,为逐物。"①此处双江所论作为对比的两种良知说,前者是龙溪之良知观,后者是双江本人之良知观。两者对于寂感、内外、未发已发之间关系的不同理解在《致知议辨》中表现得非常集中。"事实上,正是这种体用观的根本差别,构成了中晚明阳明学良知观念产生分化的重要原因之一。"②

第四种良知异见与第三种正相反。上引双江的观点似乎可以认为是龙溪自己对于良知的看法。不过龙溪后文又云"虚寂原是良知之体,明觉原是良知之用。体用一原,原无先后之分"。则龙溪是将这种良知异见作为过分强调明觉的一偏之见而加以批评的。

第五种良知异见是反对良知见在,可能主要是反对刘邦采的评论。刘狮泉曾有"金之在矿,非火符锻炼,则金不可得而成"之类的比喻,其云:"赤子之心,孩提之知,愚夫妇之知能,如顽矿未经锻炼,不可名金。其视无声、无臭、自然之明觉,何啻千里! 是何也? 为其纯阴无真阳也。复真阳者,更须开天辟地,鼎立乾坤,乃能得之。以见在良知为主,决无入道之期矣。"③

第六种良知异见是主张良知为未发之物,而非已发之物。这种观点的持有者亦可以双江为代表。如双江所谓"中是心之本体,虚寂是也。虚静便是未发之中,即《中庸》之不睹不闻是也"④。

第七种良知异见是指刘师泉性命分立之说。据《明儒学案》师泉曾云:"夫人之生有性有命。性妙于无为,命杂于有质。故必兼修而后可以为学。盖吾心主宰谓之性,性无为者也,故须首出庶务以立其体。吾心流行谓之命,命有质者也,故须随时运化以致其用。……是说也,吾为见在良知所误,极探而得之。"⑤

第八种良知异见可能是指心斋以安身为本的淮南格物说。唐君毅即认为"则盖指泰州王艮之安身为本,齐家治国平天下为末之论也"⑥。

这八种良知异见,自然在当时的思想界都有实际的指涉,但从以上的

① 聂豹:《赠王学正之云野宿迁序》,《聂豹集》,凤凰出版社 2007 年版,第 94—95 页。
② 彭国翔:《良知异见:中晚明阳明学良知观的分化与演变》,《哲学门》2001 年第 2 期。
③ 黄宗羲:《明儒学案》卷十九,中华书局 2008 年版,第 439 页。
④ 聂豹:《困辨录·辨诚》,《聂豹集》,凤凰出版社 2007 年版,第 609 页。
⑤ 黄宗羲:《明儒学案》卷十九,中华书局 2008 年版,第 438 页。
⑥ 唐君毅:《中国哲学原论原教篇——宋明儒学思想之发展》,台湾学生书局 1990 年版,第 363 页。

简略说明与分析来看，龙溪所论的这八种良知异见，尚不是一种统一标准之下的严格分类。如聂双江固然是第三种良知异见的代表，但第六种良知异见同样适用于双江。刘狮泉固然是第七种良知异见的确指，但第五种良知异见也一样可以为狮泉所接受。

除了龙溪在《滁阳会语》和《抚州拟砚台会语》中的描述之外，阳明的另一同乡弟子胡瀚对当时流传的主要几种良知异见也有说明与评价：

> 先师标致良知三字于支离汩没之后，指点圣真，真所谓滴骨血也。吾党慧者论证悟，深者研归寂，达者乐高旷，精者穷主宰流行，俱得其说之一偏。且夫主宰即流行之主宰，流行即主宰之流行，君亮之分别太支。汝中无善无恶之悟，心若无善，知安得良？故言无善，不如至善，天泉证道其说不无附会。汝止以自然为宗，季明德又矫之以龙惕。龙惕所以为自然也，龙惕而不怡于自然，则为拘束；自然而不本于龙惕，则为放旷。良知本无寂感，即感即寂，即寂即感，不可分别。文蔚曰："良知本寂，感于物而后有知，必自其寂者求之，使寂而常定，则感无不通。"似又偏向无处立脚矣。①

此处分别述及师泉、龙溪、心斋、彭山和双江的良知观。除了季本的龙惕说龙溪没有专门提及外，都包含在上述龙溪的分类之中。王龙溪弟子查铎亦有一个更为简单的分类，其云："但世之学者多未知知之下落，又未知致字工夫。故以闻见求知者，失则浅；以了悟求知者，失则难；随事照管者，失则离根；向内寻求者，失则厌动。"②不难看出，其对良知的不同理解的分类更为简单，其内容为龙溪之论述所概括。总体来看，龙溪对于当时良知异见的论述和批评是相当全面的，可以作为进一步研究的重要原始资料。冈田武彦在时人特别是王龙溪论述的基础上，参考王学长期以来的研究，在《王阳明与明末儒学》一书中，将王学分为现成派、归寂派、修证派三大亚流。冈田的划分是当代王学研究基于良知异见的较有影响的一种划分，也是现代学术研究范式下对于良知异见问题处理的一个典型。

---

① 黄宗羲：《明儒学案》卷十五，中华书局 2008 年版，第 330 页。
② 查铎：《刻传习录序》，《刻毅斋查先生阐道集》卷六，清光绪刻本。

良知与知觉之辨

这是嘉靖年间，阳明殁后，在朱学大宗罗钦顺（字允升，号整庵）以及阳明嫡传弟子欧阳德（字崇一，号南野）之间的论辩。罗整庵与欧阳南野同属江西泰和人，整庵学宗朱子，与阳明、甘泉为同辈学者；而南野则为阳明亲炙弟子，颇得阳明赏识，对于师说有准确的掌握。两人的论辩主题主要是良知和知觉的概念和关系的辨析。

良知和知觉的区分是南野为学中相当核心的问题意识。《传习录》中卷保存了南野和晚年阳明的书问。南野针对阳明"德性之良知，非由于闻见。若日多闻择其善者而从之，多见而识之，则是专求之见闻之末，而已落在第二义"之语提出"窃意良知虽不由见闻而有，然学者之知未尝不由见闻而发"，"若致其良知而求之见闻，似亦知行合一之功矣"。阳明对此看法一方面部分加以肯定："良知不由见闻而有，而见闻莫非良知之用，故良知不滞于见闻，而亦不离于见闻。"一方面又认为"日用之间，见闻酬酢，虽千头万绪，莫非良知之发用流行，除却见闻酬酢，亦无良知可致矣。故只是一事"。如果像南野说的"致其良知而求之见闻"，"则语意之间未免为二，此与专求之见闻之末者虽稍不同，其为未得精一之旨，则一而已"。不过，阳明虽然不同意南野求之见闻的看法，却肯定了他提出此问的用心，"崇一于此等处见得当已分晓，今日之问，正为发明此学，于同志中极有益。但语意未莹，则毫厘千里，亦不容不精察之也"①。

由此问答可以看出，南野从青年时代开始，就一直对于良知和见闻的关系问题十分用心，因此之后他与罗钦顺在此问题上展开讨论也是十分自然的。整庵与欧阳南野的论辩，始于嘉靖十三年甲午（1534），时整庵七十岁，南野三十九岁。此年六月，南野读整庵《困知记》而"奉书请学"，此

---

① 王守仁：《王文成公全书》，中华书局 2015 年版，第 1543 页。

即为南野《答罗整庵先生寄〈困知记〉》第一书，书信以"良知即天理"与"以知觉为性"的对比展开论述，认为"知觉与良知名同而实异"。并具体解释道："凡知视知听知言知动，皆知觉也，而未必其皆善。良知者，知恻隐，知羞恶，知恭敬，知是非，所谓本然之善也。本然之善，以知为体，不能离知而别有体。盖天性之真，明觉自然，随感而通，自有条理者也，是以谓之良知，亦谓之天理。天理者，良知之条理，良知者，天理之灵明，知觉不足以言之也。致知云者，非增广其见闻觉识之谓也，循其恻隐羞恶恭敬是非之知而扩充之，以极其至，不使其蔽昧亏欠、有一念之不实者。"①

同年八月，整庵将南野第一书分为三段，一一驳斥，此即甲午秋的《答欧阳少司成崇一》第一书。整庵批驳的重点放在南野来书的第一段上："第一段申明良知即天理之说甚悉，首云知觉与良知名同而实异……然人之知识不容有二，孟子本意但以不虑而知者名之曰良，非谓别有一知也。今以知恻隐、知羞恶、知恭敬、知是非为良知，知视、知听、知言、知动为知觉，是果有二知乎？"认为南野所言的良知与知觉无异。②

南野收到整庵之书信后，于十月再答一书，此即《答罗整庵先生寄〈困知记〉》第二书。南野于此书中再度申明"良知即天理"之义，并深入讨论"良知"与"知觉"之关系。认为"某之所闻，非谓知识有二也"。"恻隐羞恶恭敬是非之知，不离乎视听言动，而视听言动未必皆得其恻隐羞恶之本然者。故就视听言动而言，统谓之知觉，就其恻隐羞恶而言，乃见其所谓良者。知觉未可谓之性，未可谓之理。知之良者盖天性之真，明觉自然，随感而通，自有条理，乃所谓天之理也。"③

翌年嘉靖十四年乙未（1535）二月整庵得南野第二书，乃引证经书与宋儒之言，重申"良知非天理"，此即乙未春的《答欧阳少司成崇一》第二书。"但以理言，即恐良知难作实体看，果认为实体，即与道德性天字无异，若曰知此良知，是成何等说话邪？明道学者须先识仁，一章首尾甚是分明，未尝指良知为实体也。"在此书之末，整庵客气地表明："率意尽言，似乎伤直，然非以求胜也。盖讲论道理，自不容于不尽，是非取舍，则在明

———————

① 欧阳德：《答罗整庵先生寄〈困知记〉》，《困知记》附录，中华书局 2013 年版，第 221—225 页。
② 罗钦顺：《答欧阳少司成崇一》，《困知记》附录，中华书局 2013 年版，第 153—158 页。
③ 欧阳德：《答罗整庵先生寄〈困知记〉二》，《困知记》附录，中华书局 2013 年版，第 225—230 页。

者择焉。倘犹未亮,姑置之可也。"①南野收到此书后,也执晚辈之礼,简短地回函,结束此论辩。

实际上,良知和知识的分别在阳明学者中是一个普遍的问题意识,如王龙溪曾有言:"良知与知识所争只一字,皆不能外于知也。良知无知而无不知,是学问大头脑。良知如明镜之照物,妍媸黑白,自然能分别,未尝有纤毫影子留于镜体之中。识则未免在影子上起分别之心,有所凝滞拣择,失却明镜自然之照。……识即是良知之用,非有二也。识之根虽从知出,内外真假毫厘却当有辨。苟不明根因之故,遂以知识为良知,其谬奚啻千里已哉?"②故虽然此论辩历时半年余,真正涉及论辩主题的往复书信只有四封,但因其论点集中,形成对立的命题,颇能显示阳明学与朱子学的根本差异。尤其是整庵虽与阳明进行过学术辩论,但并未涉及阳明晚年提出的致良知宗旨,因此整庵和南野关于良知和知觉的辩论更加能够深刻反映王学与朱学的思想形态和理路的内在差异,值得细论深究。③

---

① 罗钦顺:《答欧阳少司成崇一·又》,《困知记》附录,中华书局 2013 年版,第 158—161 页。
② 王畿:《答吴悟斋》,《王畿集》,凤凰出版社 2007 年版,第 255 页。
③ 本条参林月惠:《良知与知觉——析论罗整庵与欧阳南野的论辩》,《中国文哲研究集刊》第 34 期,第 287—317 页。

松原之晤

明嘉靖四十一年（1562）壬戌秋，王畿自怀玉赴江右复古书院之会。十一月七日，至吉水松原访罗洪先共订所学。十一月十四日，王畿因罗洪先 59 岁生日作《松原晤语寿念庵罗丈》，并为其子罗世光作《世光以昭说》。临别时，罗洪先亦应王畿所请为其三子作《书王龙溪卷》。此后，王畿修改前文为《松原晤语》，罗洪先亦有《松原志晤》。龙溪与念庵此次相晤，虽然以校订《阳明年谱》为目的，但是其重点之一仍在于讨论一些相当重要的学术主题。

王畿《松原晤语》云念庵"海内同志欲窥见颜色而不可得，皆疑其或偏于枯静，予念之不能忘"，遂赴松原新庐，共订所学。龙溪批评念庵的学术取径云："盖兄自谓终日应酬，终日收敛安静，无少奔放驰逐，不涉二境，不使习气乘机潜发。难道工夫不得力，然终是有收有制之功，非究竟无为之旨也。"有收有制在龙溪看来是一种造作，非自然无为的境界。龙溪同样认为念庵"世间无现成良知，非万死工夫，断不能生"的看法只是一种权宜之计，"以此较勘世间虚见附和之辈，未必非对病之药"。但是如果从根本上来说，"若必以现在良知与尧舜不同，必待工夫修整而后可得，则未免于矫枉之过。曾谓昭昭之天与广大之天有差别否？此区区每欲就正之苦心也"①。

龙溪所记突出了其思想中良知现成、工夫不执无滞等核心观点。而罗洪先《松原志晤》所记亦大概类于此，但立场自然截然相反。在回答龙溪"君信得乍见孺子入井怵惕与尧舜无差别否？信毫厘金即万镒金否？"的问题时，念庵答曰："乍见孺子，乃孟子指点真心示人，正以未有纳交、要誉、恶声之念。无三念处始是真心。其后扩充，正欲时时是此心，时时无

---

① 王畿：《松原晤语》，《王畿集》，凤凰出版社 2007 年版，第 42 页。

杂念,方可与尧舜相对。"指出需要时时做扩充此心的后天工夫。次早,两人纵论二氏与《参同契》。龙溪曰:"世间那有现成先天一气,非下万死工夫,断不能生,不是现成可得。……"念庵随即应声赞曰:"兄此言极是。世间那有现成良知? 良知非万死工夫,断不能生也,不是现成可得。今人误将良知作现成看,不知下致良知工夫,奔放驰逐,无有止息,茫荡一生,有何成就? 谚云:'现钱易使',此最善譬……"①仍然强调了只有下致良知工夫才能避免将良知视为现成所导致的荡越之弊。

王畿和罗洪先相识甚早,也颇为投契。不过,在两人相交的早年,念庵的学术还很不成熟,与龙溪往来时常处于求教者的角色。此后,随着不断用心致思,念庵的为学造诣也不断精进。松原之晤是王畿和罗洪先生平最后一次相晤。在此次会面时,龙溪秉持其一贯的成熟理论,而念庵也进入了为学三阶段的最后一个阶段。因此,尽管龙溪和念庵在此次会面中对于良知本体和工夫的理解,尤其是现成良知的理解仍没有完全一致,但是此会是两人学问至于化境的晤会,仍然显示出阳明后学发展中的一些焦点问题,意义十分重大。

---

① 罗洪先:《松原志晤》,《罗洪先集》,凤凰出版社 2007 年版,第 695—697 页。

"四民异业而同道"说

　　异业同道语出自嘉靖四年(1525)阳明为弃儒经商的方麟所写的《节庵方公墓表》。阳明从肯定的角度言"古者四民异业而同道,其尽心焉一也。士以修治,农以具养,工以利器,商以通货,各就其资之所近,力之所及者而业焉,以求尽其心。其归要在于有益于生人之道,则一而已。士农以其尽心于修治具养者,而利器通货犹其士与农也。工商以其尽心于利器通货者,而修治具养犹其工与商也。故曰:四民异业而同道。……自王道熄而学术乖,人失其心,交鹜于利,以相驱轶,于是始有歆士而卑农,荣宦游而耻工贾。夷考其实,射时罔利有甚焉,特异其名耳"①。异业同道论的提出在思想史上有着重要的意义,余英时即言阳明的"四民异业而同道"之说是肯定了"商人的社会价值",并称该文之撰作是"新儒学伦理史上的一件大事"。②

　　四民虽然职业分工不同,但是在道在其中的这一点上皆是平等的这一观念,在阳明后学那里也得到了延续。如王畿云:"予惟古者四民异业而同道,士以诵书博习,农以立稿务本,工以利益器用,商以贸迁有无。人人各安其分,即业以成学,不迁业以废学,而道在其中。……昔伊尹耕于有莘而乐尧舜之道,便是即农以为学;傅说在于版筑、胶鬲自于鱼盐,便是即工与商以为学。当其未举之时,惟知安分尽业,原无荣禄之想,及其出而为卿为相,不过随时展错,以成应缘涉世之功,于本来性分未尝有所加损也。……是故处则有学业,出则有职业,农则有农业,工商则有工商之业,卿相则有卿相之业。业者,随吾日用之常以尽其当为之事,所谓素位而行、不愿乎外者也。惟诸君共勉之!"③在此,龙溪在其师以"尽心一焉"

---

① 　王守仁:《节庵方公墓表》,《王阳明全集》,上海古籍出版社 2011 年版,第 941 页。
② 　余英时:《士与中国文化》,上海人民出版社 1987 年版,第 527 页。
③ 　王畿:《书太平九龙会藉》,《王畿集》,凤凰出版社 2007 年版,第 172 页。

平齐四民的基础上,进一步提出四民要"即业以成学","随吾日用之常以尽其当为之事",也就是各尽其分以生活。而阳明另一弟子邹守益则提出四民要异业同学:"自公卿至于农工商贾,异业而同学。闻义而徙,不善而改,孳孳讲学以修德,何尝有界限?古之人版筑鱼盐与耕莘齿胄,皆作圣境界。世恒訾商为利,将公卿尽义耶?苟志于义,何往而非舜?"[①]龙溪与东廓都以为个人业虽有别,但是修道进德未尝有别。

四民同道的观念不仅影响了士大夫阶层的阳明后学,还蔓延到平民儒者。泰州学派从自身出身的角度,又反过来论证了这个命题的正当。王栋赞美其师王艮就说:"自古士农工商业虽不同,然人人皆可共学……至秦灭学,汉兴,惟记诵古人遗经者,起为经师,更相授受,于是指此学独为经生文士之业,而千古圣人与人人共明共成之学,遂泯没而不传矣。天生我师,崛起海滨,慨然独悟,直超孔、孟,直指人心,然后愚夫俗子,不识一字之人,皆知自性自灵,自完自足,不暇闻见,不烦口耳,而二千年不传之消息,一朝复明。先师之功,可谓天高而地厚矣。"王栋通过对王艮之学"不暇闻见,不烦口耳"的特征大加赞美,表现出对士农工商之自性自完之学的肯定,而这显然关联着王艮"崛起海滨,慨然独悟",不同于以往经生的个人背景。我们甚至可以从中体会出,正是由于王艮直超孔孟的现实事迹,才使得士农工商业不同而学同更有根据和说服力。[②]

泰州学派奇人何心隐也特别喜欢谈论这个观念。他用自己独有的"大中学"说:"士农工商莫非在、莫非心、心心各在、各在心足……士农工商莫非率、莫非性、性性各率、各率性成。"[③]当然,这并不是取消了士、农、工、商四个阶层间的等级区别,而是通过对个体道德自主性的揭示,来说明四民在本质上的一致是可以超越阶层的区别的。何心隐又从个体自主的角度进一步作了阐发。他说工农求凭借于商,商求凭借于士人,乃至士人求凭借于圣贤,都是"所为者小而所见者大",导致"自凭其之小而不大之凭"。所以要"惟自信其所见所凭之必见是于天下于万世而已"。[④]

而至清初黄宗羲更云:"今夫通都之市肆,十室而九,有为佛而货者,

①　邹守益:《示诸生九条》,《邹守益集》,凤凰出版社 2007 年版,第 728 页。

②　黄宗羲:《明儒学案》,中华书局 2008 年版,第 741 页。

③　何心隐:《与艾冷溪书》,《何心隐集》,中华书局 1960 年版,第 65 页。

④　何心隐:《答自主》,《何心隐集》,中华书局 1960 年版,第 53—54 页。

有为巫而货者,有为倡优而货者,有为奇技淫巧而货者,皆不切于民用,一概痛绝之,亦庶乎救弊之一端也。此古圣王崇本抑末之道。世儒不察,以工商为末,妄议抑之。夫工固圣王之所欲来,商又使其愿出于途,盖皆本也。"①尽管对不切民用的工商表示否定,黄宗羲仍从实际功用的角度提出以工商皆本,这似乎表明了阳明提倡的异业同道说逐渐深入人心。总之,阳明及其后学对四民在道面前的平等地位的表彰,对商业阶层社会价值的重新定位,对于社会结构的变化都具有重要的意义。在儒家思想史而言,四民异业同道论敢于发前人所未发,确是当时思想界的一件大事,是儒家社会观念上的新发展,具有划时代的意义。

---

① 黄宗羲:《明夷待访录》,凤凰出版社 2017 年版,第 46—47 页。

现成良知及现成圣人之辩

现成良知是整个阳明学思想体系中的一个重要概念。王阳明本人没有直接使用过这一完整的词语,但曾经就良知的现成性和见在性作出过充分的阐述。如其云:"良知无前后,只知得见在的几,便是一了百了。"[①]"只存得此心常见在,便是学。过去、未来事,思之何益? 徒放心耳。"[②]"吾辈致知,只是各随分限所及。今日良知见在如此,只随今日所知,扩充到底。明日良知又有开悟,便从明日所知,扩充到底。如此方是精一功夫。"[③]其中,反复提到了"见在"一词,强调的是必须在即刻当下进行"致良知"的实践工夫。阳明弟子王畿对阳明的"良知"概念作了这样一个解释:"先师提出'良知'二字,正指见在而言,见在良知与圣人未尝不同。"[④]应当说这一解释颇合阳明之意,其中见在良知一词亦即现成良知的意思。[⑤]

在阳明相关思想的基础上,王畿进一步提出和完善了"现成良知"论。在王阳明那里,本体良知尽管人人皆有,纯然至善,但一经外发,由于外界事物的影响,往往会被"私意习气缠蔽",沾染上不善的念头,致使良知不能充分地显现出来,此所谓"习俗移人如油渍面,虽贤者不免"[⑥]。所以通过格致、省察、克治等一列修养工夫以消除障蔽,复明良知。王畿则认为,良知在人,本无污坏,它是现成见在的,本来具足,炽然明照,不假人为,能

---

① 王守仁:《王文成公全书》,中华书局 2015 年版,第 135 页。

② 王守仁:《王文成公全书》,中华书局 2015 年版,第 30 页。

③ 王守仁:《王文成公全书》,中华书局 2015 年版,第 119 页。

④ 王畿:《与狮泉刘子问答》,《王畿集》,凤凰出版社 2007 年版,第 81 页。

⑤ 彭国翔先生指出现成良知和见在良知有极细微的区别,见彭国翔:《中晚明的现成良知之辩》,《国学研究辑刊》2003 年。

⑥ 王守仁:《赣州书示四侄正思等》,《王文成公全书》,中华书局 2015 年版,第 1137 页。

够自然地发用流行。他说:"良知不学不虑,本来具足,众人之心与尧舜同"①;"良知在人,不学不虑,爽然由于固有;神感神应,盎然出于天成,本来真头面,固不待修证而后全"②。把良知看作是天赋的道德本能,良知本身完满无缺,凡圣无别,这原本都是王阳明的思想,并不是王畿"自证自悟"的理论创造;其理论创见在于,由此提出了功夫无用的观点。按王畿的理解,既然心体自然能知,或者说可以自然地发用流行,不用向外求取,这便意味着良知是当下现成的,无"掩蔽"之言;既然良是"见在自足"的,那么任何形式的修养工夫都变得毫无意义。所以他指出:"见入井之孺子而恻隐,见呼蹴之食而羞恶,仁义之心本来完具,感触神应,不学而能;若谓良知由修而后完,挠其体也。"③良知是主体自身原本具有的内在自然。若认为圆满自足的良知只有通过修养工夫才能获得,这就等于整个否定了良知的存在。据此他又说:"良知当下现成,不加工夫修证而后得。致知原为未悟者设,信得良知过时,独往独来,如珠之走盘,不待拘管,而自不过其则也。以笃信谨守,一切矜名饰行之事,皆是犯手做作。"④良知是当下明白的内心体验、自我认识,无需后天修养功夫而当下具足;后天的工夫修证、刻意追求,不仅无助于良知的发用,而且会妨碍真性的自然流行。

王畿的上述观点受到王门中工夫论者的激烈批评。聂双江说:"今人不知养良知,故以见在为具足……"⑤罗洪先说:"世间那有现成良知!良知非万死工夫,断不能生也,不是现成可得。"⑥"终日谈本体,不说工夫,才拈工夫,便指为外道,此等处恐使阳明先生复生,亦当攒眉也。"⑦王畿对这些批评意见做了积极的回应。他争辩说:"至谓'世间无有现成良知,非万死工夫断不能生',以此校勘世间虚见附和之辈,未必非对症之药。若必以现在良知与尧舜不同,必待工夫修整而后可得,则未免于矫枉之

① 王畿:《与阳和张子问答》,《王畿集》,凤凰出版社 2007 年版,第 127 页。
② 王畿:《书同心册》,《王畿集》,凤凰出版社 2007 年版,第 121 页。
③ 王畿:《抚州拟岘台会语》,《王畿集》,凤凰出版社 2007 年版,第 27 页。
④ 黄宗羲:《明儒学案·浙中王门学案二》,中华书局 2008 年版,第 241 页。
⑤ 聂豹:《答欧阳南野太史》,《聂豹集》,凤凰出版社 2007 年版,第 237 页。
⑥ 罗洪先:《松原志晤》,《罗洪先集》,凤凰出版社 2007 年版,第 696 页。
⑦ 罗洪先:《寄王龙溪·丙辰》,《罗洪先集》,凤凰出版社 2007 年版,第 213 页。

过。"①王畿认为,工夫论对于纠正那种舍工夫论本体的"虚见"有一定的合理性。但如果由此走向了另一个极端,即完全否认良知见在,把良知当作是非万死工夫不能求得的东西,"外本体而论工夫,谓之二法,二则支矣"②。在本体之外论工夫,割裂了工夫与本体的内在统一性,矫枉过正,同样是不足取的。因此,要正确解决本体与工夫的关系,必须是以本体为基础,把工夫统一到本体上来,"盖工夫不离本体,本体即是工夫,非有二也"③。王畿的现成良知论是王门三派中现成派的理论特征,王艮、罗汝芳、周汝登等人也有着肯认良知现成的理论取向。④

应当承认,如果从良知本体论的立场来看,不是"现成良知"而是"良知无现成",的确令人费解。正如耿定向所言:"良知若非现成,又岂有造作良知者乎?"⑤顾宪成则为罗洪先的观点作了辩解:

> 罗念庵先生曰:"世间那有见成良知?"良知不是见成的,那个是见成的?且良知不是见成的,难道是做成的?此个道理稍知学者,类能言之,念庵能不晓得而云尔?只因人自有生以来,便日向情欲中走,见声色逐声色,见货利逐货利,见功名逐功名,劳劳攘攘,了无休息。这良知却撇在一边,全然不采,有时觌面相逢,亦默然不认,久久习熟那一切后来添上的,日亲日近,遂尔不招而集,不呼而应,反似见成。那原初见成的日疏日远,甚且嫌其能觉察我,能检点我,能阻碍我,专务蒙蔽,反成胡越。于此有人焉为之指使本来面目,辄将见成情识,冒作见成良知。这等乱话,岂不自欺欺人?于此又有人提出个致字,谓须着实去致,方得良知到手。辄又言良知不虑而知,不学而能,本自见成,何用非纤毫气力?这等大话,岂不自误误人?其为天下祸甚矣。念庵目击心恫,不得已特开此口,以为如此庶几。⑥

可以看出,顾宪成在一定意义上承认良知现成的正当性。但是如果

---

① 王畿:《松原晤语》,《王畿集》,凤凰出版社 2007 年版,第 42 页。
② 王畿:《答季彭山龙镜书》,《王畿集》,凤凰出版社 2007 年版,第 212 页。
③ 王畿:《冲元会纪》,《王畿集》,凤凰出版社 2007 年版,第 3 页。
④ 以上参苗润田:《中国儒学史·明清卷》,广东教育出版社 1998 年版,第 119—121 页。
⑤ 黄宗羲:《明儒学案·泰州学案四》,中华书局 2008 年版,第 824 页。
⑥ 顾宪成:《小心斋札记》卷十一,《顾端文公遗书》,清康熙刻本。

将"良知是现成的"理解为"现成的"就是"良知","现成良知"就可以直接成为不下功夫、现成可得的"现成圣人",这正是罗洪先和顾宪成等人所忧虑的。

《传习录》曾记载了关于心斋的一个著名典故:"一日,王汝止出游归,先生(阳明)问曰:'游何见?'对曰:'见满街人都是圣人。'先生曰:'你看满街人是圣人,满街人到看你是圣人在。'"①李贽从圣凡一致的角度对"满街圣人"说作出了肯定:"夫凡民既与圣人同其学矣,则谓满街皆是圣人,何不可也!"②周汝登也从信得当下的角度问门人刘塙:"然则汝是圣人否?"刘塙曰:"也是圣人。"周汝登喝之道:"圣人便是圣人,又多一也字!"③每人都是圣人,连圣人上多加一"也"字也损害了圣人的彻底性。但在顾宪成看来,泰州学派王艮等所说的"满街皆是圣人","正谓满街人都有见成良知尔",是应该严厉批判的。其弟子顾孟麟也区分了现成良知与现成圣人:"人心有见成的良知,天下无见成的圣人。"④与此相似,刘宗周也一方面肯定"良知本是见成",同时又指出"自古无现成的圣人"。这些观点都不否定人道德实践的内在先天根据,但更强调后天功夫的重要,不然就会导致"那原初见成的日疏日远"。由此可见,在阳明后学乃至晚明思想的发展演变过程当中,"现成良知"及其关联的"现成圣人"实是一个引人注目的焦点问题,吸引学者不断讨论和交锋。⑤

---

① 王守仁:《王文成公全书》,中华书局 2015 年版,第 144 页。
② 李贽:《批下学上达语》,《焚书》,中华书局 2009 年版,第 139 页。
③ 黄宗羲:《明儒学案·泰州学案五》,中华书局 2008 年版,第 854 页。
④ 黄宗羲:《明儒学案·东林学案三》,中华书局 2008 年版,第 1476 页。
⑤ 参吴震:《中国理学》第四卷"现成良知"条,东方出版中心 2002 年版。

"淮南格物"说

　　王艮为学"以经证悟,以悟释经",不拘泥于传注,不固执师说,多有自己的心得。他自云其学与师说不同,"王公论良知,艮谈格物"①。的确,格物说颇能体现王艮的思想特色。

　　早在入王门之前,王艮通过独立探索已初步形成了以"尊身立本"为主旨的"格物"说②;接受王学之后,他又对此进行了新的探索和求证,并希望得到王阳明的认同。"先生陈格物旨。文成曰:待君他日自明之。"③正如王阳明所预料的那样,王艮在"他日"(55 岁时)终于"自明之":

　　　　是年,先生玩《大学》,因悟格物之旨。曰:"其本乱而末治者否。"乃叹曰:"圣人以道济天下,是至尊者道也;人能弘道,是至尊者身也。道尊则身尊,身尊则道尊。故轻于出,则身屈而道不尊,岂能以济天下?自天子以至于庶人,壹是皆以修身为本,其本乱而末治者否矣。故曰安其身而后动,身安而天下国家可保,其身正,则天下归之。大人者,正己而物正者也。此谓知本,此谓知之至也。是为格物而后知至。故出处进退,辞受取与,一切应用,失身失道,皆谓之不知本,而欲求末治者,未之有也,其于天下国家何哉!故反己自修,皆是立本工夫。离却反己,谓之失本;离却天下国家,谓之遗末,亦非所谓知本。本末原是一物。"④

---

①　黄宗羲:《明儒学案·泰州学案一》,中华书局 2008 年版,第 709 页。
②　吴震先生认为王艮格物新说受其子王衣启发,并且不可能在拜师阳明之前就形成。见吴震:《王心斋"淮南格物"说新探》,《陕西师范大学学报》2008 年第 1 期。
③　焦竑:《焦氏笔乘》,中华书局 2008 年版,第 103 页。
④　王艮:《王心斋全集》,江苏教育出版社 2001 年版,第 75 页。

至此，王艮的"格物"理论才趋于成熟。因泰州地处淮南，所以黄宗羲称其为"淮南格物"。从上述可以看出，王艮的格物说主要是依据《大学》的"自天子以至于庶人，壹是皆以修身为本"而提出来的，其理论指向是要解决如何治天下的问题，理论重心在于"正身""正己""尊身"，方法为"修身""保身"。王艮指出，《大学》所谓"格物"，既非朱子所说的"即物穷理"，亦非王阳明之谓"正心"，而是指"正身""修身"。

他解释说："格，如格式之格。即后絜矩之谓。吾身是个矩，天下国家是个方。絜矩则知方之不正，由矩之不正也；是以只去正矩，却不在方上求矩正，则方正矣。方正则成格矣。"①王艮认为，"格"是使事物成为一定格式之意，或量度事物的意思，也就是《大学》中所说的"絜矩"。絜是度量，矩是作方的量具。量方要用矩，只有先使得矩正，才能量得方正，方正了才能符合一定的格式。吾身即是矩，天下国家为方，只有吾身正才能使天下国家正。所以，"絜度，格字之义"，即"修身立本也，立本安身也"。②

王艮还根据《大学》的"物有本末"说，对"格物"之"物"作了界定，认为"格物之物，即物有本末之物"；"身与天下国家一物也，惟一物而有本末之谓"。③ 天下国家是由无数具有肉体之躯的个人组成的集合体，因此身与天下国家本质上是"一物"，不能分离；但在这个统一体中，有本根和枝节的区别，不可等量齐观，"知身之为本，而家国天下之为末"④。"吾身"既是一血肉之躯，是自我存在的根本标志，也是人伦道德的物质承担者，"身与道原是一件"⑤。因而"吾身"具有崇高的价值，是最为宝贵的，"知保身者，则必爱身如宝"⑥，人们应当珍视自我，爱身、尊身、安身、保身。据《年谱》记载，嘉靖五年(1526)，"因同志在宦途，或以谏死，或遭逐远方。先生以为，身且不保，何能为天下万物主？"身家性命都没有了，还用什么治天下、主宰天地万物？

对当时危机重重的社会现状，王艮认为根本原因就在于人们认识上

① 王艮：《心斋语录》，《明儒学案·泰州学案一》，中华书局 2008 年版，第 712 页。
② 王艮：《心斋语录》，《明儒学案·泰州学案一》，中华书局 2008 年版，第 712 页。
③ 王艮：《心斋语录》，《明儒学案·泰州学案一》，中华书局 2008 年版，第 712 页。
④ 黄宗羲：《明儒学案·泰州学案一》，中华书局 2008 年版，第 710 页。
⑤ 王艮：《心斋语录》，《明儒学案·泰州学案一》，中华书局 2008 年版，第 716 页。
⑥ 王艮：《明哲保身论》，《王心斋全集》，江苏教育出版社 2001 年版，第 29 页。

不知本,实践上"失本"逐末,"不知安身便去干天下国家事,是之谓失本也"①。正是基于这种认识,他提出:"格知身之为本,而家国天下之为末,行有不得者,皆反求诸己,反己是格物的工夫。故欲齐、治、平,在于安身。"②要齐家,要治国,要平天下,关键在于安身。如果发现天下国家有问题、不正,首先要做的不是"去干天下国家事",而是要做反己的工夫,去端正自我,从我做起,"其身正而天下归之"③,"安身以安家而家齐,安身以安国而国治,安身以安天下而天下平"④。显然,这种"以身为本"的格物说,改铸了王阳明的"心本"论;这种把个人的生命存在放置于天下国家之上的观点,初步具有了近代意义上的人本主义特色。⑤

心斋的"淮南格物说"一自提出,就在王门内部产生了争论。有一些同门对此说持否定态度。比如薛侃批评王艮云:"……乃知反己之大本与格致异同之说,舜、孔能未能之旨,此恐传之失真,决非吾兄之语也。"⑥可见薛中离对心斋的安身说和格物说都不满意。江右王门的陈明水也云:"心斋晚年所言,多欲自出机轴,殊失先师宗旨。岂亦微有门户在耶?"陈明水所说的自出机轴,自然也主要指王艮"淮南格物"的观点:"先师……虽直揭良知之宗,而指其实下手处,在于格物,古本序中及《传习录》所载详矣。岂有入门下手处,犹略而未言,直待心斋言之耶?惟其已有成训,以物知意身心为一事,格致诚正修为一工,故作圣者有实地可据。而又别立说以为教,苟非门户之私,则亦未免意见之殊耳。"⑦可见陈明水认为阳明的格物说言之已尽,而心斋的格物说不过是为门户或者私己之见。

同样,此后浙中王门王畿的传人周汝登也提出批评,认为应当遵照阳明而不是王艮的格物观,他说:"心斋格物之说,自是归根之旨,然亦不能舍却家国天下心意,另求一物。阳明子所谓致吾心之知在事事物物之间,格其不正以归于正。夫事物非迹,即是吾知;吾知非虚,即是事物。工夫即格即致,本末难分。如此修证,于孔门博约中和之训,无不合辙。故区

① 王艮:《心斋语录》,《明儒学案·泰州学案一》,中华书局 2008 年版,第 712 页。
② 黄宗羲:《明儒学案·泰州学案一》,中华书局 2008 年版,第 710 页。
③ 王艮:《心斋语录》,《明儒学案·泰州学案一》,中华书局 2008 年版,第 713 页。
④ 王艮:《心斋语录》,《明儒学案·泰州学案一》,中华书局 2008 年版,第 712 页。
⑤ 以上参苗润田:《中国儒学史·明清卷》,广东教育出版社 1998 年版,第 136—138 页。
⑥ 薛侃:《奉王心斋》,《薛侃集》,上海古籍出版社 2014 年版,第 318 页。
⑦ 陈明水:《与王龙溪》,《明儒学案·江右王门学案四》,中华书局 2008 年版,第 459 页。

区谓惟当遵阳明子之说，着实做去，不必别立新奇也。"①显然，在周汝登看来，王艮的格物说会导致在"吾心之知"之外另求一物来格的危险，因此应该遵循阳明的正心的格物观点，而不必另立新说。

当然，"淮南格物"说赞成者也不乏其人。心斋嫡系自然对此说倍加推崇。如心斋门人王栋在解释心斋格物之学时明确云："格字不单训正'格如格式'，有比则推度之义，物之所取正也。物即'物有本末'之物，谓吾身与天下国家之人。格物云者，以身为格而格度天下国家之人，则所以处之道，反诸吾身而自足矣。"②所以，在王栋看来，孔门传授无非格物之学，格物作为一种外向的方法，"究竟只是反身工夫……无非此理，孔门传授无非此学"，颜、曾、思、孟子"皆未有不由此学而终身者也，孟子没，而此学湮矣"，即如程子虽言"正己以格物"，"惜不力主其说以为定训"。③

刘蕺山对"淮南格物"说也有很高的评价，其称赞道："后儒格物之说，当以淮南为正。第少一注脚，格知诚意之为本，而正修治平之为末，则备矣。"④的确，就心斋格物说之有异于后儒诸家的特点而言，心斋正是抓住了"物有本末"这一关键问题。通过对此问题的解决，则"事有终始，知所先后"等问题便迎刃而解。蕺山也许是从这一角度，对心斋格物说不无欣赏。当然，蕺山又进一步地以自己特有的"诚意"说来修正淮南格物。

清代后对心斋格物说也有肯定的评价，譬如黄宗羲后学全祖望。当有学者问道"七十二家格物之说，令末学穷老绝气不能尽举其异同。至于以'物'即'物有本末'之'物'，此说最明了。盖物有本末，先其本，则不逐其末；后其末，则亦不遗其末；可谓尽善之说"。而当时大儒陆陇其为何却反对这种说法？全祖望回答道：

> 以其为王心斋之说也。心斋非朱学，敌言朱学者诋之。心斋是说，乃其自得之言。盖心斋不甚考古也，而不知元儒黎立武早言之。黎之学私淑于谢艮斋，谢与朱子同时，而其学出于郭兼山，则是亦程门之绪言也。朱子《或问》虽未尝直指为物有本末之物，然其曰以其

---

① 周汝登：《东越证学录》卷十《与赵学博怀莲》，明万历刻本。
② 王栋：《会语正集》，《王心斋全集》，江苏教育出版社2001年版，第147页。
③ 王栋：《会语正集》，《王心斋全集》，江苏教育出版社2001年版，第148页。
④ 黄宗羲：《明儒学案·泰州学案一》，中华书局2008年版，第710页。

至切而近者言之，则心之为物，实主于身，次而及于身之所具，则有口鼻、耳目、四肢之用，又次而及于身之所接，则有君臣、父子、夫妇、长幼、朋友之常。外而至于人，远而至于物，极其大，则天地古今之变；尽于小，则一尘一息。是即所谓身以内之物曰心、曰意、曰知，身以外之物曰家、曰国、曰天下也。盖语物而返身，至于心、意、知，即身而推，至于家、国、天下，更何一物之遗者。而况先格其本，后格其末，则自无驰心荒远，与夫一切玩物丧志之病。故心斋论学，未必皆醇，而其言格物，则最不可易。蕺山先生亦主之，清献之不以为然，特门户之见耳。①

全祖望的评论于格物之诠释史可谓曲尽其详，而对心斋格物说所下的论断亦不失中肯，唯认其与朱子之说有暗合处，则不免是清初学术风气的一种反映。

---

① 全祖望：《经史问答》卷七，清嘉庆九年刻本。

归寂说之争

在王门中,聂豹以"归寂"说而见称。他早年曾认为"是非之心,人皆有之,吾惟即所感以求自然之则";后来体会到"执感以为据,即不免于为感所役。吾之心无时可息,则于是非者,亦将有时而淆也。又尝凝精而待之以虚,无计其为感与否也。吾之心暂息矣,而是非之则,似亦不可得而欺,因自省曰:昔之役者,逐于已发;而今之息者,其近于未发矣乎!"①黄宗羲在谈到聂豹的这一思想转变时,指出:"先生之学,狱中闲久静极,忽见此心真体,光明莹彻,万物皆备,乃喜曰:'此未发之中也,守是不失,天下之理皆从此出矣。'及出,与来学立静坐法,使之归寂以通感,执体以应用。"②嘉靖二十六年(1547),聂豹遭诬陷被逮入锦衣狱,两年后方才获释。由此看来,聂豹是在被捕入狱"闲久静极"的情况下,经过苦苦思索体认而顿悟"归寂"之旨,由"执感以为据""逐于已发"转向"执体以应用""归寂以通感",实现思想飞跃。

聂豹"归寂"说的理论根基是"良知本寂"论。他说:"良知本寂,感于物而后有知,知其发也。不可遂知发为良知,而忘其发之所自也。心主乎内,应于外而后有外,外其影也。不可以其外应者为心,而遂求心于外也。故学者求道自其主乎内之寂然者求之,使之寂而常定。"③在他看来,良知与知是寂与感、未发与已发的关系,二者有区别又有联系。良知是寂静之体,是未发之中;知则是良知本体与物发生感应关系后而呈现的现实作用,是良知的表象。因此,不能以"知发"为良知,即不可以"知"为"体"。聂豹的这一观点与现成良知论者对立。聂豹认为现成良知论的一个基本错误,就在于以"知发"为"体"以个别代替一般,"恻隐羞恶,仁义之端,而

---

① 罗洪先:《困辨录序》,《明儒学案》,中华书局 2008 年版,第 418 页。
② 黄宗羲:《明儒学案·江右王门学案二》,中华书局 2008 年版,第 370 页。
③ 黄宗羲:《明儒学案·江右王门学案二》,中华书局 2008 年版,第 372 页。

遂以恻隐羞恶为仁义可乎哉？今夫以爱敬为良知，则将以知觉为本体"①。这就是说，恻隐羞恶只是仁义的端始，爱敬只是良知本体的呈露；把爱敬当作良知，实际上只是看到了现象而没有把握本质，是逐于已发、执感以为据，这样便不免为感知、表象所役使，误入歧途。所以他又说："孟子谓不学不虑、爱亲敬长，盖指良知之发用流行、切近精实处。而不悟者，遂以爱敬为良知，着在枝节上求，虽极乎高手，不免赚入邪魔蹊径，到底只从霸学里改头换面出来。"②既然"良知本寂"，在现象背后还有一个寂然本体，那么"归寂""求寂于心"便成为认识和修养的绝对要求，故曰"学者求道，自其主乎内之寂然者求之，使之寂而常定"。

那么从功夫上来看，怎样才能"归寂"、使心体"寂而常定"？聂豹认为，这既不是"后天诚意"或"先天正心"所能做到的，也不是即动求静、即感求寂、即用求体、即已发求未发所能完成，而是通过"主静"工夫来实现的，"今曰工夫只是主静"。所谓主静，依他的理解即是澄然无事："惟主静则气定，气定则澄然无事，此便是未发本然。"③这里所说的"澄然无事"，乃指排除外在因素对主体心神的干扰、影响，恢复本来寂静一无的良知本体。他分析说："夫视听言动，喜怒哀乐，变化云为，倏忽万状……其害有不可胜言者。"人的情感活动、感应活动是飘然即失变动不定的，要返回寂然不动的本体，那就必须克服这些因素的干扰，使人的意念和欲望不动，"致知之功，要在于意欲之不动，非以周乎物而不过之为致也"④。意欲不动即静，即可排除目闻见等感应之知对良知本体的滞碍。因而他认为"静中体认"可以说是"吾儒真下手处"⑤。

聂豹之学以归寂为宗，这种体用二分的观点与阳明的体用一元在思维模式上存有差异，因而当时针对双江之学，王门诸子有激烈的争辩。《明儒学案》云："当时同门之言良知者，虽有浅深详略之不同，而绪山、龙溪、东廓、洛村、明水皆守'已发未发非有二候，致和即所以致中'，独聂双江以'归寂为宗，功夫在于致中，而和即应之'。故同门环起难端，双江往

---

① 聂豹：《送王惟中归泉州序》，《聂豹集》，凤凰出版社 2007 年版，第 78 页。
② 黄宗羲：《明儒学案·江右王门学案二》，中华书局 2008 年版，第 383 页。
③ 黄宗羲：《明儒学案·江右王门学案二》，中华书局 2008 年版，第 377 页。
④ 黄宗羲：《明儒学案》，中华书局 2008 年版，第 268 页。
⑤ 黄宗羲：《明儒学案·江右王门学案二》，中华书局 2008 年版，第 378 页。

复良苦。微念菴,则双江自伤其孤另矣。"①可见双江当时因提出归寂说而处于四战之地,而关于相关辩论的情况,《明儒学案》又云:

> 是时同门为良知之学者,以为"未发即在已发之中",盖发而未尝发,故未发之功却在发上用,先天之功却在后天上用。其疑先生之说者有三:其一谓"道不可须臾离也",今曰"动处无功",是离之也。其一谓"道无分于动静也",今曰"功夫只是主静",是二之也。其一谓"心事合一,心体事而无不在",今曰"感应流行,着不得力",是脱略事为,类于禅悟也。王龙溪、黄洛村、陈明水、邹东廓、刘两峰各致难端,先生一一申之。②

总的来看,对于双江的批评还是围绕归寂说展开的。聂豹之学以守未发之中为标的,而以静坐归寂以通感为工夫之要,这与王门其他学者的理路大不相类,故而引起争论。同门之中邹东廓驳斥其说最力:

> 夫良知一也,有指体而言者,寂然不动是也;有指用而言者,感而遂通天下之故也,指其寂然者,谓之未发之中,谓之所存者神,谓之廓然大公;指其感通处,谓之已发之和,谓之所过者化,谓之物来顺应,体用非二物也。③
>
> 故致良知工夫须合得本体,做不得工夫不合本体,合不得本体不是工夫。④
>
> 寂感无二时,体用无二界,如称名与字然,称名则字在其中,称字则名在其中,故中和有二称,而慎独无二功。⑤

邹守益在反驳聂豹的"归寂"说时,认为聂豹是离用而悬置一个空寂的本体。实际上,心体本应发用以应世事,用也是体之用,体用之间不得

① 黄宗羲:《明儒学案·江右王门学案二》,中华书局 2008 年版,第 359 页。
② 黄宗羲:《明儒学案·江右王门学案二》,中华书局 2008 年版,第 370—371 页。
③ 邹守益:《复黄致斋使君》,《邹守益集》,凤凰出版社 2007 年版,第 497 页。
④ 邹守益:《再答双江》,《邹守益集》,凤凰出版社 2007 年版,第 542 页。
⑤ 邹守益:《再答双江》,《邹守益集》,凤凰出版社 2007 年版,第 542 页。

间隔。如"以寂言体",则其自然之感即是用,于是,功夫就是要合那本体,合不得本体的工夫就不是真工夫。由此观之,"寂感无二时,体用无二界"。王畿也有着类似于邹守益的见解:

> 寂者心之本体,寂以照为用。守其空知而遗照,是乖其用也。见人井之孺子而恻隐,见呼蹴之食而羞恶,仁义之心,本来完具,感触神应,不学而能也。若谓良知由修而后全,挠其体也。良知原是未发之中,无知而无不知,若良知之前复求未发,即为沉空之见矣。……主宰即流行之体,流行即主宰之用,体用一源,不可得而分,分则离矣。所求即得之之因,所得即求之之证,始终一贯,不可得而别,别则支矣。[①]

然而,面对同门邹守益等的诘难,聂豹固执己见,其云:

> 前书坤复之说,遣词未莹,致有"寂感二时"之疑。夫无时不寂,无时不感者,心之体也。感惟其时,而主之以寂者,学问之功也。故谓"寂感有二时"者,非也。谓工夫无分于寂感,而不知归寂以主夫感者,又岂得为是哉? 盖天下之感,皆生于寂,不寂则无以为感,非坤则无以为震。[②]
>
> 又谓"寂感无二界,动静无二时",此说之惑人久矣。夫寂感动静,犁然为两端。世固有感而不本于寂,动而不原于静,皆妄也。惟感生于寂,动原于静者,始可以言道心。[③]

在聂豹看来,"归寂"或由静而致良知本体只是方法、途径问题,而不是终极的目的。"归寂"的目的是"通感"和"执体以应用"。所谓"夫无时不寂,无时不感者,心之体也。感惟其时而主之以寂者,学问之功也"[④],是指人心是寂与感、体与用的统一,只有把握了寂体,并用它来主宰感应

---

① 王畿:《抚州拟枧台会语》,《王畿集》,凤凰出版社 2007 年版,第 26—27 页。
② 聂豹:《答东廓邹司成·一》,《聂豹集》,凤凰出版社 2007 年版,第 261 页。
③ 聂豹:《答胡青》,《聂豹集》,凤凰出版社 2007 年版,第 293 页。
④ 黄宗羲:《明儒学案·江右王门学案二》,中华书局 2008 年版,第 373 页。

活动,才是学问的功效所在。所以,"归寂""求寂于心"为了更好地统御用,使主体在对象性活动中"动无不善""发无不良"。这样,他又把体用、动静、寂感或道德认识与道德践履、知与行统一了起来。①

对此,邹东廓又进一步反驳道:"收视是谁收?敛听是谁敛?即是戒惧工课。天德王道,只是此一脉。所谓去耳目支离之用,全圆融不测之神,神果何在?不睹不闻,无形与声,而昭昭灵灵,体物不遗,寂感无时,第从四时常行、百物常生处体当天心,自得无极之真。"②仍然强调要不离日常而作工夫。

此外,针对有批评将归寂说与禅学相提并论,双江也极力反驳,指出:"夫禅之异于儒者,以感应为尘烦,一切断除而寂灭之。今乃归寂以通天下之感,致虚以立天下之有,主静以该天下之动,又何嫌于禅哉!"③这就是说,如果把其"归寂"说等同于禅学,实际上是把儒佛混为一谈了。因为佛家以"寂灭"为目的,把寂灭一切烦恼和圆满一切清净功德的涅槃之境作为自己的人生目标,而儒家讲"归寂",则是为了"通感"、用世,是为了治天下。因此,儒之"归寂"与佛之"寂灭"有着本质的不同。

当然,聂双江也不完全是孤军奋战,罗念庵和刘两峰都对其有着肯定的方面。"惟罗念菴深相契合,谓双江所言,真是霹雳手段,许多英雄瞒昧,被他一口道着,如康庄大道,更无可疑。"刘两峰对于聂豹的观点也持部分肯定态度,他晚乃信之,曰:"双江之言是也。"其云:"发与未发本无二致,戒惧慎独本无二事。若云未发不足以兼已发,致中之外,别有一段致和之功,是不知顺其自然之体而加损焉,以学而能,以虑而知者也。"又言:"事上用功,虽愈于事上讲求道理,均之无益于得也。涵养本原愈精愈一,愈一愈精,始是心事合一。"又言:"默坐澄心,反观内照,庶几外好日少,知慧日着,生理亦生生不已,所谓集义也。"又言:"吾心之体。本止本寂,参之以意念,饰之以道理,侑之以闻见,遂以感通为心之体,而不知吾心虽千酬万应,纷纭变化之无已,而其体本自常止常寂。彼以静病云者,似涉静景,非为物不贰、生物不测之体之静也。"虽然刘文敏的观点和双江不尽相同,还强调"吾性本自常生",但是在其体常寂这一面,两人还是有高度契

---

① 以上参苗润田:《中国儒学史·明清卷》,广东教育出版社 1998 年版,第 132—134 页。
② 邹守益:《再简双江》,《邹守益集》,凤凰出版社 2007 年版,第 541 页。
③ 黄宗羲:《明儒学案·江右王门学案二》,中华书局 2008 年版,第 374 页。

合之处,因此黄宗羲云:"凡此所言,与双江相视莫逆,故人谓双江得先生而不伤孤另者,非虚言也。"①

双江的归寂说在其去世后,仍然有着较大的影响,罗近溪也对其归寂宗旨有所评议。有问近溪:"双江聂先生所谓归寂者,何谓也?"近溪答:"此主静之别名也。"又问:"此等工夫如何?"近溪答道:"究竟此等工夫还是多了。然在初学或未可少。"由此可见罗近溪对于双江的归寂说还是有一定程度的肯定,尤其是其对于初学者的效果。② 总之,双江虚寂说之争是阳明逝世后,王门宗旨歧出、异见纷呈的一个具体表现,一定程度上反映出传统理学和阳明心学在思维模式上的差异。

---

① 黄宗羲:《明儒学案·江右王门学案四》,中华书局 2008 年版,第 430—431 页。
② 罗汝芳:《盱坛直诠》卷下,广文书局 1997 年版,第 257—258 页。

龙惕说及其争论

阳明殁后，门人宗旨各有不同。其中，王畿和王艮的影响较大，二者都尚"自然"，故当时以"自然"为宗的风气颇盛。但季本不同意这种主张，以为其有悖师门宗旨。正是在此学术背景下，他提出了"龙惕说"，主张以龙言心，而不以镜言心。以龙言心则主宰常在，时时警惕，以镜言心却无所裁制，一任自然。季本的龙惕说旨在强调主宰的作用，反对离主宰而言自然。这一说法与当时尚自然的风气颇不同，引起了争议和讨论。对此，黄宗羲有着高度的评价："第其时同门诸君子单以流行为本体，玩弄光影，而其升其降之归于画一者无所事，此则先生主宰一言，其关系学术非轻也。"[1]

龙惕说的要旨即在于心龙之譬："见得此学主脑略真，大抵论心当以龙不以镜。"季本认为明镜之喻只是略为相似，但是"影像之间非真体也"。这是因为镜是"无情之照"，"凡有所见皆自外来，而摩擦之功亦自外作，非己能用力也"。他主张"圣人之学止是以龙状心也"[2]，并诠释心龙与惊惕之间的联系云："夫心之为龙也，言乎其惕也。龙起则惊，惊则惕，惕则天理初萌，未杂于欲之象。盖即《中庸》戒惧不睹，恐惧不闻之几也，是谓良知。此非主健何以能之？故《易》曰：'乾以易知。'乾之知自能知，无待于外，何难之有，所谓自然也。自然以乾知为主，岂复有流于欲者哉？此龙惕书之本旨也。"[3]

出于对心龙主宰之意的强调，季本对于心镜所表征的自然意提出了

---

① 黄宗羲：《明儒学案·浙中王门学案三》，中华书局 2008 年版，第 271—272 页。
② 季本：《与杨月山龙惕书》，《四书私存》附录《龙惕书》，"中研院"中国文哲研究所 2013 年版，第 651 页。
③ 季本：《赠杨月山擢清浪参将序》，《四书私存》附录《龙惕书》，"中研院"中国文哲研究所 2013 年版，第 671 页。

强烈批评："圣人以龙言心而不言镜，盖心如明镜之说，本于释氏，照自外来，无所裁制者也。而龙则乾乾不息之诚，理自内出，变化在心者也。予力主此说，而同辈尚多未然。然此理发于孔子居敬而行简是也。敬则惕然有警，乾道也；简则自然无为，坤道也。苟任自然而不以敬为主，则志不帅气，而随气自动，虽无所为，不亦太简乎？孟子又分别甚明，彼长而我长之，非有长于我也，犹彼白而我白之，从其白于外也，此即言镜之义也。行吾敬，故谓之内也，此即言龙之义也。告子仁内义外之说，正由不知此耳。"①

季本的龙惕说提出以后在王门内部引起了较大反响，并引起了一些争论。阳明的大弟子王畿曾有一书寄季本专门说明自己对"龙惕说"的意见。首先王畿认为心镜之比喻，未为尽非，其代表的自然无欲之意，也是有相当合理性的。其云：

> 吾丈云"今之论心者，当以龙而不以镜，惟水亦然"云云。夫人心与物无对，无方体，无穷极，难于名状，圣人欲揭以示人，不得已取诸譬喻，初非可以泥而比论也。水镜之喻，未为尽非。无情之照，因物显象，应而皆实，过而不留，自妍自丑，自去自来，水镜无与焉。盖自然之所为，未尝有欲。

王畿又从体用的角度分别警惕与自然，认为警惕只是自然之用，学仍应以自然为宗：

> 其意若以乾主警惕，坤贵自然，警惕时未可自然，自然时无事警惕，此是堕落两边见解，易道宗原恐未可如是分疏也。夫学当以自然为宗，警惕者，自然之用。戒谨恐惧，未尝致纤毫力，有所恐惧则便不得其正，此正入门下手工夫。乾乾不息、终始互根而不以为劳，省力而不以为息，道并行而不相悖也。②

---

① 黄宗羲：《明儒学案·浙中王门学案三》，中华书局 2008 年版，第 275 页。
② 王畿：《答季彭山龙惕书》，《王畿集》，凤凰出版社 2007 年版，第 211—212 页。

当然，季本的龙惕说也并非孤立无援。邹守益、聂豹和薛侃就从不同角度对于龙惕说表示了支持。邹守益认为自然和警惕二者皆很重要，不可偏废：

> 自然而不警惕，其失也荡。警惕而不自然，其失也滞。荡与滞皆有适有莫，不可语此义之变化矣。是故果行育德，非以奋发也；向晦宴息，非以因循也；容民蓄众，非以兼爱也；俭德避难，非以为我也；明罚敕法，非以立威也；议狱缓死，非以售恩也。夫是之谓龙德。①

聂双江云龙惕说为"足占实际之学，独得之见"。他赞同"古今言变化之神者莫如龙"。"周易首乾，而六爻皆以龙象，盖言心也，若言龙不足以象心，而可以象乾乎？"对于以镜、水象心，他有保留地认为"有所似有所不似，知其似而又知其不似，亦可以言儒释之辩矣！"②薛侃则指出"心龙之说甚切，水镜之喻亦各有当"。这是因为"吾心之体，灵明而已。龙者，灵之象也；水镜者，明之象也。然灵者未尝不灵，亦非可二也"，而"发挥惕义，尤千圣心法"。③ 薛侃一方面肯定龙惕之喻所揭示的心体灵的一面，一方面又不否定水镜之喻所蕴含的心体明的特征，在立场上类似于邹守益的折中，但是态度上更提升了对于龙惕说肯定的分量。

总的看来，季本的龙惕说，取于《易》乾卦爻辞，主要强调"贵主宰而恶自然"之义，他的全部理论，无非是要说明"舍主宰而言自然，则自然者气化也，必有忽于细微而恣于理义之正者"④。他的这一思想，源于阳明早年"收敛为主，发散是不得已"。阳明早年，确有贵主宰而恶自然的思想。因而季本和主阳明晚年高明一路的龙溪等人的思想不尽相合，亦属自然。季本的学术，对于遏止阳明学向狂荡的方向发展，使之返回实地，是有一定的导向作用的。这种学术作用一直影响到清初的方以智，其评论"龙惕公"云："惕者几也，闲居掩著此惕海也，惕则潜者皆在矣。老之黑，庄之

---

① 邹守益：《心龙说赠彭山季侯》，《邹守益集》，凤凰出版社 2007 年版，第 457 页。
② 聂豹：《聂双江论龙惕书》，《四书私存》附录《龙惕书》，"中研院"中国文哲研究所 2013 年版，第 654 页。
③ 薛侃：《薛中离论龙惕书》，《四书私存》附录《龙惕书》，"中研院"中国文哲研究所 2013 年版，第 657—658 页。
④ 黄宗羲：《明儒学案》，中华书局 2008 年版，第 276 页。

玩，皆惕也。禹惕勤俭，故视龙犹螾蜓。孔惕发愤，故无可无不可。故曰：古人大胆俱是小心，非畏葸之说。"[1]方以智将老、庄、禹、孔的思想以惕意等同起来看，固然反映了其会通三教的思想根底，也正体现了季本龙惕说所有的巨大理论活力。

---

[1]　方以智著、庞朴注释：《一贯问答注释·慎独》，中华书局 2016 年版，第 509 页。

"破除光景"说

　　自陈白沙离开吴康斋门下而自得自悟于心,阳明破除"即事穷理"而倡致良知教,明代心学蔚为潮流而蓬勃发展。讲求自悟心体,自然是比操存涵养、穷理格物诸般工夫有当下受用、现成直捷之便,故王门学人于此心体灵妙之境再三发明,妙义胜出,而视操存涵养为执着拘滞。如此发展下去,由心性之学衍生出来的层出不穷的论说,反落于无益身心的玄谈。心学发展至虚玄而荡越,可说是陷入一种危机和困境。当时,泰州门下出现了冲破名教的颜钧、何心隐等"赤手搏龙蛇"之徒,未尝不是企图使心学回归于实的一种现象。在这样的背景之下,罗近溪从自己求道的过程中深刻而亲切地体会到,在人人讲心求心的社会风气下,"心"反而成为讲论描画、执求想象的虚幻不实的对象,这便是"光景"。罗近溪以其对圣学的执着操持与严苦践履,又得到几次契机的启发,终究打开他自己也是心学发展的困境,树立其独特的讲学宗旨——破除光景。

　　破除光景的实义以近溪自己的语言阐释即为:"殊不知天地生人,原是一团灵物,万感万应而莫究根原,浑浑沦沦而初无名色,只一心字,亦是强立。后人不省,缘此起个念头,就会生个识见,露个光景,便谓吾心实有如是本体,本体实有如是朗照,实有如是澄湛,实有如是自在宽舒。不知此段光景,原从妄起,必随妄灭。及来应事接物,还是用着天生灵妙浑沦的心。心尽在为他作主干事,他却嫌其不见光景形色,回头只去想念前段心体,甚至欲把捉终身,以为纯亦不已,望显发灵通,以为宇泰天光。用力愈劳,违心愈远。"[①]概而言之,光景就是一种以虚为实而以为自得的假象,近溪对此的警醒和批驳是相当多的,以至于袁宏道将光景之说作为近溪著作的一个重要标志:"王龙溪书多说血脉,罗近溪书多说光景。譬如

---

①　黄宗羲:《明儒学案·泰州学案三》,中华书局 2008 年版,第 768 页。

有人于此，或按其十二经络，或指其面目手足，总只一人耳。但初学者，不可认光景，当寻学脉。"①

近溪的这种思想其来有自。在阳明那里，自他一语道破"良知"二字，以此为"学问头脑"，使人从"闻见障蔽"中豁然醒悟之后，阳明就有一种担心："只恐学者得之容易，把作一种光景玩弄，不实落用功，负此知耳。"②又有问在座之友："比来工夫何似?"一友举虚明意思。阳明曰："此是说光景。……吾辈今日用功，只是要为善之心真切。此心真切，见善即迁，有过即改，方是真切工夫。如此则人欲日消，天理日明。若只管求光景，说效验，却是助长外驰病痛，不是工夫。"③光景从字义上看意指某种恍然有悟的景象，随影而显亦随影而灭。阳明所谓的玩弄"光景"，意谓学者把良知想象成一种容易把捉的对象，而不肯作一番刻苦的"实有诸己"体验工夫。甘泉也曾经评论"入门须先见光景否"的观点道："此所谓目注也。初学不妨有之，但见道之功在审几，其宿归、其真悟。虚见与真悟颇似，故有虚见者遂以审几为钝根，其病道不小。"④近溪的打破光景说可谓是接续阳明所代表的心学传统而又有着自我的深刻工夫体悟。

近溪对"光景"的警惕与破除在当时的阳明学者之中也并非个例，同时的王龙溪弟子查铎也对光景说有如下的批驳："文成公提掇致良知三字，简易直截，真千圣学脉，但传失其真。今之学者多随其性之所近，与先入之见，有从虚入者，有从寂入者，有从乐入者，久之各有效验。盖平日精神游散，一旦收拾入内，自各有所见，遂以为本来面目，从此受用。不知此是光景；既未见本来，光景终归消灭，又复追寻旧景，耽阁岁月，殊为可惜。孰若致良知之教，切实可入。此心之明皎如日星，是非善恶毫不可欺，惟实致其知，由浅入微……"⑤查毅斋推崇阳明致良知的简易直截，与近溪立论的角度不同，但是二人对于留恋光景所导致的以虚为实的弊病所见是一致的。

在总结明代学术时，黄宗羲对近溪的打破光景说学理上的意义有如

---

① 袁宏道：《德山尘谭》，《袁宏道集校笺》，上海古籍出版社1981年版，第1290页。
② 王守仁：《王文成公全书》，中华书局2015年版，第1456页。
③ 王守仁：《王文成公全书》，中华书局2015年版，第34页。
④ 湛若水：《甘泉先生续编大全·补编》，"中研院"中国文哲研究所2018年版，第69页。
⑤ 查铎：《会语》，《查先生阐道集》卷四语录，清光绪十六年泾川查氏济阳家塾刻本。

此的评论:"先生之学,以赤子良心、不学不虑为的,以天地万物同体、彻形骸、忘物我为大。此理生生不息,不须把持,不须接续,当下浑沦顺适。工夫难得凑泊,即以不屑凑泊为工夫,胸次茫无畔岸,便以不依畔岸为胸次,解缆放船,顺风张棹,无之非是。学人不省,妄以澄然湛然为心之本体,沉滞胸膈,留恋景光,是为鬼窟活计,非天明也。"①黄宗羲所言"解缆放船"云云成为以后对近溪学说的著名评语。而当代新儒家的代表牟宗三对于罗近溪的破除光景说很是推崇,他引用黄宗羲的评语评论云:

> 罗近溪何以如此重视破光景?盖因道体平常,即在眼前故也。……此"当下浑沦顺适","工夫难得凑泊,即以不屑凑泊为工夫"。此"不屑凑泊"之工夫必须通过光景之破除,以无工夫之姿态而呈现,并非真不需要工夫也。此是一绝大之工夫,吊诡之工夫。此不是义理分解中之立新说,而是无说可立,甚至亦无工夫可立,而唯是求一当下呈现也。此一胜场乃不期而为罗近溪所代表。……要之其特殊风格确在此则可无疑。必如此,才能了解泰州派下的罗近溪。②

这是说破除光景一说乃是近溪思想的重要特点,也是其基本旨趣。而且牟宗三将其上升到一个"非分别说"的高度来加以表彰,揭示了破除光景说所蕴含的内在理论深度。牟宗三的评论或有过论之处,但是破除光景说无疑在近溪思想之中占据着一个重要位置,并代表了阳明后学发展的某种取向。

---

① 黄宗羲:《明儒学案·泰州学案三》,中华书局 2008 年版,第 761 页。
② 牟宗三:《从陆象山到刘蕺山》,台湾联经出版事业公司 2003 年版,第 289—290 页。

"童子捧茶"之喻

　　童子捧茶是泰州学派罗汝芳常用的譬喻,意在说明即使在童子捧茶这样一种日常化的行为中,其参与者无论是捧茶的童子还是接茶者,都充分而自然地表现了良知本心。近溪云:"我的心,也无个中,也无个外。所谓用功也,不在心中,也不在心外。只说童子献茶来时,随众起而受之,从容啜毕,童子来接时,随众付而与之。君必以心相求,则此无非是心;以工夫相求,则此无非是工夫。若以圣贤格言相求,则此亦可说动静不失其时,其道光明也。"①又曰:"此捧茶童子却是道也。"②可见罗汝芳认为端茶童子之心与自己之心乃至圣人之心都没有本质区别,都反映了"天之与我者",也就是人的道德本心。

　　不过,罗汝芳虽然指出良知之心的普遍性,但也同样强调童子之知的另一个属于"人之知"的维度。如其在另一个相似的境况中谓:"知有两样,童子日用捧茶是一个知,此则不虑而知,其知属之天也。觉得是知能捧茶,又是一个知,此则以虑而知,其知属之人也。天之知是顺而出之,所谓顺,则成人成物也。人之知却是返而求之,所谓逆,则成圣成神也。故曰以先知觉后知,以先觉觉后觉。人能以觉悟之窍,而妙合不虑之良,使浑然为一方,是睿以通微,神明不测也。"③明确指出人要"妙合不虑之良,使浑然为一方",可见工夫也是必不可少的关节。

　　实际上,在阳明学的传统中,关于此类说法是有着思想线索的。以童子为喻,在阳明那里就有所发明。有言:"童子不能格物,只教以洒扫应对。"阳明曰:"洒扫应对就是一件物,童子良知只到此,只教去洒扫应对,便是致他这一点良知。又如童子之畏先生长者,此亦是他良知处,故虽遨

---

①　黄宗羲:《明儒学案·泰州学案三》,中华书局 2008 年版,第 775 页。
②　黄宗羲:《明儒学案·泰州学案三》,中华书局 2008 年版,第 773 页。
③　黄宗羲:《明儒学案·泰州学案三》,中华书局 2008 年版,第 773 页。

嬉，见了先生长者，便去作揖恭敬，是他能格物以致敬师长之良知了。……我这里格物，自童子以至圣人，皆是此等工夫。但圣人格物，便更熟得些子，不消费力。"①王阳明主要是从工夫的角度指出童子的工夫与圣人的工夫无差，皆是致良知，区别在于熟与不熟。此后王心斋也有类似的言论。其宣讲"百姓日用即道"，"初闻多不信。先生指童仆之往来、视听、持行、泛应动作处，不假安排，俱是顺帝之则，至无而有，至今而神奇"。②其意即是童仆那些日常行动看似平常，却是顺应天则。罗汝芳的捧茶童子即道说无疑是受到了阳明和心斋二人相关思想和言论的启发影响。

在罗汝芳之后，"童子捧茶"说也有影响。如有问浙中王门后学周汝登："近溪先生谓'捧茶童子，当下即是'。岂待用力之久耶？"周汝登引"百姓日用而不知"云："童子虽是由之而不知，欲知必用力，才用力而即知者，能有几人？"③李贽的"童心说"可能也受到了罗汝芳的启发。李贽云："夫童心者，绝假纯真，最初一念之本心也。"④童心作为一念本心，和罗汝芳在论述童子捧茶时所阐明的当下即是的本心可以等而视之。

此外还有稍微变其内容，但实质上相同者，如《明儒学案》载罗近溪与胡庐山、诸南明等对谈：

> 邸中有以"明镜止水以存心，太山乔岳以立身，青天白日以应事，光风霁月以待人"四句，揭于壁者，诸南明指而问曰："那一语尤为吃紧？"庐山曰："只首一明字。"时方饮茶，先生手持茶杯，指示曰："吾侪说明，便向壁间纸上去明了，奈何不即此处明耶？"南明怃然。先生曰："试举杯辄解从口，不向鼻上耳边去。饮已，即置杯盘中，不向盘外。其明如此，天之与我者妙矣哉！"⑤

近溪否定诸南明以手指字的举动，指出"明"不在于概念话语，而在于

① 王守仁：《王文成公全书》，中华书局2015年版，第149页。
② 王艮：《王心斋全集》，江苏教育出版社2001年版，第72页。
③ 周汝登：《剡中会语》，《东越证学录》卷五，明万历刻本。
④ 李贽：《童心说》，《焚书》卷三，中华书局2009年版，第98页。
⑤ 黄宗羲：《明儒学案·泰州学案三》，中华书局2008年版，第804页。

举杯、置杯等日常行为举止之中。这和"童子捧茶"之喻所表达的意义无疑是一致的。二者都是强调良知的本然性、当下即是性，也体现了良知不离人伦日常的特质。①

---

① 参吴震:《中国理学》第四卷"童子捧茶"条,东方出版中心 2002 年版,第 294—296 页。

九谛九解

周汝登是王龙溪弟子，又有泰州学派师传渊源。其是无善无恶说的积极鼓吹者，"四无"说在明末广为流传，他功不可没。许孚远属甘泉一派，但亦颇亲近王学，《明史》说他"笃信良知，而恶夫援良知以入佛者"，因而与王门后学发生了激烈的争辩。先是与同郡人罗汝芳"讲学不合"，后又与罗的弟子杨起元、周汝登南都并主讲席而彼此"论益龃龉"。万历二十年(1592)春夏之交，周汝登在讲席上拈出"天泉证道"发明，许孚远作《九谛》难之，周则以《九解》相辩。这就是著名的九谛九解。[①]

许孚远谛一云："《易》言元者，善之长也。又言继之者善，成之者性。《书》言德无常师，主善为师。《大学》首提三纲，而归于止至善。夫子告哀公以不明乎善，不诚乎身。颜子得一善，则拳拳服膺而弗失。《孟子》七篇，大旨道性善而已。性无善无不善，则告子之说，孟子深辟之。圣学源流历历可考而知也。今皆舍置不论，而一以无善无恶为宗，则经传皆非。"

许孚远从传统经典中申明善的正当，而将周汝登无善无恶的观点判为与经典相反加以批评，对此周汝登的解答区分了为善去恶与无善无恶乃两个不同层面："维世范俗，以为善去恶为堤防，而尽性知天，必以无善无恶为究竟。"这两个层面应相贯相通："无善无恶，即为善去恶而无迹，而为善去恶，悟无善无恶而始真。"无善无恶之善是超越善恶、二元对待的，因而不必头上安头："今必以无善无恶为非然者，见为无善，岂虑入于恶乎？不知善且无，而恶更从何容？无病不须疑病。见为无恶，岂疑少却善乎？不知恶既无，而善不必再立，头上难以安头。故一物难加者，本来之体，而两头不立者，妙密之言。"至于经传中言善字，固然多是善恶相对待，但于发明心性处，则善不与恶对待，《大学》善上加一"至"字曰"至善"，即

---

① "九谛九解"全文可见黄宗羲：《明儒学案》，中华书局 2008 年版，第 861—868 页。

为表明其无对待义,如荡荡难名为至治,无得而称至德,以及至仁、至礼等等一样,"皆因不可名言拟议,而以至名之",无善无恶与"经传之旨"不违而相通。

许孚远谛二云:"宇宙之内,中正者为善,偏颇者为恶,如冰炭黑白,非可私意增损其间。故天地有贞观,日月有贞明,星辰有常度,岳峙川流有常体,人有真心,物有正理,家有孝子,国有忠臣。反是者,为悖逆,为妖怪,为不祥。故圣人教人以为善而去恶,其治天下也,必赏善而罚恶。天之道亦福善而祸淫。积善之家,必有余庆,积不善之家,必有余殃,自古及今,未有能违者也。而今曰无善无恶,则人将安所趋舍者欤?"

许孚远将善恶对列为相反的客观存在的价值,因而认为无善无恶,人将莫知所从,对此周汝登的解答是一切相对待的价值,都是两头语,都是增损法:"不可增损者,绝名言无对待者也。天地贞观,不可以以贞观为天地之善,日月贞明,不可以贞明为日月之善……人有真心,而莫不饮食者此心,饮食岂以为善乎?物有正理,而鸢飞鱼跃者此理,飞跃岂以为善乎?有不孝而后有孝子之名,孝子无孝;有不忠而后有忠臣之名,忠臣无忠。若有忠有孝,便非忠非孝矣……"如此,在周汝登看来,善恶皆属于私意增损。

许孚远谛三云:"人心如太虚,元无一物可着,而实有所以为天下之大本者在。故圣人名之曰中,曰极,曰善,曰诚,以至曰仁,曰义,曰礼,曰智,曰信,皆此物也。善也者,中正纯粹而无瑕疵之名,不杂气质,不落知见,所谓人心之同然者也,故圣贤欲其止之。而今曰无善,则将以何者为天下之大本?其为物不贰,则其生物不测,天地且不能无主,而况于人乎?"

许孚远此处的心如太虚、无一物可着、不杂气质、不落知见等种种说法与无善无恶的本体特征并无差别,周汝登据此加以回击云:"已是斯旨矣,而卒不放舍一善字,则又不虚矣,又着一物矣,又杂气质、又落知见矣,岂不悖乎?太虚之心,无一物可着者,正是天下之大本",于此之外,另立一大本,则"皆以为更有一物,而不与太虚同体,无惑乎?"周汝登仍然牢固地把握良知之无待的特征。

许孚远谛四云:"人性本善,自蔽于气质,陷于物欲,而后有不善。然而本善者,原未尝泯灭,故圣人多方诲迪,使反其性之初而已。祛蔽为明,归根为止,心无邪为正,意无伪为诚,知不迷为致,物不障为格,此彻上彻下之语,何等明白简易。而今曰心是无善无恶之心,意是无善无恶之意,知是无善无恶之知，物是无善无恶之物，则格致诚正工夫，俱无可下手处矣。岂大学之教，专为中人以下者设，而近世学者，皆上智之资，不待学而能者欤？"

此主要是工夫下手处质疑，认为中人以下如果遵照无善无恶宗旨没有下手处，对此周汝登回应："心意之物，只是一个，分言之者，方便语耳。下手功夫，只是明善，明则诚，而格致诚正之功更无法。"

许孚远谛五云："古之圣贤，秉持世教，提撕人心，全靠这些子秉彝之良在。……惟有此秉彝之良，不可残灭，故虽昏愚而可喻，虽强暴而可驯，移风易俗反薄还淳，其操柄端在于此。奈何以为无善无恶，举所谓秉彝者而抹杀之？是说倡和流传，恐有病于世道非细。"

谛六云："以孔子之圣，自谓下学而上达，好古敏求，忘食忘寝，有终其身而不能已者焉。其所谓克己复礼，闲邪存诚，洗心藏密，以至于惩忿窒欲，改过迁善之训，昭昭洋洋，不一而足也。而今皆以为未足取法，直欲顿悟无善之宗，立跻神圣之地，岂退之所谓务胜孔子者邪？……则吾不知其可也。"

以上两谛皆是从如果采纳无善无恶说，那么在现实中将造成很严重的理论后果加以申张，周汝登分别回以无善无恶之体可"去缚解粘，归根识止，不以善为善，而以无善为善，不以去恶为究竟，而以无恶证本来，夫然可言诚正实功，而收治平之效"，以及"文成何尝不教人修为？即无恶二字，亦足竭力一生，可嫌少乎？既无恶，而又无善，修为无迹，斯真修为也"，说明无善无恶亦是一种有实际效果的真修为。

许孚远谛七云："《书》曰：'有其善，丧厥善。'言善不可矜而有也。先儒亦曰：'有意为善，虽善亦粗。'言善不可有意而为也。以善自足则不弘，而天下之善，种种固在。有意为善则不纯，而吉人为善，常惟日不足。古人立言，各有攸当，岂得以此病彼，而概目之曰无善？然则善果无可为，为善果亦可已乎？贤者之疑过矣。"

此谛许孚远引《书》之有善丧善作依据，将焦点聚焦在有意无意作善之上，恰恰给了周汝登反击的根据。所谓"有善丧善，与有意为善，虽善亦私之言，正可证无善之旨。尧舜事业，一点浮云过太虚，谓实有种种善在天下，不可也。吉人为善，为此不有之善，无意之善而已"，恰恰证成了周汝登的自家观点。

许孚远谛八云："王文成先生致良知宗旨，元与圣门不异……'无善无恶心之体'一语,盖指其未发廓然寂然者而言之,而不深惟《大学》止至善之本旨,亦不觉其矛盾于平日之言。至谓'有善有恶意之动,知善知恶是良知,为善去恶是格物',则指点下手工夫,亦自平正切实。而今以心意知物,俱无善恶可言者,窃恐非文成之正传也。"

此谛主要是反对王龙溪的四无说,阳明无善无恶只是指未发心体,四无说不是阳明正传。对此周汝登认为已发未发不二,因此心意知物难以分析,其云:"致良知之旨,与圣门不异,则无善恶之旨,岂与致良知异耶?不虑者为良,有善则虑而不良矣。'无善无恶心之体'一语,既指未发廓然寂然处言之,已发后岂有二耶?未发而廓然寂然,已发亦只是廓然寂然。知未发已发不二,则知心意知物难以分析,而四无之说,一一皆文成之秘密。非文成之秘密,吾之秘密,何疑之有?"

许孚远谛九云:"龙溪王子所著《天泉桥会语》,以四无四有之说,判为两种法门,当时绪山钱子已自不服。……颜子之终日如愚,曾子之真积力久,此其气象可以想见,而奈何以玄言妙语,便谓可接上根人?……且云:'汝中所见是传心密藏,颜子、明道所不敢言,今已说破,亦是天机该发,世时岂容复秘?'嗟乎!信斯言也,文成发孔子之所未发,而龙溪子在颜子、明道之上矣。……窃恐《天泉桥会语》画蛇添足,非以尊文成,反以病文成。"

此谛许孚远用儒家尊古的传统强烈批评阳明与龙溪,周汝登对此认为判别法门,虽然自觉过高,但亦是"论学话头","未足深怪":"孟子未必过于颜、闵,而公孙丑问其所安,绝无逊让,直曰:'姑舍是而学孔子'……",特别是他论述"四无说"的道统云:"若夫四无之说,岂是凿空自创?究其渊源,实千圣所相传者。太上之无怀,《易》之何思何虑,舜之无为,禹之无事,文王之不识不知,孔子之无意无我,无可无不可,子思之不见不动,无声无臭,孟子之不学不虑,周子之无静无动,程子之无情无心,尽皆此旨,无有二义。天泉所证,虽阳明氏且为祖述,而况可以龙溪氏当之也耶?"给无善无恶说加上了深深的历史正当性。

九谛九解是中晚明阳明学发展臻于成熟之后一场重要的理论辩论。辩论的双方都代表着各自观点最高的理论总结,因而这场辩论从学术上而言具有总结阳明学无善无恶之辩的意义。周汝登代表的无善无恶说虽然在这场辩论中占据优势,但随着晚明社会和思潮的变化,良知学总体由极盛转衰的趋势是不可避免的了。

顾管之辩

在晚明，良知学的无善无恶说所引起的辩论是思想学术界的一大热点。除了许孚远与周汝登九谛九解之外，顾宪成与管志道之间围绕无善无恶也发生过激烈辩论。此次辩论开始于万历二十六年（1598）八月，两人会于无锡惠泉，此后又往复辩论不已直至十余万言。《顾端文公年谱》万历二十六年条记载两人论辩情况云：

> 八月，会南浙诸同人，讲学于惠泉之上，作《质疑编》。……时太仓管东溟志道以绝学自居，一贯三教，而实专宗佛。公与之反复辩难，积累成帙。管名其帙曰《问辨》，公亦名其编曰《质疑》。于无善无恶四字，驳之尤力。①

管志道《续问辨牍》亦云："只缘耿先生作《大学赘言》，提阳明心意知物四语以为纲领，命弁数言以流之。而留都论学诸高贤则方大闹于此，兄又以《质疑》一编发之。"②所谓耿先生即管志道之师耿定向，管志道所弁数言见其所著《师门求正牍》卷上。所谓方大闹于此即是指五年前许孚远与周汝登九谛九解之辩。据此，论辩经过即是顾宪成针对管志道《师门求正牍》等书，作《质疑》一编。管东溟作《答顾选部泾阳丈书暨求正牍质疑二十二款》。次年，顾宪成又作书责难，管志道作《续答顾泾阳丈书并质疑续编一十八款》。此外，顾宪成还分别在作于万历二十五年（1597）的《还经录》和万历二十八年（1600）的《罪性篇》中，阐明了自己对于无善无恶论的批判态度。

---

① 《顾端文公年谱》，《四库全书存目丛书》子部第14册，齐鲁书社1995年版，第523页。
② 管志道：《续答顾泾阳丈书并质疑续编一十八款》，《续问辨牍》，《四库全书存目丛书》子部第88册，齐鲁书社1995年版，第112页。

顾宪成是明末反对无善无恶说的主将，黄宗羲曾评其云："先生深虑近世学者，乐趋便宜，冒认自然，故于不思不勉，当下即是，皆令究其源头，果是性命上透得来否？勘其关头，果是境界上打得过否？而于阳明无善无恶一语，辩难不遗余力，以为坏天下教法，自斯言始。"[1]确实，驳斥无善无恶贯穿于泾阳一生的著述中，如《小心斋札记》《泾阳藏稿》《商语》《证性编》。甚至在他起草的《东林会约》中，也专门列入大段文字批驳无善无恶说，其中有："本体工夫原来合一。夫既无善无恶矣，且得为善去恶乎？夫既为善去恶矣，且得无善无恶乎？然则本体功夫一乎，二乎？将无自相矛盾邪？是故无善无恶之说伸，则为善去恶之说必屈，为善去恶之说屈，则其以亲义序别信为土苴，以学问思辨行为为桎梏，一切藐而不事者必伸。虽圣人复起，亦无如之何矣。"[2]将无善无恶视为圣人复起也无可奈何的邪说，可见顾宪成对此说的厌恶。顾管之辩的要点主要有如下几点。

第一在本体方面，管东溟力图给无善无恶寻找理学史的理论依据，所以他将无善无恶心之体的理论根源追溯到周敦颐的"太极本无极"之说那里，认为王阳明的拈出此心无善无恶之本体，不过是"重新周子之太极"而已。管东溟从周之"太极动而生阳，静而生阴……分阳分阴，两仪立焉"，推出太极乃"无阴无阳"状态，并断定阴阳二分对应于善恶二分，进而得出善恶不过是从阴阳而分，故必最终出于阴阳未分之太极本体这一结论，以周子之说奠定无善无恶的合法性。而顾泾阳则从语义上加以反对管东溟的观点，认为"太极本无极"之"本"字，乃"原来如是也"之意，太极本来就是无极，而非"本于"之意，仿佛太极之上还有无极似的。[3] 这样，通过将周子原本"本于"之"本"诠释为"本来"之"本"，而打掉东溟津津乐道的无极之"无"的特质：无极与太极无别，并非"生天生地之本"。另外，顾泾阳还从语义分析上驳斥东溟：两仪未立、阴阳未分固然为周子太极一词之所涵盖，但"阴阳未分"并不就是"无阴无阳"，不然，周子所言"动而静""静而动"又是指何物呢？因此，太极并非就是无阴无阳，即便可以将无善无恶与无阴无阳关联，也不能因之将太极等同于无善无恶。

---

① 黄宗羲：《明儒学案·东林学案一》，中华书局 2008 年版，第 1379 页。
② 顾宪成：《东林会约·七》，《顾端文公遗书》，《四库全书存目丛书》子部第 14 册，齐鲁书社 1995 年版，第 363 页。
③ 参侯外庐主编：《宋明理学史》，人民出版社 1997 年版，第 563—565 页。

第二,关于统体之善与散殊之善的区别。管东溟区分二者,认为统体之善乃善之一般、善之本体,是"至善";而散殊之善则系具体的仁义礼智等道德名目。统体之善超越于散殊之善,故可以说是"无善无恶"。顾泾阳则主"统体之善"与"散殊之善"不二,"统体之善,即散殊之善":"按其统体而言,所谓大德敦化也;指其散殊而言,所谓小德川流也……且统体之善,即散殊之善也,何曾余却一毫。散殊之善,即统体之善也,何曾欠却一毫。"①

这样,顾泾阳实际上运用朱子理一分殊说而把东溟超绝于"多"的"一"重新置于"多"之中,从而表明本体并非超绝于"多"的虚无。如此,阳明学中之最高境界亦被泾阳视为"只是一善","不能以之消融一切善,则当说善为主"。②

第三,顾泾阳从本体与工夫二者的内在联系上驳斥无善无恶之说:"夫自古圣人教人为善去恶而已,为善为其固有也,去恶去其本无也,本体如是,工夫如是,其致一而已矣。阳明岂不教人为善去恶?然既曰'无善无恶',而又曰'为善去恶',学者执其上一语,不得不忽其下一语也。何者?心之体无善无恶,则凡所谓善与恶,皆非我之所得有矣。……心之体无善无恶,吾亦无善无恶已耳。若择何者而为之,便不免有善在;若择何者而去之,便不免有恶在,若有善有恶,便非所谓无善无恶矣。"确实,在传统儒学那里,唯因性善之本体,所以才有为善去恶之修行功夫,若依无善无恶之说,则功夫无从着手,择善则遗恶,择恶则遗善,并没有无善无恶说的理论地位。接着泾阳对阳明的两种接人法门进行质疑:

> 阳明曰:"四无之说,为上根人立教,四有之说,为中根以下人立教。"是阳明且以无善无恶,扫却为善去恶矣。既已扫之,犹欲留之,纵曰为善去恶之功,自初学至圣人,究竟无尽,彼直见以为是权教,非实教也。其谁肯听?既已拈出一个虚寂,又恐人养出一个虚寂,纵重重教戒,重重嘱咐,彼直见以为是为众人说,非为我辈说也。又谁肯听?夫何故欣上而厌下,乐易而苦难?人情大抵然也。投之以所欣,

---

① 顾宪成:《证性编·质疑》,转引自侯外庐等主编:《宋明理学史》,人民出版社1997年版,第566—567页。

② 唐君毅:《中国哲学原论·原教篇》,台湾学生书局1990年全集校订版,第450—452页。

而复困之以所厌,畀之以所乐,而复撄之以所苦,必不行矣。故曰惟其执上一语,虽欲不忽下一语,而不可得;至于忽下一语,其上一语虽欲不弊,而不可得也。①

泾阳此段批评,是晚明针对阳明学"满街都是圣人"语境的习见批评。另外泾阳对无善无恶说的不满,亦与其对心学一味任心而行之路数的警戒有关:"心是个极活的东西,不由人把捉的……这里须大人理会在。试看孔子岂不是古今第一等大圣,还用了七十年磨炼工夫方才敢道个从心;试看孟子岂不是古今第一等大贤,还用了四十年磨炼工夫,方才敢道个不动心。盖事心之难如此。"②

易简、支离一直成为心学判别陆王与朱子路数之习语,发明本心被视为"易简"之径,无善无恶之说更被称为"人己内外,一齐俱透"之圆教。泾阳则反其道而言:"或问:'人以无善无恶四字为易简之宗,子以无善无恶四字为支离之祖。何也?'曰:'夷善为恶,销有为无,大费力在。善还他善,恶还他恶,有还他有,无还他无,乃所谓易简也。'"③

第四,在实际功用上,顾泾阳借管东溟之语,大加挞斥无善无恶说的流弊和毒害,其云:

> 管东溟曰:"凡说之不正,而久流于世者,必其投小人之私心,而又可以附于君子之大道也。"愚窃谓无善无恶四字当之。何者?见以为心之本体,原是无善无恶也,合下便成一个空。见以为无善无恶,只是心不著于有也,究竟且成一个混。空则一切解脱,无复挂碍,高明者入而悦之,于是将有如所云:以仁义为桎梏,以礼法为土苴,以日用为缘尘,以操持为把捉,以随事省察为逐境,以讼悔迁改为轮回,以下学上达为落阶级,以砥节厉行,独立不惧,为意气用事者矣。混则一切含糊,无复拣择圆融者便而趋之,于是将有如所云:以任情为率

① 黄宗羲:《明儒学案·东林学案一》,中华书局 2008 年版,第 1396—1397 页。
② 顾宪成:《小心斋札记》卷一,《顾端文公遗书》,《四库全书存目丛书》子部第 14 册,齐鲁书社 1995 年版,第 254 页。
③ 顾宪成:《小心斋札记》,《顾端文公遗书》,《四库全书存目丛书》子部第 14 册,齐鲁书社 1995 年版,第 320 页。

性，以随俗袭非为中庸，以阘然媚世为万物一体，以枉寻直尺为舍其身济天下，以委曲迁就为无可无不可，以猖狂无忌为不好名，以临难苟安为圣人无死地，以顽钝无耻为不动心者矣。[①]

泾阳认为由前之"空"说，何善非恶；由后之"混"说，何恶非善。即使孔孟复起，也对此无可奈何。他在《证性编》中也重申了对于无善无恶说的批评："无善无恶四字，就上面做将去，便是耽虚守寂的学问，弄成一个空局，释氏以之；从下面做将去，便是同流合污的学问，弄成一个顽局，乡愿以之。释氏高，乡愿低；释氏圆，乡愿巧；释氏真，乡愿伪。其为无善无恶，一也。"[②]这段话指出无善无恶说在取消善恶之别，导致价值模糊，使传统美德美行贬值的同时，又使乡愿、猖狂、自私之行得以泛滥，进而败坏人心世教，最终使世风日下，道德沦丧。可谓本体空混，功夫全失。这一番话不能不说是点中无善无恶说轻功夫任本体之流弊。而泾阳自己的理想工夫则是"语本体，只是性善二字；语工夫，只是小心二字"[③]。

① 黄宗羲：《明儒学案·东林学案一》，中华书局，第 1390—1391 页。
② 顾宪成：《证性编·罪言上》，《顾端文公遗书》，《四库全书存目丛书》子部第 14 册，齐鲁书社 1995 年版，第 445 页。
③ 顾宪成：《小心斋札记》卷十八，《顾端文公遗书》，《四库全书存目丛书》子部第 14 册，齐鲁书社 1995 年版，第 359 页。本条参侯外庐主编：《宋明理学史》，人民出版社 1997 年版，第 561—569 页；陈立胜：《王阳明"四句教"的三次辩难及其诠释学义蕴》，《宋明儒学中"身体"与"诠释"之维》，商务印书馆 2019 年版。

耿李论争

　　李贽与耿定向之间的交往与论辩是晚明思想史和儒学史上的重要事件。这主要是由于两人特别是李贽在思想史上的重要地位,以及此事件超越思想史的线索之外所具有的晚明政治和社会变化之典型象征的意义。耿李二人最初相识于留都南京。其时耿定向之弟耿定理、弟子焦竑均在南京,几人交往甚密,但李贽与耿定理关系更佳。正因为有交往的深厚渊源,当李贽辞去云南官职以后,即携家眷往黄安投奔耿氏兄弟。彼时耿定向正丁忧在家。李贽在黄安一面继续与耿氏兄弟探讨学术问题,一面教授子弟。此时两人关系尚好。万历十二年(1584)三月,耿定向起都察院左佥都御史,离开老家黄安赴京就任。七月,耿定理病逝。此后耿李论争开始爆发。

　　两人之间论争的关系变化历经了几个阶段。第一阶段主要是耿、李二人之间的学术争论。两人这一阶段的辩论焦点如下。

　　第一是关于孔子之术。耿定向有所谓"慎术"之说,其基于孟子"慎术"之说有进一步的阐发云:"何谓慎术?曰:皆事,故皆心也。顾有大人之事,有小人之事,学为大人乎?抑为小人乎?心剖判于此,事亦剖判于此;事剖判于此,人亦剖判于此矣。……舍孔子之术以为学,则虽均之为仁,有不容不坠于矢匠之术者矣。"①对于耿定向要人必学孔子之术的观点,李贽作《答耿中丞》加以申辩。他首先指出自己和孟子不同,孔子之术也不是唯一的正途,又指出,"仁者"也可能害人,他们"以天下之失所也而忧之,而汲汲焉欲贻之以得所之域",将自己认为正确的观念强加于人,用德礼禁锢人们的思想,用政刑束缚人们的行动,其结果却是造成人们的失

_____

① 　耿定向:《慎术解》,《耿天台先生文集》,明万历刻本。

所不得安宁。李贽认为学者各有其学，不能强人同己。①

第二是关于佛、道出世之说。耿定向之学以"不容已"为宗，"不容已"即是一种不容遏止的道德情感。据此他对何心隐、邓豁渠"逃伦乱教"的出世举止提出批评。② 而李贽认为二人行为乃是"欲与公相从于形骸之外，而公乃索之于形骸之内"，他辩护道："盖渠之学主乎出世，故每每直行而无讳；今公之学既主于用世，则尤宜韬藏固闭而深居。迹相反而意相成，以此厚之，不亦可乎？"③

第三是关于"淡"的问题。耿定向有《纪梦》一文，根据自己梦中与友人论学所得到的体悟，十分看重"淡"之一字涤荡名利爱好心的作用。④李贽对"淡"不以为然，认为应当摈除自己的成见，"若苟有所忻羡，则必有所厌舍，非淡也"。对事物不能有偏好和厌恶，保持平常心，才可称得上"淡"。⑤

第四是关于天台的学术核心宗旨"不容已"。李贽曾质问耿定向说："日用之间，果能不依仿古人模样不？果能不依凭闻见道理不？"耿定向回答说，有些模样是因时变化的，不必依仿，但有些古人的模样、道理是千古不变的："夫所谓千古不容改易的模样，古人原从根心不容自已的道理做出，所谓天则、所谓心矩是已。此非特不可不依仿，亦自不能不依仿，不容不依仿也。"他充满感慨地说："维天之命，于穆不已，古人继天之不已者以为心，虽欲自已，不容自已矣。"⑥

但李贽对于不容已仍然有不同的看法，其云："惟公之所不容已者，在于泛爱人，而不欲其择人；我之所不容已者，在于为吾道得人，而不欲轻以与人，微觉不同耳……虽各各手段不同，然其为不容已之本心一也。心苟一矣，则公不容已之论，固可以相忘于无言矣。若谓公之不容已者为足，我之不容已者为非；公之不容已者是圣学，我之不容已者是异学，则吾不能知之矣。"⑦

---

① 李贽：《答耿中丞》，《焚书》，中华书局2009年版，第16—18页。
② 耿定向：《汉滸订宗》，《耿天台先生文集》卷四，明万历刻本。
③ 李贽：《又答耿中丞》，《焚书》，中华书局2009年版，第18页。
④ 耿定向：《纪梦》，《耿天台先生文集》卷四，明万历刻本。
⑤ 李贽：《答耿中丞论淡》，《焚书》，中华书局2009年版，第24页。
⑥ 耿定向：《与李卓吾》（一），见《耿天台先生文集》卷四，明万历刻本。
⑦ 李贽：《答耿司寇（一）》，见《焚书》卷一，社会科学文献出版社2000年版，第27页。

耿定向对此再申己说,认为李贽关于二人不容已的分别是自己不了解的,并且指责李贽之学"从寂灭灭己处,觑得无生妙理,便谓明了",而自己是"从平常实地上修证"。①

两人论争的第二阶段首先是子弟教育问题。袁中道《李温陵传》云:"子庸死,子庸之兄天台公惜其超脱,恐子侄效之,有遗弃之病,数致瑧切。"耿定理死后耿定向对于李贽的不断规劝,使得李贽发出了"自今实难度日矣!"的感慨,最终愤而离开。客观来说,李贽对耿家子弟的教导,是真心实意希望他们真正学有所得。然而,李贽所教的,和耿定向所期望的并不一致。耿定向因后悔儿子耿克明"好超脱,不肯注意生孙"、"不肯注意举子业",便迁怒说李贽"害我家儿子"。对此,李贽辩解道:"……反以我为害人,诳诱他后生小子,深痛恶我。不知他之所谓后生小子,即我之后生小子也,我又安忍害之?"②对于耿定向追慕邹守益,李贽也认为其名心太重,回护太深,"终不得也"。

另外还涉及《译异编》的问题。万历十四年(1586),耿定向曾专门研究佛教学说,并著《译异编》十四篇,用儒家的思想来解释、类比佛教的思想,认为佛教中一些合理的思想儒学中早已有言。而李贽对此颇为不屑,云:"公第用起工夫耳,儒家书尽足参详,不必别观释典也。解释文字,终难契入;执定己见,终难空空;耘人之田,终荒家穑。"③

最后围绕邓豁渠和《南询录》,以及正统与异端、天理性命与情欲等问题,耿、李二人发生了激烈的论争,并直接导致二人关系交恶。耿定向《里中三异传》记载了他对《南询录》内容的极端厌恶之情:"邓鹤寓吾里时,曾集其言论,名曰《南询录》,中言'色欲性也,见境不能不动,既动不能不为。羞而不敢言,畏而不敢为者,皆不见性'云云。余览此,甚恶之。曰:'是率天下人类而为夷狄禽兽也。'"④

反之,李贽则对邓豁渠的求道精神和行为表示肯定:"吾谓上人之终必得道也,无惑也。今《南询录》具在,学者试取而读焉。观其间关万里,辛苦跋涉,以求必得,介如石,硬如铁,三十年于兹矣。虽孔之发愤忘食,

---

① 耿定向:《与李卓吾》(四),《耿天台先生文集》卷四,明万历刻本。
② 李贽:《答邓明府》,《焚书》,中华书局2009年版,第40页。
③ 李贽:《答耿司寇》,《焚书》,中华书局2009年版,第35页。
④ 耿定向:《里中三异传》,《耿天台先生文集》卷十六,明万历刻本。

不知老之将至,何以加焉!"①同时,他也暗暗讽刺耿定向才是败坏风气之祸首:"人有谓邓和尚未尝害得县中一个人,害县中人者彼也。今彼回矣,试虚心一看,一时前呼后拥,填门塞路,趋走奉承,称说老师不离口者,果皆邓和尚所教坏之人乎? 若有一个肯依邓豁渠之教,则门前可张雀罗,谁肯趋炎附热,假托师弟名色以争奔竞耶? 彼恶邓豁渠,豁渠决以此恶彼,此报施常理也。"②

在耿、李二人的矛盾由于邓豁渠而激烈化的第三阶段,双方往往陷入意气之争。由于李贽日常行为较为不检点,其陷入流言所传的"狎妓"风波之中。此后又"剃发",使得两人所持的立场矛盾愈加明显。此一阶段两人的矛盾还表现在对好察迩言的不同理解。李贽认为"趋利避害,人人同心,是谓天成,是谓众巧,迩言之所以为妙也",而耿定向自己"未尝有一厘自背于迩言",却让别人"不可贪位慕禄","审如是,其谁听之?"③耿定向认为李贽的言论是"邪见闳谈",他对邓豁渠、李贽等"以食色为性"的观点提出批评,认为只有儒家日常伦理纲常才是迩言,"舜明此机以尽性、尽伦,万世为天下道,为法,为则,不闻以是为情缘浅事,而别有明明德之无上玄道也"④。

两人对历史人物的评价也大相径庭。如对于冯道,李贽表示了赞赏,认为"夫社者所以安民也,稷者所以养民也;民得安养而后君臣之责始塞。君不能安养斯民,而后臣独为之安养斯民,而后冯道之责始尽"⑤。对此,耿定向深为不满,认为"何乱道亦至此耶?"

经过以上种种问题的意见相左和争论,耿、李二人终于走向了决裂。万历十八年(1590),李贽《说书》《焚书》和《藏书》的部分论著相继在麻城刊行。耿定向于去年冬天告休,本年三月到达黄安家中。六月,他看到公开刻行的《焚书》,十分气愤,如《求儆书》说"予兹不免恶声""诸所诋诬,羞置一喙""余初省致诟之由"等;《求儆书后》说"夫揭诟乃近俗薄恶之极""至其中诋诬余者,猜疑余者,闾阎三尺之童能辨之,即渠辈本心当亦自明

---

① 李贽:《南询录叙》,《续焚书》,中华书局 2009 年版,第 64 页。

② 李贽:《寄答留都》,《焚书》增补一,中华书局 2009 年版,第 266 页。

③ 李贽:《答邓明府》,《焚书》,中华书局 2009 年版,第 40 页。

④ 耿定向:《与邓令君》,《耿天台先生全集》卷六,明万历刻本。

⑤ 李贽:《李贽文集》第三卷《藏书》(下),社会科学文献出版社 2000 年版,第 1299 页。

之,余何容喙?"等。这可能跟李贽书中揭露耿定向家事,批评其假道学的面目有关,故而令素以匡扶名教自任的耿定向颜面尽失,所以难怪其读到《焚书》之后,反应格外强烈。

由于《焚书》刊刻的巨大影响,当地官府害怕李贽的言行危及自身地位,开始对李贽进行驱逐、迫害。袁中道记载当时情形道:"公气既激昂,行复诡异,斥异端者日益侧目。与耿公往复辩论,每一札,累累万言,发道学之隐情,风雨江波,读之者高其议,钦其才,畏其笔,始有以幻语闻当事,当事者逐之。"①

两人决裂之后,李贽念及故情有后悔之意。万历十九年(1591)春,李贽得知耿定向将回黄安,写信给周友山,希望借助周、耿两家的亲友关系,为自己和耿定向调停。此后李贽又在多封与友人的信件中表达想与耿定向修好之意。万历二十一年(1593)秋,在友人沈鈇的调停下,李贽到黄安会见耿定向,二人重叙旧情而有和解之意。万历二十三年(1595)底,李贽到黄安会见耿定向,双方最终和解。李贽写《耿楚倥先生传》,感念耿定理,他说:"吾女吾婿,天台先生亦一以己女己婿视之矣。""嗟嗟!吾敢一日而忘天台之恩乎?"并自述与耿定向冲突与和解的始末:"既已戚戚无欢,而天台先生亦终守定'人伦之至'一语在心,时时恐余有遗弃之病;余亦守定'未发之中'一言,恐天台或未窥物始,未察伦物之原。故往来论辩,未有休时,遂成扦格,直至今日耳。今幸天诱我衷,使余舍去'未发之中',而天台亦遂顿忘'人伦之至'。乃知学问之道,两相舍则两相从,两相守则两相病,势固然也。两舍则两忘,两忘则浑然一体,无复事矣。余是以不避老,不畏寒,直走黄安会天台于山中。天台闻余至,亦遂喜之若狂。志同道合,岂偶然耶!"②这样耿李两人终于和解,论争算是落下了帷幕。③

耿、李之争是明代学术史上的重要事件,其中涉及的问题有名教与真机、道德与情欲、出世与入世、正统与异端等,皆是明代儒学和阳明后学发展中的重要问题。从两人的思想上而言,耿定向热衷于维护社会固有的伦理道德秩序,维持伦理纲常,而李贽则义无反顾地追求自己的性命之

---

① 袁中道:《李温陵传》,《焚书》,中华书局 2009 年版,第 4 页。
② 李贽:《耿楚倥先生传》,《焚书》,中华书局 2009 年版,第 143 页。
③ 耿、李之争的过程参周素丽:《耿定向与李贽论争研究》,花木兰文化事业有限公司 2018 年版。

道,强调"学贵自适","探讨自家性命下落",两人在为学宗旨上的根本不同是日后发生激烈论争的思想基础。李贽虽然最终和耿定向和解,但是这场冲突所暴露的他与当时主流意识形态的对立和冲突却是十分明显的,也预示了其最后的悲剧性结局。

"不以孔子是非为是非"说

　　阳明学以致良知为宗,在是非判断的价值标准上,明确地以良知为准绳,而不以经典乃至于孔子为最后的依归。王阳明本人就已经有不以孔子思想作为是非衡量准绳的思想,其在《答罗整庵少宰书》中云:"夫学贵得之心。求之于心而非也,虽其言之出于孔子,不敢以为是也,而况其未及孔子者乎!求之于心而是也,虽其言之出于庸常,不敢以为非也,而况其出于孔子乎!"①明确将心作为判断是非标准的终极依据。

　　李贽深受阳明学的浸染,在是非判断依据的观点上,就阳明更进一步。李贽充分吸取了王阳明"尔那一点良知,是尔自家底准则",以"良知"为"吾师"、以吾心为是非标准的思想,反对把孔子学说视为万古不朽的教条。在他看来,孔子的思想、观点都是特定历史条件下的产物,乃"因病发药,随时处方",受特定的时间、地点和条件的制约,都是因时而异、因人而异、因事而异的。因此,不能用僵死的观点看孔子,更不能把孔子的话当成万古不变的真理。如果把孔子的话当作万古不变的真理,那"前三代,吾无论矣。后三代,汉、唐、宋是也。中间千百余年,而独无是非者,岂其人无是非哉?咸以孔子是非为是非,故未尝有是非耳"②。从另一个角度说:"夫天生一人,自有一人之用,不待取给于孔子而后足也。"后人不一定要学孔子而后才能做人,若"必待取足孔子",那岂不是说千古以前没有孔子,大家就不做人了么?而且,孔子教人"为仁由","君子求诸己",从没有教人时时刻刻以他为学习的榜样。"孔子未尝教人学孔子,而学孔子者务舍己而必以孔子为学",真是太愚蠢可笑了③。

　　基于上述认识,李贽提出:"人之是非初无定质,人之是非人也亦无定

---

①　王守仁:《王文成公全书》,中华书局 2015 年版,第 93—94 页。

②　李贽:《藏书·世纪列传总目前论》,社会科学文献出版社 2000 年版,第 7 页。

③　李贽:《答耿定向》,《焚书》卷一,中华书局 2009 年版,第 17 页。

论。无定质,则此是彼非,并育而不相害。无定论,则是此非彼,亦并行而
不相悖矣。"即认为是非的价值判断都是相对的,在不同时代、不同人那
里,是非观都会有很大的不同。其原因主要是因为人们的是非标准具有
时代性,"昨日是而今日非矣,今日非而后日又是矣。虽使孔子复生于今,
又不知作如何是非也,而可遽以定本行罚赏哉。"①在这里,李贽由于不能
辩证理解相对与绝对的关系,只强调相对性的一面,否定了绝对性、确定
性的一面。当然,历史地看,这种"不执一说,便可通行;不定死法,便可活
世"②的是非观,破除了那种"咸以孔子之是非为是非"的绝对主义是非
观,具有反对经典束缚、解放思想的积极作用。

李贽虽然竭力否定"以孔子之是非为是非",反对以《六经》《语》《孟》
为"万世之至论",对假道学作了批判,但他对真孔学、真儒学不仅不反,而
且是崇敬、阐扬的。他评价孔子说:"孔子之道,其难在以天下为家而不有
其家,以群贤为命而不以田宅为命。""故能为出类拔萃之人,为首出庶物
之人,为鲁国之儒一人,天下之儒一人,万世之儒一人也。"③又说:"嗟夫,
世无孔子,则古今无真是非。""惟夫子之善言性也,曰:'性相近也,习相远
也。上智与下愚不移',不执一说,便可通行不定死法,便足活世。故曰孔
子其太极乎,万世之师也宜也。"④既为万世之师,人们当然就应世世代代
学习孔子、师法孔子了。显然,这与他在批判道学时所持的观点大相径
庭,故且把它看作是"昨日是而今日非矣,今日非而后日又是"罢。李贽还
曾说:"孔之疏食,颜之陋巷,非尧心欤!自颜氏没,微言绝,圣学亡,则儒
不传矣。故曰:'天丧予!'何也?以诸子虽学,未尝以闻道为心也。则亦
不免士大夫之家为富贵所移尔,况继此而为儒之附会,宋儒之穿凿乎?又
况继此而以宋儒为标的,穿凿为指归乎?人益鄙而风益下矣。无怪其流
弊至于今日,阳为道学,阴为富贵,被服儒雅,行若狗彘然也。"⑤这也就是
说,自从孔子的得意门生颜回死后,孔学即已失传、失真、走样;无论是汉
儒、宋儒,还是今日之道学家们,都只是在那里穿凿附会孔子之说,把孔学

---

① 李贽:《藏书·世纪列传总目前论》,社会科学文献出版社 2000 年版,第 7 页。
② 李贽:《藏书》卷三二《孟轲传》,社会科学文献出版社 2000 年版,第 598 页。
③ 李贽:《何心隐论》,《焚书》卷三,中华书局 2009 年版,第 88 页。
④ 李贽:《藏书》卷三二《孟轲传》,社会科学文献出版社 2000 年版,第 598 页。
⑤ 李贽:《三教归儒说》,《续焚书》,中华书局 2009 年版,第 76 页。

当成一种谋取富贵利禄的工具，而把孔子的精神完全抛弃了。他批判假道学，一个重要的目的就是要恢复孔子之真，传孔子之学。所以，即使在以"敢倡乱道，惑世诬民"的罪名被捕后，他在公堂上公然宣称："罪人著书甚多，具在，于圣教有益无损。"①这都反映了他对孔子、孔学的崇信态度。②

阳明学尤其是李贽推倒万古的不以孔子是非为是非的思想在晚明影响很大。一方面，它是晚明思想文化领域个性自由解放的一种突出反映。另一方面，又极大地促进了这种解放的深入程度，使得个体可以更加有力地从经学和理学的思想禁锢中脱离出来。当然，也不应忽视，这种极端重视个体价值自主的思想对于阳明后学特别是泰州学派所谓"情识而肆"的弊端也起了推波助澜的作用，晚明道德价值观念的进一步庸俗化虽然不能由此语负其咎，但两者显然存在着一定的关联关系。也由此，当清初朱子学和庙堂理学重新占据统治地位以后，阳明学和李贽的这种道德判断原则被大加批判也就是势所必然的了。

① 袁中道：《李温陵传》，《焚书》，中华书局 2009 年版，第 4—5 页。
② 参见苗润田：《中国儒学史·明清卷》，广东教育出版社 1998 年版，第 153—155 页。

大礼议

　　大礼议是指发生在正德十六年(1521)到嘉靖三年(1524)间的一场皇统问题上的政治争论,原因是明世宗以地方藩王入主皇位,为其改换父母的问题所引起,是明朝历史第二次小宗入大宗的事件。作为一个重要的政治事件,大礼仪引发了朝野和士大夫阶层对于宗法制度、历史和思想的广泛争论,影响了当时正萌生发展的阳明学在其后特别是在嘉靖朝的发展轨迹,从儒学史整体的角度看有非常重大的影响。

　　朱厚熜生于正德二年(1507)秋八月,是明宪宗之孙,明孝宗之侄,明武宗的堂弟,兴献王朱祐杬次子,封国在安陆州。由于朱祐杬长子朱厚熙出生五日后即殇,其为兴王世子。正德十四年(1519),兴王薨,谥号"献",朱厚熜以世子身份居丧并决策封国事务。正德十六年(1521)三月,尚未除服,明武宗特旨令其袭封。五天后(三月十四日),明武宗即驾崩,其时朱厚熜尚未正式接受册封,摄理朝政的皇太后张氏(孝宗之后)和大学士杨廷和决定根据《皇明祖训》中"兄终弟及"的原则决定皇位继承人:由于明武宗唯一之弟朱厚炜幼年夭折,乃上推至孝宗一辈;孝宗两名兄长皆早逝无子嗣,四弟兴王朱祐杬虽已死,但有二子,兴王长子朱厚熙已死,遂决定以朱厚熜为嗣继承皇位。大学士杨廷和曾帮明武宗起草遗诏,遗诏云:"朕以菲薄,绍承祖宗丕业,十有七年矣。图治虽勤,化理未洽,深惟先帝付托。今忽遭疾弥留,殆勿能兴。夫死生常理,古今人所不免。惟在继统得人,宗社生民有赖。吾虽弃世,亦复奚憾焉。皇考孝宗敬皇帝亲弟兴献王长子厚熜,聪明仁孝,德器凤成,伦序当立。已遵奉祖训兄终弟及之文,告于宗庙,请于慈寿皇太后,与内外文武群臣。合谋同词,即日遣官迎取来京,嗣皇帝位。"①明武宗之母慈寿皇太后颁发的懿旨亦云:"皇帝寝疾

---

① 　谈迁:《国榷》,中华书局 1958 年版,第 3216 页。

弥留,已迎取兴献王长子厚熜来京,嗣皇帝位,一应事务俱待嗣君至日处分。"

于是,慈寿皇太后与大学士杨廷和定策,遣太监毂大用、韦彬、张锦,大学士梁储,定国公徐光祚,驸马都尉崔元,礼部尚书毛澄,以遗诏迎王于兴邸。① 正德十六年(1521)四月初一,朱厚熜启程,四月廿二,朱厚熜抵京师,止于郊外。

此时朝中开始了关于以何种礼仪迎接的争论,大礼议之争拉开了帷幕。杨廷和等人以朱厚熜为皇子之礼承继,而朱厚熜对其右长史袁宗皋云:"遗诏以我嗣皇帝位,非皇子也。"②但杨廷和仍要求朱厚熜按照礼部之方案,以皇子身份继承大统,由东华门入,居文华殿,择日登基。朱厚熜最初表示不同意,不过最后还是由皇太后令群臣上笺劝进,朱厚熜在郊外受笺,从大明门入,随即在奉天殿即位。诏书曰:"奉皇兄遗命入奉宗祧。"以第二年为嘉靖元年。

四月廿七,明世宗下令群臣议定武宗的谥号及生父的主祀及封号,以内阁首辅杨廷和为首的朝中大臣援引汉朝定陶恭王刘康(汉哀帝生父)和宋朝濮安懿王赵允让(宋英宗生父)先例,认为明世宗既然是由小宗入继大宗,就应该尊奉正统,要以明孝宗为皇考,兴献王改称"皇叔考兴献大王",母妃蒋氏为"皇叔母兴国大妃",祭祀时对其亲生父母自称"侄皇帝"。另以益王次子崇仁王朱厚炫为兴献王之嗣,主奉兴王之祀。五月初七,礼部尚书毛澄和文武群臣六十余人将此议上奏皇帝,并声称朝臣中"有异议者即奸邪,当斩"③。

明世宗认为无法接受,双方僵持不下。世宗试图优抚杨廷和,并向毛澄厚赠黄金,欲使其改变主意,但两人都不为所动,几次下诏尊加其父徽号也被杨廷和等大臣封还。但毛澄亦修改意见,认为将来朱厚熜有子时,可以第二子取代朱厚炫成为兴王,继承其父亲的王统。

正德十六年(1521)七月,观政的新科进士张璁上《大礼疏》支持明世

---

① 张廷玉等:《明史·卷第十七·世宗一》,中华书局 1974 年版,第 215 页。
② 张廷玉等:《明史·本纪第十七·世宗一》,中华书局 1974 年版,第 215 页。
③ 参《明史·列传卷七十八》:"未几,命礼官议兴献王主祀称号。廷和检汉定陶王、宋濮王事授尚书毛澄曰:'是足为据,宜尊孝宗曰"皇考",称献王为"皇叔考兴献大王",母妃为"皇叔母兴国太妃",自称"侄皇帝"名,别立益王次子崇仁王为兴王,奉献王祀。有异议者即奸邪,当斩。'"张廷玉等:《明史·列传卷七十八》,中华书局 1974 年版,第 5036—5037 页。

宗,认为世宗即位是继承皇统,而非继承皇嗣,即所谓"继统不继嗣",其疏云:"兹者朝议谓皇上入嗣大宗,宜称孝宗皇帝为皇考,改称兴献王为皇叔父兴献大王,兴献王妃为皇叔母兴献大王妃者,然不过拘执汉定陶王、宋濮王故事,谓为人后者为之子,不得复顾其私亲之说耳。……比有言者,遂谓朝议为当,恐未免胶柱鼓瑟而不适于时,党同伐异而不当于理,臣固未敢以为然也。夫天下岂有无父母之国哉! 臣厕立清朝,发愤痛心,不得不为皇上明辨其事。《记》曰:'礼非从天降也,非从地出也,人情而已矣。'故圣人缘人情以制礼,所以定亲疏,决嫌疑,别异同,明是非也。"张璁指出汉哀帝、宋英宗为定陶王、濮王之子,是因成帝、仁宗无子,皆预立为皇嗣,养于宫中,尝为人后。今武帝已嗣孝宗十七年,"臣读祖训曰:凡朝廷无皇子,必兄终弟及。……今武宗无嗣,以次属及,则皇上之有天下,真犹高皇帝亲相授受者也。故遗诏直曰:'兴献王子伦序当立。'初未尝明著为孝宗后,比之预立为嗣养之宫中者,其公私实较然不同矣"①。张璁建议明世宗仍以生父为考,在北京别立兴献王庙,世宗得张璁疏,曰:"此论出,吾父子获全矣。"②

但在奉迎生母蒋妃入京的礼仪上,明世宗坚持行以迎皇太后之礼,遭到杨廷和反对后痛哭流涕,表示愿意辞位,奉母返回安陆,杨廷和无奈之下只得让步。当年十月,明世宗以皇太后礼迎母亲入宫。

十一月二十五日,以大礼议未定,张璁复上疏进《大礼或问》,进一步阐述其在《大礼疏》中的观点。致仕大学士杨一清看后说:"张生此议,圣人复起,不能易也。"赵翼《二十二史劄记·大礼之议》对此也评论认为:"考孝宗之说,援引汉哀帝、宋英宗预立为储君者不同,第以伦序当立、奉祖训兄终弟及之文入继大统。若谓继统必继嗣,则宜称武宗为父矣。以武宗从兄,不可称父,遂欲抹杀武宗一代而使之考未尝为父之孝宗,其理本窒碍而不通。故璁论一出,杨一清即谓此论不可易也。"张璁展示了以人为本的政治理想,从而受得明世宗的信用。在世宗的压力之下,"廷臣不得已,合议尊孝宗曰皇考,兴献王曰'本生父兴献帝',璁亦除南京刑部主事以去,追崇议且寝"③。

---

① 张孚敬:《正典礼第一疏》,《皇明经济文辑》,辽海出版社 2009 年版,第 983—984 页。
② 张廷玉等:《明史·列传八十四·张璁传》,中华书局 1974 年版,第 5174 页。
③ 张廷玉等:《明史·列传八十四·张璁传》,中华书局 1974 年版,第 5174 页。

嘉靖三年(1524)正月,被贬至南京刑部主事的张璁与同僚桂萼等又上疏重提旧事。明世宗召集群臣集议,杨廷和见明世宗有意变更前议,上疏请求致仕。朱厚熜的地位已稳固,早已厌恶杨廷和跋扈难制,就顺水推舟,同意杨廷和致仕归里。

此时,颇感群龙无首的礼部尚书汪俊酝酿再一起集体谏争。适逢主事侯廷训据宗法作《大礼辨》,吏部尚书乔宇等人遂据此率群臣近两百五十人一同进言,反对明世宗以兴献王为皇考。明世宗不悦,下令继续讨论。于是,给事中张翀等继续抗章力论。状元唐皋也上疏说:"陛下宜考所后以别正统,隆所生以备尊称。"明世宗因此恼羞成怒,此次进言之人均被斥责、罚俸甚至罢黜。最后,汪俊等只好妥协:"于兴献帝、兴国太后止各加一'皇'字,以备尊称。"①

嘉靖三年(1524)三月,明世宗勉强接受了折中的意见,同意称父亲为"本生皇考恭穆献皇帝",母亲为"本生母章圣皇太后"。尊封祖母邵氏(明宪宗贵妃)为寿安皇太后,孝宗皇后为"圣母昭圣慈寿皇太后",明武宗皇后为庄肃皇后(孝静毅皇后)。"本生"两字虽然表明身份,但显得十分突兀,在宗法上世宗仍然需要称孝宗为"皇考",张太后为"母后"。这种在继嗣的基础上调和继统的做法显然不能让世宗满意。此时本被诏赴入京,又被停召的张、桂二人,复驰疏曰:"礼官惧臣等面质,故先为此术,求遂其私。若不驱去本生之称,天下后世终以陛下为孝宗之子,堕礼官欺蔽中矣。"于是明世宗下旨诏两人入京,封两人为翰林学士,专门负责礼仪事项。

嘉靖三年(1524)七月十二日,明世宗忽然诏谕礼部,十四日为父母上册文,祭告天地、宗庙、社稷,群臣哗然。正逢早朝刚结束,吏部左侍郎何孟春倡导众人赴文华门前哭请,杨慎亦称:"国家养士一百五十年,仗节死义,正在今日。"②随后两百余位朝廷大臣在左顺门跪请世宗改变旨意。杨慎等人撼门大哭,"声震阙庭"。朱厚熜震怒,令锦衣卫逮捕为首者八人,下诏狱。又将五品以下官员一百三十四人下狱拷讯,四品以上官员八十六人停职待罪。此后又将五品以下官员当廷杖责,因廷杖而死的共十

---

① 谷应泰:《明史纪事本末》卷五十,文渊阁《四库全书》本。
② 张廷玉等:《明史·卷一百九十二》,中华书局1974年版,第1217页。

六人。此即是"左顺门事件"。此事之后，反对议礼的官员纷纷缄口。

最终，献皇帝神主奉安于奉先殿东室观德殿，上尊号"皇考恭穆献皇帝"，明世宗生母改称"圣母章圣皇太后"，九月改称明孝宗敬皇帝曰"皇伯考"，张太后为"皇伯母昭圣慈寿皇太后"，十一月邵太后卒，谥曰孝惠康肃温仁懿顺协天祐圣皇太后（后改为太皇太后、皇后，即孝惠皇后），葬入茂陵；嘉靖四年（1525）册封庶母王氏（兴献王侧妃）为睿庙淑妃（嘉靖十一年卒，谥号"温静"）；嘉靖五年（1526）九月"奉安恭穆献皇帝神主于世庙"；嘉靖十七年（1538）九月则追尊庙号为"睿宗"，十二月，蒋太后卒，谥号为慈孝贞顺仁敬诚一安天诞圣献皇后（慈孝献皇后）；嘉靖二十七年（1548）献皇帝神主供入太庙，"既无昭穆，亦无世次，只序伦理"，"奉睿宗于太庙之左第四，序跻武宗上"。① 原有兴献王墓也相应按帝陵规制升级改建，即后来的明显陵。

大礼议对于明代政治的影响是非常深远的，可以从积极和消极两个角度加以看待。从积极的角度而言，甫登帝位的明世宗，通过大礼议之争，沉重地打击了以杨廷和为首的把持朝政的官僚集团，将明武宗暴亡散失的皇权逐步恢复起来。实际上，大礼议是明代皇权由明武宗流向明世宗的必要路径，也是恢复明代政治秩序的必要步骤。明世宗在大礼议中一步步的胜利和杨廷和集团一步步的失败，其实就是明世宗皇权一点点地获得和明代政治秩序一步步地恢复。

而所谓的继统和继嗣的礼仪之争其实只是政治权力之争的一种外化。大礼议虽然有着自身的问题和争论焦点，但是本质上是被其背后的政治权力的争夺所左右的。一旦明世宗绝对确立了其皇权，这场争论也就以其全面彻底的胜利而画上了句号。这意味着嘉靖革新时代真正到来。在大礼议中迅速崛起的张璁等"大礼新贵"使清除弊政成为可能，嘉靖政治也因此进入全方位的变革创新时代。②

另一方面，明世宗利用皇权不费太大曲折就打败了朝野反对势力，大礼议树立起来的绝对皇权也造成了日益腐化的制度基础。在经过嘉靖初年短暂的政治革新气象以后，明代政治开始走向腐化堕落。世宗本人大

---

① 张廷玉等：《明史·志第二十八·礼六》，中华书局 1974 年版，第 1338 页。
② 参赵世明、雍际春：《吐故纳新——"大礼议"与嘉靖政治》，《中国社会科学报》2014 年 11 月 17 日。

兴土木、迷信方士、尊崇道教，又好长生不老之术，议礼派"以片言至通显"，因迎合皇帝而从下级官员快速地升至首辅、六卿，使得这种奉迎君主的风气弥漫开来。嘉靖十七年（1538）后，内阁十四个辅臣中，有九人是通过撰写道教的青词起家的。明朝政治风气也愈发颓废。后世有论者谓明之亡亡于嘉靖，不得不说是有深刻道理的。

此外，阳明学的兴起与大礼议的关联也值得关注。王阳明本人对于大礼议本身持谨慎的支持继嗣的态度，其弟子则分为两派，如方献夫等主继统，邹守益等主继嗣。然而，恰恰可能由于阳明没有鲜明表露出对继嗣的支持，使得世宗对于阳明并无好感。[①] 这影响了明廷在阳明死时对其后事的议定，也极大地影响了阳明学在整个嘉靖年间的发展命运。

---

① 参邓志峰：《王学与晚明的师道复兴运动》，社会科学文献出版社 2004 年版。特别是第二章和第三章。

更定孔子祀典

嘉靖九年(1530)十月，明世宗因纂《祀仪成典》，指示大学士张璁"凡云雨风雷等及先圣先师祀典俱当以序纂入"，于是张璁在奏疏中说："先师祀典，有当更正者。叔梁纥乃孔子之父，颜路、曾晳、孔鲤乃颜、曾、子思之父，三子配享庙庭，纥及诸父从祀两庑，原圣贤之心岂安？请于大成殿后，别立室祀叔梁纥，而以颜路、曾晳、孔鲤配之。"[①]张璁在这里提出的是孔庙配享和从祀问题，还未涉及祀典的主要部分。但嘉靖帝早就对通行的孔子祀典有心予以改正，张璁此举恰恰给他提供了机会。于是他不仅批准了张璁的建议，而且提出要全面改革孔子祀典："圣人尊天与尊亲同。今笾豆十二，牲用犊，全用祀天仪，亦非正礼。其谥号、章服悉宜改正。"

嘉靖帝的意思是孔子不是帝王，祭品不应与祭天相同，历代给孔子加的王号及所用的帝王服饰也应改正。于是张璁顺迎嘉靖之意，对孔子祀典提出下列更改："孔子宜称先圣先师，不称王。祀宇宜称庙，不称殿。祀宜用木主，其塑像宜毁。笾豆用十，乐用六佾。配位公侯伯之号宜削，止称先贤先儒。其从祀申觉、公伯寮、秦冉等十二人宜罢，林放、蘧瑗等六人宜各祀于其乡，后苍、王通、欧阳修、胡瑗蔡元定宜从祀。"[②]

嘉靖对张璁以易号毁像为主的更改十分赞赏，命礼部会同翰林诸臣集议。此举在朝野上下引起很大的震动。编修徐阶首先站出来反对道："国家庙祀孔子，宫墙之制，下天子一等。乐舞笾豆，与天子同。今八佾、十笾，盖犹诸侯之礼。苟去王号，将复司寇之旧。夷宫杀乐，以应礼文，恐妨太祖之初制矣。"[③]徐阶的理论根据仍是祖制不可轻易改变。

嘉靖认为徐阶的异议反映了相当一部分舆论，不能不认真对待，于是

---

① 张廷玉等：《明史·志二十六》，中华书局1974年版，第1298页。
② 张廷玉等：《明史》，中华书局1974年版，第1298页。
③ 谷应泰：《明史纪事本末》，中华书局2015年版，第774页。

他一方面将徐阶谪为福建延平府推官;一方面亲自作《御制孔子祀典论》和《正孔子祀典中记》两文,阐明改正孔子祀典的原因主要有三点。第一,改正孔子称号及服饰是符合孔子"名正言顺"的主张,也是真正尊重孔子。孔子之道虽为王者之道,但孔子"特其位非王者之位焉"。孔子王号为后代君王所加。这种做法违背了孔子本人的意愿,"夫孔子之于当时诸侯有僭者,削而诛之,故曰'孔子作《春秋》而乱臣贼子惧'。既如是,其死乃不体圣人之心,漫加其号是何心哉?"①第二,为孔子加王号,也未必是真正尊重孔子,"至于后世之为君而居王者之位者,其德于孔子或二三肖之,十百肖之,未有能与之齐也。由是观之,王者之名非所以重称孔子也"②。第三,只要是"法久生弊"的祖宗成法,也可以加以更正。"孔子曰:'三年无改于父之道',朱子释之曰:'祖父所行之事,不但三年,虽万世亦不可改也。'小有可变,岂可待之三年? 夫成法固不可改,其于一切事务,未免法久弊生,不可不因时制宜。至于事关纲常者,又不可不急于正也。"③

　　嘉靖对于祖宗成法十分慎重,他既要表示出恪守祖制的意向,又要说明自己变动孔子祀典,是更正那些"法久弊生"的成法,以便更好地维护祖制,其良苦用心昭然纸上。张璁见嘉靖帝亲作两文,亦作《正孔庙祀典或问》,以问答的形式,进一步发挥嘉靖皇帝改正孔子祀典的思想。

　　尽管嘉靖帝和张璁如此竭力为改正孔子祀典辩解,但朝野非议此事之风仍未停息。这竟使坚决站在嘉靖皇帝这一边的夏言也有动摇,他在疏中云"正缘人心不古,天理难明,数日以来群议沸腾",要求嘉靖帝"其孔子祀典暂假时日,少缓订议"。④ 嘉靖仍然坚持己见,他对夏言云:"尔既知人心不古,天理难明,宜坚持定志,尽去人欲,勿谓暂止待之,庶始终小大不失。"⑤又对于仍持异议的十三道御史黎贯和礼科都给事中王汝梅等人均给予痛斥。尤其是黎贯在疏中引用明太祖朱元璋追尊其生前未为皇帝祖辈等为皇帝这一事例,来说明追尊生前未为王的孔子以王号并非僭越,使嘉靖认为黎贯是在含沙射影地攻击大礼议:"贯等意谓朕何等君也,

① 《明世宗实录》卷一一五,"中研院"历史语言研究所 1962 年版,第 2824 页。
② 《明世宗实录》卷一一五,"中研院"历史语言研究所 1962 年版,第 2825 页。
③ 朱厚熜:《御制正孔子祀典中记》,转引自林延清:《论嘉靖皇帝改正祀典》,载《亚细亚文化研究》(第一辑),民族出版社 1996 年版。
④ 《明世宗实录》卷一一九,"中研院"历史语言研究所 1962 年版,第 2827 页。
⑤ 《明世宗实录》卷一一九,"中研院"历史语言研究所 1962 年版,第 2827—2828 页。

追尊皇考而为皇帝号,孔子岂反不可? 本意如此,乃以太祖追尊四代为言,奸巧恶逆甚矣。……贯等毁议君上,法司其会官逮问以闻。"①黎贯随即被削职为民,此后朝野反对之声被压制。

嘉靖九年(1530)十一月十五日,礼部会同内阁、詹事府、翰林院议上更定孔子祀典。主要有以下内容,一、孔子称至圣先师,其王号及"大成""文宣"一切不用。改大成殿为先师庙。二、尽撤塑像,改成木主。三、春秋二祀,祭品为十笾十豆,乐舞用六佾。四、配享的四子称复圣、宗圣、述圣和亚圣,即复圣颜子、宗圣曾子、述圣子思、亚圣孟子。十哲以下凡及门弟子皆称为先贤、先儒。上述这些人都去掉公、侯、伯之称。孔子父亲叔梁纥则另建庙宇,单独供奉。②

更定孔子祀典从正式起议到完成前后只用了不到一个月的时间。此事件鲜明地反映了嘉靖帝对于师道和权威的轻视,正如沈德符所言:"孔庙易像为主,易王为师,尚为有说。至改八佾为六,笾豆尽减,盖上素不乐师道与君并尊。"③

---

① 《明世宗实录》卷一一九,"中研院"历史语言研究所 1962 年版,第 2831 页。
② 参林延清:《论嘉靖皇帝改正祀典》,载《亚细亚文化研究》(第一辑),民族出版社 1996 年版。
③ 沈德符:《万历野获编》,中华书局 1959 年版,第 360 页。

明代的三教合一思潮

　　明代之前，只有三教的概念，而根本没有三教合一概念的流行。或者说，明代以前的人们，尚未意识到三教在外在形态上有合一的可能性。到了明代，三教合一论产生了更重大的影响，各界学者都极力倡行三教合一说，并形成当时学术思想上的一种共识。明代人所说的"合一"，包含着两个层次。其一是以往"三教归一""三教一家"的意义，即主要指三教在道德价值观念上的一致性。其二是表现于外在形态上，即开始有着将三教在形式上归为一体的倾向。

　　明初，太祖朱元璋即制定"三教合一"政策。他对儒、道、佛采取了兼收并蓄的态度，并曾写《三教论》，对三教的作用与关系做了论述与阐释。朱元璋认为儒、道、佛在教义教理方面虽有种种差异，但在社会教化上都有各自独特的作用，缺一不可。他说："仲尼之道，祖尧舜，率三王，删诗制典，万世永赖。""凡有国家不可无。"①朱元璋对佛道二教也采取了利用政策，让其发挥辅助作用。他说释道乃"暗理王纲，于国有补无亏"②，所以，明代实行以儒教"明治天下"，以佛道"暗理王纲"。也就是通过儒教来制定政治典章制度、伦理纲常以及君臣治国之道，利用佛道所提供超人间的力量来威慑天下百姓。

　　朱元璋所制定的三教合一与并用政策，明朝后来几代皇帝都没有改变，坚持兼收并蓄的态度。王学兴起以后，阳明以儒合佛道，在思想体系中大量吸纳了佛道思想。他认为儒佛道同是心学，其差别只在毫厘之间，只要取其同而去其异，则三者便可融合贯通。他提出了著名的三间厅堂的比喻，认为三教在本质上可以相通。其后其弟子王龙溪大大发展了阳

---

① 朱元璋：《三教论》，《明太祖文集》，清文渊阁《四库全书》本。
② 朱元璋：《释道论》，《明太祖文集》，清文渊阁《四库全书》本。

明三教合一的理论。至阳明后学周汝登、管志道、杨起元、焦竑、李贽等人那里，三教合一成为公然提出的宗旨。

我们举阳明后学中标榜三教合一最为有力的焦竑、李贽、管志道三位作为观察。李贽思想的核心在于真机、真知、真心。基于视富贵为浮云的出世立场，他齐同三教："儒、道、释之学，一也，以其初皆期于闻道也"[①]；"既自谓知圣，故亦欲与释子辈共之，盖推向者友朋之心以及释子，使知其万古一道，无二无别，真有如我太祖高皇帝所刊示者，已详载于《三教品刻》中矣"[②]。他坚持"凡为学皆为穷究自己生死根因，探讨自家性命下落……唯三教大圣人知之，故竭平生之力以穷之，虽得手应心之后，作用各各不同，然其不同者特面貌尔"[③]，批判那些缺少真见随人脚跟转，以佛老为异端的看法："人皆以孔子为大圣，吾亦以为大圣；皆以老、佛为异端，吾亦以为异端。人人非真知大圣与异端也，以所闻于父师之教者熟也；父师非真知大圣与异端也，以所闻于儒先之教者熟也；儒先亦非真知大圣与异端也，以孔子有是言也。其曰：'圣则吾不能'，是居谦也。其曰：'攻乎异端'，是必为老与佛也。"[④]李贽既然反对道学，故而又从宋儒之学皆从禅而来的角度评判宋代理学家道："周濂溪非但希夷正派，且从寿涯禅师来，分明宗祖不同，故其无极、太极、《通书》等说超然出群。明道承之，龟山衍之。横浦、豫章传之龟山，延平复得豫章亲旨，故一派亦自可观，然掺和儒气，终成巢穴。独横浦心雄志烈，不怕异端名色，直从葱岭出路。慈湖虽得象山简易直截之旨，意尚未满，复参究禅林诸书，盖真知生死事大，不欲以一知半解自足已也。"[⑤]

焦竑为学以尽性复性为宗旨。他认为"性本无物"[⑥]，空空洞洞；性无善恶，浑浑融融，"善，自性也，而性非善也。谓善为性则可，谓性为善则举一而废百矣"[⑦]。善、恶、非善非恶都属于性的范畴。实际上，"空"正是心

---

① 李贽：《三教归儒说》，《续焚书》，中华书局 2009 年版，第 75 页。
② 李贽：《圣教小引》，《续焚书》，中华书局 2009 年版，第 66—67 页。
③ 李贽：《答马历山》，《续焚书》，中华书局 2009 年版，第 1 页。
④ 李贽：《题孔子像于芝佛院》，《续焚书》，中华书局 2009 年版，第 100 页。
⑤ 李贽：《与焦漪园太史》，《续焚书》，中华书局 2009 年版，第 28 页。
⑥ 焦竑：《答许中丞》，《澹园集》卷十三，中华书局 1999 年版，第 113 页。
⑦ 焦竑：《古城问答》，《澹园集》，中华书局 1999 年版，第 737 页。

性的特质："盖此心空洞无物，即名为道，名为极。"①因为其空，所以才包天地，贯古今，尽万物。由于对心性本体的空无理解，澹园主张三教归一，平视三教地位。比如"道一也，达者契之，众人宗之。在中国者曰孔、孟、老、庄，其至自西域者曰释氏"②；"性命之理，孔子罕言之，老子累言之，释氏则极言之"③；甚至宣称："六经语孟无非禅，尧舜周孔即为佛"④；"释氏之典一通，孔子之言立悟"⑤；"佛虽晚出，其旨与尧舜周孔无以异者，其大都儒书具之矣"⑥。

除了李贽和焦竑之外，另一位广义上的阳明后学管志道的三教合一思想更有特点，当时就有"东溟管公倡道东南，标三教合一之宗"⑦的观察。管志道将学区分为圣学和仁学。他以克己复礼为圣学，以忠以行恕为仁学，则仁圣二学大略相当于儒学外王和内圣两个面向。管志道又极言佛学之圣学是极为高明的，他对于仁学和圣学的划分也大略相当于其"圆宗方矩"论：圆宗是指通彻出世佛果的心性之理，而方矩指的是安顿世间秩序的纲常明教。东溟解释圆与方的定义与关系道：

> 礼者，矩也，无方所中之定所也。心不可以有所，而出之为视听言动，又自有天然之所，是之谓矩，心无所，则圆；事从矩，则方。圆，故天地万物浑然同体；方，故"范围天地之化而不过，曲成万物而不遗"。非礼勿视听言动，方以格圆也。⑧

圆与方的这种内外结构可以方便地容纳与诠释三教的合理性："见欲圆，即以仲尼之圆，圆宋儒之方，而使儒不碍释，极而至于事事无碍，以通并育并行之辙；矩欲方，亦以仲尼之方，方近儒之圆，而使儒不滥释，释不

---

① 焦竑：《崇正堂答问》，《澹园集》，中华书局 1999 年版，第 719 页。

② 焦竑：《赠吴礼部序》，《澹园集》卷十七，中华书局 1999 年版，第 195 页。

③ 焦竑：《续笔乘》二支谈上，《焦氏笔乘》，中华书局 2008 年版，第 283 页。

④ 焦竑：《刻大方广佛华严经序》，《澹园集》卷十六，中华书局 1999 年版，第 183 页。

⑤ 焦竑：《续笔乘》二支谈下，《焦氏笔乘》，中华书局 2008 年版，第 284 页。

⑥ 焦竑：《又答耿师》，《澹园集》，中华书局 1999 年版，第 81 页。

⑦ 徐开任：《明名臣言行录》卷七十六，清康熙刻本。

⑧ 管志道：《大学测义》卷中，明万历三十四年序刻本。

滥儒,推而极于法法不滥,以持不害不悖之衡。"①东溟之意即在于三教在圆之方面互不相碍,而以儒之方"方近儒之圆",使得"释不滥儒"。荒木见悟先生指出东溟"圆宗方矩"之论:"在教学方面,是儒教的规矩与佛教的证悟的融合;在德行方面,是名分意识与无碍意识的结合;在思想史方面,是朱子学与阳明学、禅学的融合。"②

李贽、焦竑、管志道都活跃于隆庆、万历年间的思想界,他们鲜明的三教合一主张体现了那个时代的思想特征。当然也需要指出,虽然三者推崇三教合一,但是他们的基本立场仍然是倾向儒家的。比如李贽仍然以传统的儒学为依归,焦竑对礼治的重视,管志道对明初先进礼乐的追求和对明太祖道治合一式秩序安顿的推重。而这也是当时大多数儒家学者提出三教合一论背后的基本立场。

明代佛教中三教合一说也颇为盛行,最力者有禅僧元贤,以及号称"明代四大高僧"的袾宏、真可、德清和智旭。如元贤认为儒、佛、道三家,其教虽殊,其理则一。所以他提出"三教一理"的观点,说:"教既分三,强同之者妄也;理实唯一,强异之者迷也。""是知理一,而教不得不分;教分,而理未尝不一。"③袾宏提出"三教一家"的论点,其作三教同根同祖图,并题诗曰:"胡子秀才书一卷,白头老子丹一片。碧眼胡僧祖一肩,相看相聚还相恋……想是同根生,血脉原无间。后代儿孙情渐离,各分门户生仇怨。但请高明玩此图,录取当年祖宗面。"④袾宏认为,他所作的三教同根、血脉无间的三教关系图,反映了儒、佛、道三家在老祖宗那里同根源同血脉的本来面目,只因三教传人不了解这一点,才各立门户,相互对立,互生仇怨。所以应消除三教之间的隔离,使其同归于一家。

道教方面,明代正一道和全真道都主张儒、道、佛三教合一论。正一道第四十三代天师张宇初认为儒、道、佛三家的本源之理是一致的,只是语言表达有所不同而已。道教所谓"元神",就相当于儒教的"太极"和佛教的"圆觉"。他还将这一思想纳入正一道的教义之中,力求三教融合贯通。明代全真道也提出儒、道、佛三教合一论。具有传奇色彩的张三丰在

---

① 管志道:《奉答天台先生测易蠡言》,《师门求正牍》卷中,明万历二十四年序刻本。
② 荒木见悟:《明代思想研究》,东京创文社1988年版,第183页。
③ 石峻等:《中国佛教思想资料选编》第三卷第二册,中华书局1987年版,第500页。
④ 袾宏:《题三教图》,《莲池大师全集》,华夏出版社2011年版,第306页。

儒、道、佛三教的关系上,认为"佛也者,悟道觉世者也;儒者,行道济世者也;仙也者,藏道度人者也。各讲各的好处,合讲合的好处,何必口舌是非"①。

不过就明代整个思想界而言,倡导三教合一说最盛者还是林兆恩,因为他不是一般地主张三教合一,而是将三者现实地紧密结合在一起,创立一种新的宗教——三一教。三一教将佛道思想大量引入儒学内部,以儒为主,以佛道为辅,在"归儒宗孔"的基本宗旨下,创立了一种合三为一的思想体系,成为以儒教纲常礼教为主,兼有佛道二教心身性命之学的宗教。由于孔子之儒学实际上也是一种心身性命之学,因此宗孔子之儒学,也就是宗心身性命之学。林兆恩于嘉靖四十四年(1565)开始云游天下四处传教,万历十二年(1584)时,正式建立三一教的堂祠。三一教以儒家的纲常礼教立本,以道教内丹修炼入门,并以佛教的涅槃寂静境界为极则,可谓是整个明代三教合一发展到顶峰的形态。

---

① 张三丰:《大道论》,《三丰全集》,光绪三十二年成都二仙庵重刻本。

阳明学者的乡约实践

自北宋蓝田吕氏兄弟倡行"乡约"以来,以礼教化俗乡间、参与基层社会治理,就成为宋元时代儒家知识分子"外王"实践的重要内容。明代前期许多儒家学者都倡导和实施过乡约,不过他们都以《吕氏乡约》为本。正德十五年(1520),时任南赣汀漳等处巡抚的王阳明,结合《吕氏乡约》和"圣谕六言"的内容,颁布了《南赣乡约》,首开将"六谕"和乡约结合之例。

《南赣乡约》共十六条,规定了全乡人民共同遵守的道德公约,内容可分为四个方面。首先肯定了社会教育的重要性和必要性,认为人的善恶是教育造成的。第二,确定了社会教育的目标是养成仁厚的乡风民俗,"今凡尔同约之民,皆宜孝尔父母,敬尔兄长,教训尔子孙,和顺尔乡里"。第三,规定了教育的具体内容,如在家则遵孝悌之义、在乡里则相助相恤,劝善戒恶,讲信修睦,息讼罢争等。第四,指出了社会教育应依靠民众的相互批评和监督。

该乡约还对"乡约会"这一组织机构、负责人职掌、活动方式、开会程序、礼仪制度等作了详密的规定:同约人中推年高有德者一人为约长,下设二名副约长,又推公直果断者四人为约正,通达明察者四人为约史,还设知约、约赞等职,组织十分严密,各有其职权。通约之人凡有危疑难处之事,皆须约长会同约之人裁处,陷人于恶罪,则坐约长约正诸人。[①]

与阳明同时作乡约的还有其门人薛侃。正德十四年(1519),薛侃在家乡广东揭阳行乡约,有十项内容,分别是婚礼、丧礼、闺法、蒙养、谨言、处事、忍气、戒争、淫赌、自立。嘉靖五年(1526),时任揭阳县主簿的阳明弟子季本又以薛侃乡约十条为基础,制定了三十四条的《揭阳乡约》。

《南赣乡约》虽然借鉴了太祖六谕的内容,但毕竟还不是完全由六谕

---

① 王守仁:《南赣乡约》,《王文成公全书》,中华书局 2015 年版,第 727—732 页。

引申出来。最早以六谕为核心构建的陆粲的《永新乡约》出现于嘉靖十二年(1533)。邹守益和聂豹就分别为此乡约作叙。邹守益叙云:"我高皇之赐福庶民也,创为敷言,以木铎徇于道路,视成周之教易知易从……姑苏陆侯粲以司谏令永新,毅然以靖共自厉,曰:'凡厥庶民,是训是行,将必在倡之者。'乃询于大夫士之彦,酌俗从宜,以立乡约,演圣谕而疏之。凡为孝顺之目六,尊敬之目二,和睦之目六,教训之目五,生理之目四,毋作非为之目十有四。市井山榖之民,咸欣欣然服行之,而侯遂投劾以归,不及躬考其成也。"①由此叙可见此乡约内容上的条目设置完全以太祖六谕为本。

邹守益也曾参酌《永新乡约》和《揭阳乡约》,制定《安福乡约》在小范围施行。在此以后,对"六谕"的宣示和解读几乎成为各地官办和民办乡约的标配内容。而阳明学者也通过制定乡约、诠释文本、推行教化等不同方式深入地参与和践履了乡约实践。其中最有影响的,是泰州后学罗汝芳,其推行乡约的著作有在云南时所作《腾越州乡约训语》和居乡俗讲时的《里仁乡约训语》,而以嘉靖四十二年(1563)在宁国知府任上的《宁国府乡约训语》最有代表性。

在罗汝芳来看,制定此乡约直接的动因是府属各县"讼狱日烦,寇盗时警,家殊其俗,肆争竞以相高,人各其心,逞刁奸以胥虐"。所以需要"爰循古人乡约之规,用敷今日保甲之意",以实现"敦德礼以洁治源""萃人心而端趋向"。关于乡约如何构成、组织活动方式,以及规模和功能等具体内容,《宁国府乡约训语》的第二部分有详细介绍。比如"保甲门牌,今立为约簿";每月六次由木铎老人宣读六谕;城乡各"约"规模由人口多少来确定,并设立约长;发挥原有团保、义仓作用以及约期聚会有固定礼仪和程式等等。从各项规条来看,此乡约与明代其他乡约并无重大差别。此乡约的特别之处在于罗汝芳以太祖六谕为中心的解读。

比如对"孝顺父母"条,近溪给出了孝顺的两个理由:首先,人子与父母"形虽有二,气血只是一个",具有天然血缘的联系;其次,父母孕育、抚养子女,无不历经艰辛,倾注全情,因而人子"受亲之恩,罔极无比"。"人若不知孝顺,即是逆了天地,绝了根本,岂有人逆了天地,树绝了根本而能

---

① 邹守益:《叙永新乡约》,《邹守益集》,凤凰出版社 2007 年版,第 55 页。

复生者哉？"①那么孝顺应该如何表现呢？罗汝芳强调要"常如幼年"，他说："凡此许多孝顺，皆只是不失了原日孩提的一念良心，便用之不尽。即如树木，只培养那个下地的一些种子，后日千枝万叶，千花万果，皆从那个果子仁儿发将出来。"②只要人保有赤子之心，就会自然生发出孝顺父母的嘉言善行。

关于"和睦乡里"，罗汝芳解释道："人秉天地太和之气以生，故天地以生物为心，人亦以同生为美。张子《西铭》说道：民吾同胞，物吾同与。盖同是乾父坤母一气生养出来，自然休戚相关。即如今人践伤一个鸡雏，折残一朵花枝，便勃然动色。物产且然，而况同类而为民乎！民已不忍，又况同居一处而为乡里之人乎！"③这是以《西铭》民胞物与为话头，通过对天下一气休戚相关的强调，来说明乡里皆为同类为民，所以应该彼此和睦。

再如"各安生理"，罗汝芳从命定论的角度加以解释："造化生成，命运一定。如草木一样，种子其所遇时候，所植地土，不能一般，便高低长短许多不同。人生在世，须是各安其命，各理其生。如聪明便用心读书，如愚鲁便用心买卖……如此方才身衣口食，父母妻子有所资赖，即如草木之生地虽不同，然勤力灌溉亦各结果收成。"④由这个解释可以看出，罗汝芳一面承认人自身有客观的先天限制，一面又认为人应该从这种限定出发，不断努力，从而达成自己命中应该达到的目的。⑤

除了乡约文本的制定、诠释、施行，还有一些阳明学者具体地从事了乡村建设的工作。比如颜钧的萃和会与何心隐的聚合堂，都是以宗族为基地，对族中的子弟共同教养，老人则共同抚养，青年婚嫁由族中经办，共同承担赋役。这种乡村建设的实践是一种彻底的民间儒学，已经超出了乡约实践尚且保有的士大夫儒学成分。不过无疑，二者对于乡村基层社会政教秩序安顿的理想取向是一致的。

---

① 罗汝芳：《宁国府乡约训语》，《罗汝芳集》，凤凰出版社 2007 年版，第 753 页。
② 罗汝芳：《宁国府乡约训语》，《罗汝芳集》，凤凰出版社 2007 年版，第 753 页。
③ 罗汝芳：《宁国府乡约训语》，《罗汝芳集》，凤凰出版社 2007 年版，第 754 页。
④ 罗汝芳：《宁国府乡约训语》，《罗汝芳集》，凤凰出版社 2007 年版，第 755 页。
⑤ 罗汝芳的乡约实践参马晓英：《明儒罗近溪的乡约思想与实践》，《中国哲学史》2016 年第 3 期。

阳明从祀

　　王阳明万历十二年(1584)获得从祀孔庙,是明代思想文化史和政治史上的大事。阳明死后,其学影响日益扩大,特别是在朝在野弟子的努力,使得阳明从祀孔庙一事进入朝政议论日程。但另一方面,伴随着阳明学影响日益增长,对其学的反对和排斥,也一日未尝停歇。嘉靖帝自始即对阳明学无大好感,终嘉靖朝也没有对阳明从祀孔庙进行官方讨论。隆庆以后,对于阳明从祀的议论渐起。总的来看,关于阳明从祀的官方讨论,共有三回。分别在隆庆元年(1567)、隆庆六年(1572)至万历二年(1574)、万历十二年(1584)。最终在万历十二年(1584)正式成案。

　　隆庆元年从祀之议论,首先是耿定向六月上《应明诏乞褒殊勋以光圣治疏》①,先从政治上肯定阳明平定叛乱之功:

> 天下骚动,江藩宸濠由此乘机窃发,谋危宗社,时非守仁在赣倡义擒灭,今日之域中,殆有不忍言者矣。此其功在国论章章较著,人所共明也。及宸濠既擒,太监张忠及许泰等,复又诱惑武宗,以亲征为名,巡幸南都,其实阴怀异志,欲逞不轨,时宗社之危,益如累卵矣。全赖守仁握兵上游,随机运变,各恶潜自震慑,武宗因得还京厚终,于以启先皇帝逮我皇上今日万世无疆之业。此其功甚巨而为力尤难,其迹则甚隐矣。

　　天台为使得阳明从祀一事可以达成,极力夸大阳明的事功,认为穆宗可以绍继大统,完全是因为阳明奠定宗社的功劳。接着又叙说阳明本人

---

①　耿定向:《应明诏乞褒殊勋以光圣治疏》,《耿天台先生文集》卷二,明万历刻本。万历十二年(1584)祀事最后集议时,耿氏亦有上疏。

学术上贡献云：

> 至其倡明道术，默赞化理，未易言述。即据所著拔本塞源一论，
> 开示人心，尤为明切。如使中外大小臣工，实是体究，则所以翊我皇
> 上太平无疆之治者，尤非浅小。此其功则百千世可颂者也。

耿疏下礼部议，而礼部覆言所议虽然肯定了阳明的学术成就，说阳明"质本超凡，理由玄悟，学以致良知为本，独观性命之原，教以勤讲习为功，善发圣贤之旨"，但最终仍然因为议论聚讼云"孔庙从祀，国家所以崇德报功垂世立教，其典甚重。……若守仁则世代稍近，恐众论不一"而无果。当时反对王阳明从祀的郑世威也评论道："王守仁治世能臣也，谓其绍周程宗孔孟则平生庸德有不足矣，且其率天下，径趋直行，使圣门讲学明理之功擳不用，将有毫厘差千里失者。"

为回答礼部和朝臣反对王守仁从祀的责难，聂豹弟子宋仪望历经两年多努力，于隆庆三年(1569)写成了近万字的《阳明先生从祀或问》[①]，以问答的方式反驳了当时反对王守仁从祀的八个问题。宋仪望此文影响很大，在舆论上给阳明从祀作了充分的准备。

第一问是古今学问原是一个，"后之谈学者，何其纷纷也?"华阳答以人同此心，心同此理，尧舜以来学者"只完得此心生理而已，此学术之原也"。但第二问问者仍然追问既然心同此理，为何后人"纷纷籍籍，各立异论"。华阳乃依据问者所提出的学术脉络详细回答了从古至今各种学说在本质上的一致性，即都是一种心学。他认为十六字心诀是"传心之祖"；从心学为本的角度分别解释了成、汤、文、武、周公"以礼制心，以义制事""缉熙敬止""敬以直内，义以方外"；又以人心释仁，即心之生理也，"故孟子专言集义。义者，心之宜，天理之公也"，《学》《庸》皆强调一贯，而朱子在解释时却未免将心、理分析为二，引发后世争议。所以阳明先是提出知行合一之旨，其后又提出致良知的学脉宗旨："至于致良知一语，又是先生平日苦心恳到，恍然特悟，自谓得千古圣人不传之秘。然参互考订，又却

---

① 宋仪望：《阳明先生从祀或问》，《明儒学案·江右王门学案九》，中华书局 2008 年版，第 551—562 页。

是《学》《庸》中相传紧语，非是悬空杜撰，自开一门户，自生一意见，而欲为是以立异也。"

第三答针对问者对于知行合一的疑问，旁征博引，认为："孔门作《大学》而归结在于'知所先后'一语，虽为学者入手而言，然知之一字，则千古以来学脉，惟在于此。此致良知之传，阳明先生所以吃紧言之。故曰：'乃若致知，则存乎心悟，致知焉尽矣。'"第四条的主题在于致良知说。华阳认为："孔门之学，专论求仁，然当时学者各有从人，惟颜子在孔门力求本心，直悟全体"，而"致良知一语，盖孔门传心要诀也。何也？良知者，吾人是非之本心也，致其是非之心，则善之真妄，如辨黑白，希望希天，别无路径"。华阳此处用力求本心去理解孔门求仁之学，这无疑是以致良知之学为学术正宗。

第五答关于阳明是否为圣人，华阳虽然没有明确承认，但是认为"故后来提出致良知三字，开悟学者，窃谓先生所论学脉，直与程子所谓'已到至处'，非过也"。第六问关于阳明与文清、白沙学脉同异，华阳认为"薛学……但真性一脉，尚涉测度"，"白沙之学……已见性体，但其力量气魄，尚欠开拓"，"若夫阳明之学，从仁体处开发生机，而良知一语，直造无前，其气魄力量似孟子，其斩截似陆象山，其学问脉络盖直接濂溪、明道也"。

最后两答凸显阳明的功绩对明王朝的重要性。先是强调阳明诛灭宸濠叛乱之功，指出"乘舆还京，此其功劳，谁则知之？"言下之意，明穆宗之所以能即位，尚有阳明之功。随后又反驳了当时人们对王守仁个人品行的质疑。万历元年(1573)，赵思诚在反对王守仁从祀的奏疏中说："其宣淫无度，侍女数十，其妻每对众发其秽行。守仁死后，其徒籍有余党，说事关通无所不至。擒定宁贼，可谓有功，然欺取所收金宝，半输其家，贪计莫测，实非纯臣。"[①]可以想见，如果这些品行问题坐实，阳明不仅绝无从祀的可能，甚至对其历史评价都会有重大影响。对于这种质疑，宋仪望严加驳斥："以是指斥，则谗说易行，媚心称快耳。"[②]

宋仪望之文在当时颇有影响，胡直就称赞此书点醒人心的作用云："时廷议王阳明先生从祀事议者，拘牵旧文，不能究竟其学，至为聚讼。公

---

① 《明神宗实录》卷三十二万历元年三月乙酉日载，"中研院"历史语言研究所1962年版，第367页。
② 参王黎芳、刘聪：《明代心学家王守仁从祀孔庙述论》，《历史档案》2017年第1期。

曰:是未可以口舌争也。乃著为《或问》一篇,反复数千言。……以是见阳明实本尧舜孔门正旨,从祀允当。一时闻者醒醒然。"①

明神宗即位以后,阳明从祀之议再起。隆庆六年(1572)十二月,礼科都给事中宗弘暹首先奏请举行王守仁从祀孔庙的讨论,明神宗准许。随后廷臣纷纷上疏发表意见,在万历元年形成了一次讨论王守仁从祀的高潮。万历初年反对阳明从祀的礼部尚书陆树声批评了对这种以事功要求从祀的做法:"爵以酬功一代之典,封伯宜也;祀以明道万世之公,从祀不可也。"②

最终此次议祀一度成议,《明神宗实录》载:"以新建伯王守仁从祀孔子庙庭。守仁之学,以良知为宗,经文纬武,动有成绩。其疏犯中珰,绥化夷方,倡义勤王,芟群凶,夷大难,不动声色,功业昭昭在人耳目。至其身膺患难,磨励沉思之久,忽若有悟,究极天人微妙,心性渊源,与先圣相传宗旨无有差别,历来从祀诸贤,无有出其右者。"③但最终仍然没有成功。④

张居正去世后,明神宗于万历十二年(1584)十一月下诏廷议王守仁、陈献章、胡居仁三人从祀孔庙,礼部尚书沈鲤主持此次廷议。参与此次讨论的廷臣众多,在这次廷议中,支持王守仁从祀的意见已经完全占据了主导地位,在学术和事功上几乎已经听不到反对的声音。特别是隆庆以来,以品行有"訾议"而反对阳明从祀者大有人在,万历十二年(1584)时,唐伯元依旧用"道不行于闺门也"反对王守仁从祀。对此,支持阳明从祀者作了大力反驳,如冯从吾在回答学生"从祀孔庙只当重人品不当专重讲学"时指出:"此祀原专重讲学,须在讲学中择其有功圣门人品无议者,方得从祀。"⑤时任右中允管司业事的吴中行在《议从祀疏》中,则严厉批评了那些质疑阳明品行的人:"公则取其大而常略其细,惟忌则摘其短而摒弃其长,富贵功利沦骨薰心,忮嫉诋诽索瘢求垢,悖理伤教者,借口以天其过,讲德谈学者设词而助之攻,操戈之徒各有异喙,盈庭之说竟无折中,即令

① 胡直:《大理卿宋华阳先生行状》,《衡庐续稿》卷六,文渊阁《四库全书》本。

② 陆树声:《衙南文集》卷三《文庙议》,清康熙刻本。

③ 《明神宗实录》卷三十二万历二年十二月甲寅日载,"中研院"历史语言研究所1962年版,第758页。

④ 朱鸿林认为此事系错系年代,见氏著《王阳明从祀孔庙的史料问题》,《史学集刊》2008年第6期。

⑤ 冯从吾:《少墟集》卷七,文渊阁四库全书本。

孔孟再生,程先复出,难乎免于今之世矣。是诚何心哉!"①

　　随着支持阳明从祀的舆论逐渐占据上风,万历十二年(1584)十一月十八日,明世宗诏令王守仁、陈献章、胡居仁三人从祀孔庙:"皇祖世宗尝称王守仁有用道学,并陈献章胡居仁,既众论推许,咸准从祀孔庙。朝廷重道崇儒,原尚本实操修经济都是学问,亦不必别立门户,聚讲空谈反累盛典。"②王阳明在去世五十五年后,最终得以从祀孔庙。

　　阳明从祀的过程虽然并不顺利,共经历十八年中三次大规模的朝廷会议之后,才在内阁大学士申时行的运作之下获得成功。但阳明一旦获得从祀而被朝廷认定为"真儒",他的学说和经典诠释也变成了正统之学,可以用于各级科举考试的答题。对读儒书而求出仕的士人来说,这不只丰富了他们的儒学阐释内容,也影响了他们对于儒学实质的认知。批评阳明学者常言王学末流有如狂禅,对于晚明的世道人心引起不良后果,这种情况正是从阳明获得从祀孔庙之后开始的。

---

① 吴中行:《议从祀疏》,《万历疏钞》卷三十五,明万历三十七年刻本。
② 《明神宗实录》卷一五五万历十二年十一月庚寅,"中研院"历史语言研究所 1962 年版,第 2868 页。

毁书院禁讲学

阳明学兴起以后，其讲学运动声势浩大，遍及天下，相应的书院也如雨后春笋纷纷兴起。但随之而来的，就是规模盛大的讲学所带来的弊端，具体表现如下。

第一，王学末流借讲学之名，进行政治投机，影响行政效率，加深统治危机。嘉、万之时，私人讲学之风在政界颇为流行，居官讲学者甚众。其中许多人利用政治权势，聚徒讲学，分门立户，结党营私。书院泛滥，甚至成为行政场所，严重干扰了地方行政秩序："凡抚台莅镇，必立书院，以纠集生徒，冀当路见知。其后间有他故，驻节其中，于是三吴间，竟呼书院为中丞行台矣。"①而讲学家们也借此笼络人心，培养亲信，参加内阁纷争，致使政治形势更加复杂化。另有一类居官讲学者，虽居其位，但不谋其职，甚至连官位高低、俸禄多少也毫不关心，成了纯粹的讲学者。

第二，王学末流借讲学科敛民财，干扰地方财政，阻碍社会生产的发展。书院建设需要耗费大量财力。书院建好后，讲学者又借讲学之名游山玩水，"沿途供亿，不知其几……尝见县令有借讲学之名，不却生徒，一县富人倾资而趋之，每节日，筐筐盈路，况令以上者乎。若巡抚立讲学之名，何啻三千之途？"②

第三，王学末流讲学活动最直接的影响就是对学风、士风的破坏。尽管心学一枝独秀，但由于王门后学特别是王畿一派的片面发展，出现了虚玄荡越的学术弊端，致使"俗尚浇漓，士鲜实学"，"议论蜂兴，实绩罔效"，学术空疏，毫无生气。

第四，由于阳明后学思想不一，各立门户，损害了程朱定于一尊的地

---

① 沈德符：《万历野获编》，中华书局 1959 年版，第 608 页。
② 方弘静：《千一录》卷十五《客谈三》，明万历刻本。

位。王学主张人人心中皆有良知,其简洁明了的特点,极易为人接受,但也容易造成人人以自我为中心,混淆是非标准的混乱状况。①

万历帝即位,张居正主政以后,情况发生了变化。江陵本人反对讲学运动,认为其是空谈,且学者常借讲学为名牟利,对世风为害甚大,于是他开始着手禁止讲学运动。

首先是对于官学的限制。明朝学制,各府、州、县有府学、州学、县学。明初规定府学四十人、州学三十人、县学二十人,宣德年间又有所增加。万历三年(1575),张居正下令压缩,规定"大府不得过二十人,大州、县不得过十五人,如地方乏才,即四五名亦不为少"②。在实际执行中,"督学官奉行太过,童生入学,有一州县仅录一人者"③。

其次是将重点放在书院和讲学上。万历七年(1579)正月下诏毁掉全国书院约六十四处。《明史》云万历"七年春正月戊辰,诏毁天下书院"④。此事由原任常州知府施观民"科敛民财,私创书院"所引发,于是"其所创书院并各省直有私建的,着遵照皇祖明旨都改为公廨衙门,粮田查归里甲,再不许聚集游食,侵害地方"。⑤

张居正毁书院禁讲学的举动,对于当时王门的讲学运动是巨大的打击。如罗汝芳因公进京,应邀至城外广慧寺讲学,朝中人士纷纷前往听讲,引起了内阁首辅、大学士张居正的不满,疏劾他"事毕不行,潜往京师,摇撼朝廷,夹乱名实",罗遂被罢官归里。

又如泰州后学何心隐置若罔闻,仍旧在湖北聚众讲学,猛烈抨击封建专制,他"无父无君非弑父弑君"的观点更是与传统思想相悖,为常人难以理解。不止如此,何心隐还撰写长文《原学原讲》来反驳张居正所作所为,完全不惧张居正权威,公然与张居正抗衡。

万历四年(1576),何心隐被通缉,罪名是聚集门徒,扰乱时政。万历七年(1579)七月,何心隐在南安(江西大余)被抓获,解往武汉,九月被湖广巡抚王之垣下令在监狱中用乱棍打死。《明儒学案》载此事缘由过程

---

① 参刘歧梅:《论张居正禁讲学》,《孔子研究》2004年第5期。
② 南炳文、吴彦玲:《辑校万历起居注》,天津古籍出版社2010年版,第104页。
③ 张廷玉等:《明史·志第四十五·选举一》,中华书局1974年版,第1687页。
④ 张廷玉等:《明史·本纪第二十·神宗一》,中华书局1974年版,第266页。
⑤ 《覆直隶巡按胡时化查勘知府施观民私建书院疏》,《司铨奏草》,三晋出版社2010年版,第180—181页。

云:"江陵当国,御史傅应祯、刘台连疏攻之,皆吉安人也,江陵因仇吉安人。而心隐故尝以术去宰相,江陵不能无心动。心隐方在孝感聚徒讲学,遂令楚抚陈瑞捕之,未获而瑞去。王之垣代之,卒致之。心隐曰:'公安敢杀我? 亦安能杀我? 杀我者张居正也。'遂死狱中。"[1]李贽评价何心隐之死云:"人莫不畏死,公独不畏,而直欲博一死以成名。"[2]

何心隐之死意味着张居正对讲学的压制达到了顶峰。虽然在张居正死后,讲学运动又伴随着王学的复兴而得到恢复,各地书院又纷纷兴起和复建,但是无论从规模或者活动的力度而言比之嘉靖年间都大为减弱了。

---

[1] 黄宗羲:《明儒学案·泰州学案一》,中华书局 2008 年版,第 705 页。

[2] 李贽:《何心隐论》,《焚书》,中华书局 2009 年版,第 88 页。

蕺山学派及其分化

　　蕺山学派,是指明代末年由著名儒家学者刘宗周创立的一个学派,因刘宗周罢官后长期讲学于家乡浙江山阴城北蕺山,并建有蕺山书院,学者习称其为蕺山先生,故得名。蕺山学派的代表人物除刘宗周外,尚有其弟子黄宗羲、陈确、张履祥、恽日初等。蕺山学派主要学术倾向是吸收程朱修正王学,试图恢复儒学正统,阐扬儒学真谛,扫除儒学内部种种分歧和分析支离之说,纠正王门后学俘伪逃禅的学风,以"慎独"为宗旨,强调功夫实学。该派以证人书院为阵地,培养和影响了一大批学者,但该学派论学宗旨不尽一致。蕺山学派的主要人物如下。

　　刘宗周(1578—1645),字起东,别号念台,浙江绍兴山阴人。一生的大部分时间,都用于讲学和著述。刘宗周早年偏重程朱理学,中年信从阳明之学,而晚年对"良知"说特别是对王门"四句教"的内在矛盾进行深入的剖析,力图克服王学末流的禅学倾向。他深入钻研理学、心学及历史上各家学说,指出:"夫道一而已矣,知行分言,自子思子始;仁义分言,自孟子始;心性分言,亦自孟子始;气质、义理分言,自程子始;存、致知分言,自朱子始;闻见、德性分言,自阳明子始;顿渐分言,亦自阳明子始。凡此,皆吾夫子不道也。呜呼! 吾舍仲尼奚适。"①他将理、气、心、性收拢一处言说,否认理先气后的理本论和理气二元论,把被人们割裂了的知行、诚明、已发未发、仁义、心性气质与义理、存心与致知、闻见与德性、顿与渐等,重新统一起来,以建构一个合乎孔子精神的、以慎独和诚意为要、"一以贯之"的儒学体系。刘宗周明亡后绝食而死,气节凛然。其著作辑为《刘子全书》《刘子全书续编》等。

　　恽日初(1601—1678),字仲升,号逊庵,南直隶武进人。崇祯癸酉中

---

① 《刘宗周年谱》,《刘宗周全集》第九册附录,浙江古籍出版社 2012 年版,第 444—445 页。

副榜。明遗民,后为僧。恽日初为刘宗周重要弟子,但其编辑刘宗周著作为《刘子节要》,不录其师对诚意的解释。黄宗羲强烈不满恽氏对刘宗周思想的诠释,以至于不为《刘子节要》作序。恽日初与黄宗羲的矛盾反映了蕺山学派内部不同的学术倾向。

陈确(1604—1677),初名道永,字非玄,后改名确,字乾初,浙江海宁人。陈确之学和其师刘宗周并不一致。他持浓厚的自然人性论思想,反对风水和厚葬等思想,认为天地无意志,不能给人以祸福。肯定人的善恶取决于后天积习,主张"气""才""性"三者不能分立。否认宋儒义理之性、气质之性、天理人欲的对立。认为"天理正从人欲中见,人欲恰好处,即天理也。向无人欲,则亦并无天理之可言矣"①。并由反对禁欲进而抨击佛教,指出佛教"度尽众生"实为"灭尽众生"。陈确反对王阳明的"知行合一"说,更指出宋明理学的文本经典《大学》不是圣经贤传,并非孔子、曾子所作,而"尤虚诞近禅者在'知止'二字"②,这个观点在蕺山学派内引起了很大争论。陈确著有《大学辨》《葬书》《瞀言》及诗文集等。

黄宗羲(1610—1695),字太冲,一字德冰,号南雷,别号梨洲老人、梨洲山人、蓝水渔人、鱼澄洞主、双瀑院长、古藏室史臣等,学者称梨洲先生,浙江绍兴余姚人。黄宗羲较为忠实地绍继了其师观点。他反对宋学中"理在气先"的理论,认为"理"并不是客观存在的物质实体,而是"气"的规律,认为"气质人心是浑然流行之体,公共之物也"③;同时又主张"盈天地间皆心也"④。黄宗羲以刘宗周的思想为指导,编纂了第一部学案体学术史专著《明儒学案》,继承蕺山学派强调工夫实学的精神,开创了清初"经世致用"之学,成为清初浙东史学的创始人。黄宗羲的学生万斯大、万斯同、邵廷采以及后来的全祖望、邵晋涵,都继承了蕺山学派的求实精神,用之于史学研究。黄宗羲的著作有《明儒学案》《孟子师说》《宋元学案》《明夷待访录》《易学象数论》《南雷文定》等。

张履祥(1611—1674),字考夫,又字渊甫,号念芝,又号杨园,浙江桐乡人。年轻时致力于阐发刘宗周的"慎独"之学,后来转向程朱,认为"吾

---

① 陈确:《无欲作圣辨》,《陈确集》,中华书局 1979 年版,第 461 页。
② 陈确:《与张考夫书》,《陈确集》,中华书局 1979 年版,第 583 页。
③ 黄宗羲:《与陈乾初论学书》,《黄梨洲文集》,中华书局 2009 年版,第 442 页。
④ 黄宗羲:《明儒学案·序》,中华书局 2009 年版,第 7 页。

人学问，舍'居仁由义'四字，更无所谓学问；吾人功夫，舍'居敬穷理'四字，更无所谓功夫"①。他的践履不仅指居敬涵养、读书穷理等道德修养，还特别重视农业生产等实践，"耕农相兼"。著有《读易笔记》《愿学记》《近古录》《补农书》等。后人辑有《杨园先生全书》。

刘汋(1613—1664)，字伯绳，明末清初浙江山阴人，刘宗周之子，能通其父之学。刘宗周绝食殉国死难后，他辞绝了南明唐、鲁二王的荫官，隐居蕺山二十年，杜门谢绝人事，考订遗经，对刘宗周著作的保存和结集有很大贡献。有《礼经考次》。

蕺山学派是宋明理学转向清初实学的中间环节。既没有完全脱去王学的"规矩"，又包含着实学思想的萌芽。蕺山学派在明末清初影响很大，特别是蕺山强调操守气节，他本人也以绝食而殉于明。他培养和影响了一大批气节之士，明遗民中许多是蕺山后学。但是蕺山学派在蕺山殁后迅速分化，比如张履祥曾与陈确往复争论，双方都颇以意气相争；黄宗羲与恽日初、陈确观点均不相同；黄宗羲与张履祥作为同门，居然毫无来往。王汎森即认为刘宗周之后蕺山学派一分为三，第一派倾向于程、朱理学，这一派以张履祥、刘汋、吴蕃昌为代表；第二派则以陈确为代表，陈确的观点既不同于程、朱理学，也不同于陆、王心学，可谓独树一帜；而第三派则是倾向于陆、王心学，此派以黄宗羲为代表。② 对于这三派，哪一派更接近刘宗周的观念，学界有着不同的看法，有论者认为："传其道者，惟黄宗羲最正，邵廷采则其再传嫡派也，而恽日初、张履祥之流不与焉。"即认为黄宗羲才是真正传播刘宗周思想的人，即使如此："黄宗羲的确是中国思想史上卓尔不群的大师级人物，但其思想在继承师学的基础上别有开拓，已非蕺山学派所能范围。蕺山学派因黄宗羲而复振，也随黄宗羲学术路向的转变而衰落下去。"③

---

① 张履祥：《与何商隐·一》，《杨园先生全书》，中华书局2002年版，第111页。
② 王汎森：《清初思想趋向与〈刘子节要〉——兼论清初蕺山学派的分裂》，载《晚明清初思想十论》，复旦大学出版社2004年版。
③ 参何俊、尹晓宁：《刘宗周与蕺山学派》，中国人民大学出版社2009年版。

东林学派

　　东林学派,亦称"东林党人",是中国明代末年思想学术领域出现的一个以讲学与议政相结合的著名学术流派。该学派的创始人顾宪成、高攀龙等学者万历后期在地处无锡的东林书院聚众讲学和读书。东林讲学,正值明末社会矛盾日趋激化之时。以东林书院讲学为联系纽带并逐步发展形成以江南士大夫为核心的东林学派,他们既有鲜明的学术思想见解,又有积极的政治主张,要求振兴吏治,开放言路,革除朝野积弊,反对权贵贪纵枉法,呼吁朝廷要惠商恤民等。这些针砭时政的主张要求得到当时社会的广泛同情与支持。同时,也遭到宦官集团的强烈嫉妒和反对。两者之间因政见分歧发展演变形成明末激烈的竞争局面。反对派将东林书院讲学及与之有关系或支持同情讲学的朝野人士笼统称之为"东林党"而加以无端攻击诋毁。故而与东林学派颇有渊源的黄宗羲《明儒学案》中说道:"东林讲学者,不过数人耳,其为讲院,亦不过一郡之内耳⋯⋯乃言国本者谓之东林,争科场者谓之东林,攻逆奄者谓之东林,以至言夺情奸相讨贼,凡一议之正,一人之不随流俗者,无不谓之东林,若似乎东林标榜,遍于域中,延于数世,东林何不幸而有是也?东林何幸而有是也?然则东林岂真有名目哉?亦小人者加之名目而已矣。"①

　　与东林党对立的有所谓齐、楚、浙党等派别。到天启年间,上述诸党统统趋附于以魏忠贤为首的阉党集团。此时,东林党人与阉党集团之间因朝政争论相互攻击达到公开不可调和的地步。天启后期,阉人魏忠贤窃权乱政,向全国颁示所谓《东林党人榜》,公开逮捕迫害大批东林党人士。高攀龙力抗权奸,不屈逮辱,投水自沉。同时,由政争迁怒于讲学,阉党又矫旨毁全国各地书院,禁止讲学活动。天启六年(1626),东林书院被

---

① 黄宗羲:《明儒学案·东林学案一》,中华书局 2008 年版,第 1375 页。

限期全部拆毁,讲学亦告中止。

东林学派在学术上力主性善论,因而大力抨击当时王学后学的无善无恶论,所谓"力阐性善之旨,以辟无善无恶之说"①。该学派有着鲜明的躬行实践的实学品格,强调"读书穷理",重视"闻见之知"。视格物为要,认为一草一木皆有理,不可不革,其座右铭即为:"风声雨声读书声,声声入耳;家事国事天下事,事事关心。"高攀龙云:"居庙堂之上则忧其民,处江湖之远则忧其君,此士大夫实念也。居庙堂之上,无事不为吾君;处江湖之远,随事必为吾民,此士大夫实事也。"②也因此,东林学派特别注重以天下为己任。

如顾宪成讲学"与世为体",把国事、天下事放在首位,以救世为己任。他为东林书院题写的"风声、雨声、读书声,声声入耳;家事、国事、天下事,事事关心"对联,形象、生动、深刻地表达了他读书讲学不忘国事、意在救世的心声。顾宪成宣称:"生平有二癖:一是好善癖,一是忧世癖。二者合并而发,情不自禁。"③正是在这种正义感和忧患意识的促使下,他提出"天下之是非,自当听之天下"的口号,谴责朝政的腐败黑暗,抨击阉党及其爪牙专权乱政,揭露和批判科举的弊端,提倡不分等级贵贱破格用人,认为"士亦何择于贵贱也。贵而取贵焉,贱而取贱焉,惟其当而已。"④要求惠商恤民,减轻赋税,重视工商业的发展,对那种"官莩穀,念头不在君父上;官封疆,念头不在百姓上;至于水间林下三三两两,相与讲求性命,切磨德义,念头不在世道上"⑤的世风和学风大加贬斥。

再比如基于学以致用的思想,高攀龙力倡"治国平天下"的"有用之学"。指出:"事即是学,学即是事。无事外之学、学外之事也。"⑥他以能否"治国平天下"为评判学问"有用"或"无用"的客观标准,认为"《大学》之道,先致知格物,后必归结于治国平天下,然后始为有用之学也"。他指责那些"不通事务,不谙世事"的空谈家为"腐儒",认为这些人"在一身而害

<hr>

① 胡慎:《东林书院志序》,《东林书院志》,中华书局2004年版,第10页。
② 高攀龙:《高子遗书》卷八,清文渊阁《四库全书》本。
③ 《顾端文公年谱》卷四,《顾端文公遗书》,清康熙刻本。
④ 顾宪成:《泾皋藏稿》卷二,清文渊阁《四库全书》本。
⑤ 顾宪成:《小心斋札记》卷一一,《顾端文公遗书》,清康熙刻本。
⑥ 高攀龙:《高景逸先生东林论学语》,《东林书院志》,中华书局2004年版,第89页。

一身,在一家而害一家,在一国而害一国,当天下之任而害天下"。[1] 他揭露"姚江之弊,始也扫闻见以明心耳,究而任心而废学,于是乎《诗》《书》《礼》《乐》轻,而士鲜实悟;始也扫善恶以空念耳,究且任空而废行,于是乎名、节、忠、义轻,而士鲜实修"[2]。从"扫闻见"而导致"废学",从"扫善恶"而导致"废行",正是阳明心学之流弊的要害。在他看来,儒学是一种经天纬地之学,是与治国应世密切结合的"有用之学"。那种只知高谈心性,不务实际,不以天下为己任,将国家天下弃之不顾的行为,完全违背了儒学的基本精神,非真正的儒者所为。[3]

东林派的著名代表还有赵南星、孙慎行、邹元标等。东林学派的学术努力和政治实践,使儒家传统的"内圣外王"之学得以重扬,在一定程度上改变了明代儒学发展的路向,改变了"空言心性"、不问世事的学术风气,对明清之际儒学经世致用之"实学"的形成产生了重大影响,也激励了清初反清斗士的抗争。无怪乎黄宗羲称赞道:"数十年来,勇者燔妻子,弱者埋土室,忠义之盛,度越前代,犹是东林之流风余韵也。一堂师友,冷风热血,洗涤乾坤,无智之徒,窃窃然从而议之,可悲也夫!"[4]

---

① 高攀龙:《高景逸先生东林论学语》,《东林书院志》,中华书局2004年版,第89页。
② 高攀龙:《崇文公语序》,《明儒学案》,中华书局2008年版,第1424页。
③ 参苗润田:《中国儒学史·明清卷》,广东教育出版社1998年版,第158、171—172页。
④ 黄宗羲:《明儒学案·东林学案一》,中华书局2008年版,第1375页。

复社的兴亡

　　复社是明末著名文社，该社崇祯二年（1629）成立于吴江，系由云间几社、浙西闻社、江北南社、江西则社、历亭席社、云簪社、吴门羽朋社、吴门匡社、武林读书社、山左朋大社、中州端社、莱阳邑社、浙东超社、浙西庄社、黄州质社与江南应社等十几个社团联合组成。主要领导人为张溥、张采。两人都是太仓人，"形影相依，声息相接，乐善规过，互推畏友"，当时并称为"娄东二张"。

　　复社成立的背景是明末万历后期政治日益腐败，而社会在商品经济刺激下议论政事的风气开始兴起。知识分子政治上追求砥砺文章，议论世事的风气大盛，而以江浙一带尤甚。前有东林结社，继之而起的就是复社。张溥等人痛感"自世教衰，士子不通经术，但剽耳绘目，几幸弋或于有司。登明堂不能致君，长郡邑不致泽民，人才日下，吏治日偷，皆有于此"。因而"溥不度德，不量力，期与四方多士共兴复古学，将使异日者务为有用，因名复社"。①

　　复社之成立虽然以研磨文章标举，但是在为学取向上有着复古求实的强烈的经世致用倾向。复社以东林后继自任，主张"蠲逋租，举废籍，撤中使，止内操"②，有着强烈的现实政治诉求，一定程度上反映了当时新兴的地主商人的利益要求。复社成员主要是青年士子，先后共计有2255人，鼎盛之时声势遍及海内。

　　复社的活动主要有两个阶段。第一阶段是张溥、张采二张主持的阶段，自成立至崇祯末年。主要集会有崇祯二年（1629）吴江尹山大会、崇祯三年（1630）南京金陵大会和崇祯六年（1633）苏州虎丘大会等。这一阶

---

① 陆世仪：《复社纪略》卷一，清钞本。
② 吴伟业：《复社纪事》，《梅村家藏稿》卷二十四，《四部丛刊》景清宣统武进董氏本。

段,复社把科举考试当作社事的重心,其成员在科举考试中取得巨大成功,考取进士及举人者达四百余人,甚至还曾囊括甲科三鼎甲,声动朝野。正因为在科举上的成功,复社才得以吸引众多士子的加入,从而成倍扩充了自身组织的规模。许多文武将吏及朝中士大夫、学校中生员,都自称是张溥门下,"从之者几万余人"。同时,复社成员通过科举考试进入官场,也增强了朝廷中的清流力量,影响了晚明政局的走向。

崇祯十年(1637),由于声名太显招致执政大僚温体仁等的嫉恨,又有陆文声等上疏参劾二张"倡导复社以乱天下",于是朝廷下严旨察治。幸有周延儒出任大学士,此案才未酿成大狱。崇祯十四年(1641)张溥病死,标志着复社活动前一阶段的结束。

清兵入关前后,由于时局的动荡和政治矛盾的激化,复社成员的政治倾向更为明显。先是在南京的复社士子不满于阮大铖招摇过市,贪赃误国,曾联名写出著名的《留都防乱公揭》,公布阮大铖的罪状,迫使他"潜迹南门之牛首,不敢入城"。后马士英、阮大铖拥立福王,把持朝政,对复社成员进行了报复迫害。清兵南下以后,复社不少成员仍坚持武装斗争,许多成员成为江南抗清力量的骨干,如陈子龙、夏允彝在松江起兵,黄淳耀、侯歧曾领导嘉定军民的抗清斗争,失败后都不屈而死。明亡以后,一些著名的复社成员又遁迹山林,顾炎武、黄宗羲等专心著述,杨廷枢、方以智、陈贞慧等则削发隐居。由于复社提倡气节,重视操守,政治倾向越发明显,顺治九年(1652)为清政府所取缔。这是复社活动的后一阶段。

复社成员在成立之初以文相会,重视时文制艺,但此后开始有向经世致用转向的趋势。学术上受到受前后七子复古主义的较大影响,"志于尊经复古",祖述"六经",张溥、张采等人曾"分主五经文章之选",提倡熔经铸史,整理古籍文献。入清以后,深受复社影响的顾炎武、黄宗羲等继续倡导"经世致用之学",关心和研究社会问题,开创了清代学术研究的新风。

证人学社与白马岩之辩

这是浙中王门陶望龄之弟陶奭龄与刘宗周关于本体工夫展开的一系列讨论。崇祯四年（1631）三月三日，刘宗周应陶奭龄的邀请，率绅学士200余人于陶石篑先生祠集会，成立证人学社，以阳明良知教为宗旨，揭明人心之本善，故人人皆可成圣贤，庶几拔去自暴自弃之病根。沈国模、管宗圣、史孝复等人参加。关于证人社成立的缘起，乾隆《绍兴府志》卷五三《沈国模传》曰："国模至越，遂请陶、刘先生主教事为会古小学，证人社所由始也。"《蕺山刘子年谱》也详细描述了刘宗周与陶奭龄两人第一次相会的情况："先生于三月三日率同志大会于石篑先生祠，缙绅学士可二百余人，同主事者为石梁先生，石梁，石篑之介弟也。初登讲席，先生首谓学者曰：此学不讲久矣，文成指出'良知'二字，直为后人拔去自暴自弃病根。今日开口第一义，须信我辈人人是个人，人便是圣人之人，圣人人人可做，于此信得及，方是良知眼孔，因以证人名其社。"①

此后，刘宗周、祁彪佳等四月初三日举行证人学社第二次讲会，主题是讲明孔门"素位之学"。五月初三日，又举行第三次讲会，主题是《论语·学而》章义，有人谓此学便是自家一点"灵明"，即是良知之谓。刘宗周曰："学即良知极是。阳明先生恐人堕落空虚，方说个良，又说个致，便有许多切实处。若只说灵明，未免又落禅宗，到底难得把柄，夫子开口说个学，便是要学个什么，但把自己灵明时时提醒做主人翁，果做得主人翁，方是良知，方是致良知，这方是学。"②第四次讲会，接第三次"学而时习之"而阐发。第五次讲会，主题是慎独，刘宗周认为"学问吃紧工夫全在慎独，人能慎独，便为天地间完人"③。第六次讲会，言心志，进言知行合一

① 刘汋：《蕺山刘子年谱》，《刘宗周全集》第九册，浙江古籍出版社 2012 年版，第 97—98 页。
② 刘宗周：《证人社语录》，《刘宗周全集》第三册，浙江古籍出版社 2012 年版，第 503 页。
③ 刘宗周：《证人社语录》，《刘宗周全集》第三册，浙江古籍出版社 2012 年版，第 510 页。

之旨。第七次，因大雨，赴会者不及半数，讨论子张学干禄章大旨。第八次，主题为讨论克己章。第九次，讨论季路问事鬼章，刘宗周因撰《生死说》一文。此外又有第十次、十一次讲会。①

证人学社议论的焦点仍然是本体工夫问题，但既然由刘、陶二人主持，而二人宗旨不一，"及论工夫，一则曰'坐下'，一则曰'自家'"②，则产生争论势所难免，所以此会渐寝。至崇祯五年壬申（1632），刘宗周又与陶奭龄及门人围绕着工夫与本体问题继续展开激烈论辩，是为"白马岩之辩"。

刘汋《蕺山刘子年谱》记载此次相会情况云："越中自阳明先生倡学后，其门人最著者为王龙溪，由龙溪而传及周海门，海门同时为陶石篑，俱本良知为宗，而递衍递失其旨。石梁先生固尝从事于斯而有得，是时会讲，仍揭良知以为指归。每令学者识认本体，曰：'识得本体，则工夫在其中。若不识本体，说恁工夫？'先生曰：'不识本体，果如何下工夫？但既识本体，即须认定本体用工夫。工夫愈精密则本体愈昭荧。今谓既识后遂一无事事，可以纵横自如，六通无碍，势必至猖狂纵恣，流为无忌惮之归而后已。'"③可见此次相会完全延续了证人学社之会的主题。陶奭龄沿袭王畿、周汝登和其兄陶望龄的一贯学术理路，强调先天良知本体，忽视否定后天工夫。而刘宗周在坚持本体的同时，强调工夫同样重要，需要认定本体继续作工夫，不能因为识得本体就一了百了。刘、陶二人仍然各执己见，互不相让。应该说，刘宗周的看法反而更接近阳明本人的主张，虽然他在学统上属于甘泉一系。所以黄宗羲根据这两次相会批评陶奭龄之学杂入佛学而完全背离了阳明的正传："证人之会，石梁与先生分席而讲，而又为会于白马山，杂以因果僻经妄说，而新建之传扫地矣。"④

刘宗周与陶石梁展开论辩后，又寄书陶氏，继续晓以学术大义，说"今天下谈新建之学者未有不借路葱岭，即当日一种教法所谓《天泉问答》等语，近日亦不复拈起高明之士谈性宗而忽彝伦，卑暗之士乐猖狂而恶检"，

---

① 参见俞樟华：《王学编年》崇祯四年条，吉林大学出版社 2010 年版。
② 刘宗周：《证人社语录》，《刘宗周全集》第三册，浙江古籍出版社 2012 年版，第 498—499 页。
③ 刘汋：《蕺山刘子年谱》，《刘宗周全集》第九册，浙江古籍出版社 2012 年版，第 99—100 页。
④ 黄宗羲：《子刘子行状》，《刘宗周全集》，浙江古籍出版社 2012 年版，第 40—41 页。

并希望陶氏"力以师道自任,为世人作津梁"。① 刘宗周以陶奭龄之学掺入禅学,为阳明学之流弊,因而极力驳斥,两人之间的争论也反映了阳明后学发展的趋向与问题。

---

① 刘宗周:《与石梁二》,《刘宗周全集》第五册,浙江古籍出版社 2012 年版,第 387 页。

阳明学讲会

　　阳明学讲会是指以阳明及其主要弟子为首,以地方士人为主体,在书院、会馆、精舍、寺庙等场所举行的以讲学为主要功能,以创新、阐发、传播阳明心学为宗旨的定期或不定期性学术集会。阳明学讲会是阳明学兴起以后的主要传播方式和途径,是阳明学得以布在人口、遍传天下的最重要的组织平台。阳明学讲会持续时间长、分布地域广,在中晚明影响很大,其中较为著名的有具有官方色彩的京师灵济宫讲会和江右的青原大会。

　　灵济宫讲会
　　灵济宫道观,始建于五代,明永乐十五年(1417)重建,在京城之北郊。明嘉靖年间王学繁盛以后,特别是借助于当时阁揆徐阶和位居中枢职位的阳明弟子的大力提倡,阳明弟子门徒等频繁会讲于京师灵济宫。史称"灵济宫讲会"。
　　"灵济宫讲会"以明嘉靖三十二年癸丑(1553)、三十三年甲寅(1554)之会规模最大,影响最巨。尤其是嘉靖三十二年(1553),是年为会试年,各地应试士子云集京师,在时任内阁首辅徐阶的支持下,阳明弟子欧阳德、聂豹、程文德等齐聚于北京北郊灵济宫大会分别主持。此次大会据黄宗羲云:"聂双江初令华亭,先生受业其门,故得名王氏学。及在政府,为讲会于灵济宫,使南野、双江、松溪程文德分主之,学徒云集,至千人。其时癸丑甲寅,为自来未有之盛。丙辰以后,诸公或殁或去,讲坛为之一空。戊午,何吉阳自南京来,复推先生为主盟,仍为灵济之会,然不能及前矣。"[①]"学徒云集至千人,其盛为数百年所未有。"[②]罗近溪亦云:"癸丑,廷

---

① 黄宗羲:《明儒学案·南中王门学案三》,中华书局 2008 年版,第 616 页。
② 黄宗羲:《明儒学案·江右王门学案二》,中华书局 2008 年版,第 358 页。

试中式。时内阁存斋徐阶、部院双江聂公、南野欧阳公、俨山周公,皆以兴起斯学为己任者,乃定会于灵济宫,师集同年桂岩顾公、近㟫李公、洞阳柳公、望山向公、一吾李公、会试同年昆湖瞿公、泽峰吴公、浑庵戴公、少龙贺公、敬所王公,旧同志善山何公、西吾张公、吉阳何公、浮峰张公、芳麓王公数十百人,联讲两月,人心翕然,称盛会也。"①《明史·欧阳德本传》甚至谓"赴者五千人"之多,讲会主题以阳明致良知教为中心。

除了嘉靖癸丑、甲寅规模甚大的集会而外,阳明学者在嘉靖年间在灵济宫大会的情况依时间如下。罗汝芳载:"次年甲辰(1544),会举会试。师同波石徐公、中溪颜公、西石王公、梦坡敖公、二华谭公及诸同志大会于灵济宫。"②颜钧云丙辰年(1556)"时徐少湖名阶,为辅相,邀铎(颜钧)主会天下来觐官三百五十员于灵济宫三日。越七日,又邀铎陪赴会试举人七百士,亦洞讲三日。如此际会,两次溢动,湖公喜,信私邀铎与近溪、吉阳,尽日倾究"③。《明儒学案》卷二十七《徐阶传》载:"戊午(1558),何吉阳自南京来,复推先生为主盟,仍为灵济之会,然不能及前矣。"④罗汝芳亦记云:"嘉靖戊午,余官比部。乐安纳斋詹公,以四川州学正起复来京。同诸缙绅,谈学于灵济、广慧之间。"⑤嘉靖庚申(1560),何心隐与张居正"讲学于北之显灵宫"(即灵济宫)⑥,耿定向亦参与。⑦ 嘉靖乙丑(1565)徐阶等又有灵济宫讲会,《盱坛直诠》载:"乙丑入觐……谒政府存斋徐公。公访以时务,师曰:'此时人材为急,欲成就人材,其必由讲学乎。'公是之。遂属师合部寺台省及觐见诸贤,大会灵济宫。徐政府手书程子《定性》一书'学者先须识仁'一条,令长子携至会所。兵部南离钱公出次朗诵,诸公恳师申说,师亦悉心推演,听者跃然。"⑧不过,嘉靖丙辰(1556)以后大会的规模呈现逐渐缩小的趋势,正如黄宗羲所言:"丙辰以后,诸公或殁或

---

① 罗汝芳:《罗汝芳集》,凤凰出版社 2007 年版,第 297—298 页。

② 罗汝芳:《盱坛直诠》卷下。转引自吴震:《明代知识界讲学活动系年:1522—1602》,学林出版社 2003 年版,第 120 页。

③ 颜钧:《自传》,《颜钧集》,中国社会科学出版社 1995 年版,第 26 页。

④ 黄宗羲:《明儒学案·南中王门学案三》,中华书局 2008 年版,第 616 页。

⑤ 罗汝芳:《詹讷斋传》,《罗汝芳集》,凤凰出版社 2007 年版,第 605 页。

⑥ 何心隐:《上祁门姚大尹书》,《何心隐集》,中华书局 1960 年版,第 77 页。

⑦ 耿定向:《观生纪》嘉靖三十九年条,《耿定向集》,华东师范大学出版社 2015 年版,第 802 页。

⑧ 罗汝芳:《盱坛直诠》卷下,广文书局 1997 年版。

去,讲坛为之一空。"①

及至万历年之后,阳明后学亦在灵济宫举行过数次讲会,如万历二年(1574),由聂豹弟子宋仪望主讲;万历十五年(1587)由王畿弟子张元忭主讲;万历十七年(1589)由罗汝芳弟子杨起元与邹守益之孙邹德泳共同主讲,但从总的趋势来看,规模和频率都呈现越来越小的趋势。总的来看,灵济宫讲会由于地处京畿,加之又时有当朝政府的赞助,影响广大,对于王学的传播助力甚伟,是阳明学派讲学活动中的标志性讲会之一。

青原大会

明中晚期阳明后学的讲学活动盛行,青原大会便是其中著名的讲学活动。该会在江西庐陵的青原山举行。阳明于正德间讲学青原山,邹守益等曾受业。关于青原大会的由来,据邹守益记载其原委是:"嘉靖癸巳(1533)七月既望,同士咸集于青原,以从事于君子之学。东廓子守益喟然叹曰:'兹会也,先师尝命之矣,乃今十有四年始克成之。'"②阳明在世时,刘邦采曾创立惜阴会,阳明为此作《惜阴说》,以惜阴会为倡导,"既后,守益以祭酒致政归,与邦采、刘文敏、刘子和、刘阳、欧阳瑜、刘肇衮、尹一仁等建复古、连山、复真诸书院,为四乡会。春秋二季,合五郡,出青原山,为大会。凡乡大夫在郡邑者,皆与会焉"③。于是王门中的四方同志之会,相继而起。青原大会对众多王门讲会的兴起可说有引导潮流的肇始之功。

青原大会由邹守益、罗洪先、聂豹、欧阳德等相继主盟,会讲于此。而除了阳明的江西弟子以外,浙中王门的王畿、钱德洪等也曾多次赴会。如嘉靖二十七年(1548),王畿、钱德洪就从浙中赴会,"大聚于青原"④。罗洪先《夏游记》记载,当时参加此会者达一百六十余人,以至于"僧舍不能容"。王时槐记载:"钱绪山、王龙溪二先生自浙来,东廓先生邀入青原大会,九邑缙绅士人皆集。与会者七八百人。其徒步往听教。"⑤邹守益之

① 黄宗羲:《明儒学案·南中王门学案三》,中华书局 2008 年版,第 616 页。
② 邹守益:《青原嘉会语》,《邹守益集》,凤凰出版社 2007 年版,第 441 页。
③ 王守仁:《王文成公全书》,中华书局 2015 年版,第 1518 页。
④ 邹守益:《惜阴申约》,《邹守益集》,凤凰出版社 2007 年版,第 734 页。
⑤ 王时槐:《王塘南先生自考录》嘉靖二十七年戊申条,《王时槐集》,凤凰出版社 2015 年版,第 645 页。

孙邹德涵《文庄府君传》亦载:"岁戊申(1548),往青原山,聚九邑大夫士为会,凡几千人。"①可见此会规模之盛大。

嘉靖以后王门后学王时槐、胡直、刘方兴、刘大敏、刘元卿等亦相继会盟、会讲。当道者为建"传心堂",并立五贤祠,祀王守仁,配以邹守益、罗洪先、聂豹、欧阳德。万历间,邹元标、刘同开等又联讲会,迁传心堂于毂口之阳,置书楼。清康熙间施闰章重修传心堂,方以智也曾在此讲学。在阳明后学所举办的众多讲会中,青原大会可以说是最具代表性的,而且是规模最大、影响至深至远的一个。

冲玄会是嘉靖后期规模宏大的阳明学同门讲会,举行的地点是江浙交界处的贵溪县龙虎山的冲玄观。当时阳明学的讲学中心在浙江和江西,用龙溪的话来说,"浙为首善之地,江右为过化之区"②。此两地学者相集会讲,即是"江浙大会"。正如邹守益所言:"先师云亡,浙、江为大会,以振微言。乙酉(1549)会于冲玄。"③

嘉靖二十七年(1548),邹守益在王畿、钱绪山赴青原会后作《青原赠处》,就有举行江浙同门大会的愿望:"异时泛天真,谒兰亭,历赤城、石梁,放于东海,归探鹅湖象山遗迹,共结江、浙一社,以服膺师训。"④嘉靖二十八年(1549),邹守益与刘狮泉等江西学者前往贵溪县龙虎山,与浙江王门学者王畿等会讲,这即邹守益所说的"乙酉会于冲玄"一事。冲玄会讨论的问题相当广泛,涉及寂感、心体自然、大学诸条目、博约、著善掩恶、二氏、良知意见、戒惧慎独等名目。⑤ 王龙溪弟子记录的《冲元会纪》中说:"己酉仲秋,先生偕绪山钱子携浙、徽诸友赴会冲元。合凡百余人。"⑥邹守益《冲玄录》也记载了他与聂豹等二十多名学者的交谈,此会参与者应该为数不少。此次冲玄会结束后,邹守益送别王瑶湖,两人"因叹师友疏阔……相订岁一为会于诸郡之中,往来咸以舟为便"⑦。期望王门聚会可以形成每年举行的制度化。

① 邹德涵:《文庄府君传》,《邹守益集》,凤凰出版社 2007 年版,第 1364 页。
② 王畿:《冲元会记》,《王畿集》,凤凰出版社 2007 年版,第 681 页。
③ 邹守益:《广信讲语》,《邹守益集》,凤凰出版社 2007 年版,第 726 页。
④ 邹守益:《青原赠处》,《邹守益集》,凤凰出版社 2007 年版,第 104 页。
⑤ 陈来:《明嘉靖时期王学知识人的会讲活动》,《中国学术》2000 年总第 4 辑。
⑥ 王畿:《冲元会记》,《王畿集》,凤凰出版社 2007 年版,第 3 页。
⑦ 邹守益:《冲玄录》,《邹守益集》,凤凰出版社 2007 年版,第 740—747 页。

但是冲玄会没有持续，江、浙同门大会此后移至怀玉、广信进行，"庚申(1560)复会于怀玉。怀玉高邃，无力者不能往，乃会徽、宁、芜湖、广德同志以聚于广信"[①]，此即怀玉之会和广信之会。[②] 怀玉会和广信会的规模均不及冲玄，反应了阳明学讲会和讲学活动的活跃程度在逐步下降。

除了灵济宫大会、青原大会与冲玄会外，著名的阳明学讲会还有水西会[③]等。阳明学讲会的发展以嘉靖中期到万历初期最为鼎盛。此一阶段阳明学的发展最为迅速，声势最为浩大。阳明亲传弟子大多在世，传播师说不遗余力，造成的影响最大。随后由于张居正禁讲学，讲会盛极而衰。随后虽然一度又有所恢复，但已经很难恢复嘉靖年间的繁盛景象。天启以后，随着后传人才的凋落、社会环境的变化和学术风气的转移，阳明学讲会也随着阳明学一起衰落了。

---

① 邹守益：《广信讲语》，《邹守益集》，凤凰出版社 2007 年版，第 726 页。
② 冲玄会、怀玉会、广信会的情况参陈时龙：《明代中晚期讲学运动》第二章第三节同门大会：冲玄会与怀玉会，复旦大学出版社 2007 年版。
③ 水西会的情况，参见本书"明代书院"水西书院。

学贵宗旨现象

明代阳明学兴起以后,在讲学热潮的推动之下,学术思想和争论空前热烈。在讲学活动中,学者的学说宗旨至为重要,它是一门新兴学说在义理上是否成立以及能否取信于人的关键。这就是"学贵宗旨"现象。正如黄宗羲所云:"大凡学有宗旨,是其人之得力处,亦是学者之入门处。天下之义理无穷,苟非定以一二字,如何约之使其在我?故讲学而无宗旨,即有嘉言,是无头绪之乱丝也。学者而不能得其人之宗旨,即读其书,亦犹张骞初至大夏,不能得月氏要领也。是编分别宗旨,如灯取影,杜牧之曰:'丸之走盘,横斜圆直,不可尽知。其必可知者,是知丸不能出于盘也。'夫宗旨亦若是而已矣。"[1]学者往往透过对儒家经典中重要概念的引申或归纳,从而得出简短的学术口号,产生宗旨。学说宗旨得当、有力与否,不仅关乎学者一己学说能否成立,可否产生说服力和号召力,最终还关系到提出宗旨的学者能否进入儒学正统行列,在道统系谱中拥有自己的位置,为当时及后世的学者,乃至王朝政府所承认和接受。[2]

可见,宗旨作为高度概括而抽象的学术口号,对讲学的双方即讲者和学者都至关重要。立宗旨的普遍性甚至使得学者对罗汝芳、顾宪成都提出了先生为何不立宗旨的问题。简明扼要的学说宗旨既是讲者学有所宗、学有自得,从而区别于前贤和时人的标志性体现,也是听者得以从纷繁复杂的理学概念系统中迅速把握住重点的关键。但是学贵宗旨,也导致宗旨泛滥,学者只知教条重复而不用实功。罗汝芳《明道录》中载,有学者向他这样提问道:"今言学贵宗旨者,是欲使吾侪有所凭据,好去执持用工也。若只如前说我问你答,随声应口,则个个皆然,时时如是,虽至白

---

① 黄宗羲:《明儒学案》,中华书局 2008 年版,第 14 页。
② 刘勇:《中晚明时期的讲学宗旨、〈大学〉文本与理学学说建构》,《"中研院"历史语言研究所集刊》,2009 年 9 月第 80 本第 3 分。

首,终同凡夫,又安望其有道可得、有圣可成也耶?"罗汝芳回答道:

> 吾子此疑,果是千古不决之公案,然却是千圣同归之要辙也。其端只在能自信从,而其机则始于善自觉悟。如其觉悟不妙,难望信从而同归矣。盖虞廷言道,原说其心惟微,而所示工夫,却要惟精惟一。有精妙的工夫,方入得微妙的心体。孔子统括,却言不止精微,而曰"洁净精微",则是精微而更精微,即所谓"玄之又玄也"。若如书坊所刊集说讲说,则肤浅粗浮甚矣,世人无识,翻喜他有个宗旨依循,好去研穷践履,谓能到纯熟即便是圣贤。此正俗语"粗大麻线而求透针关,壅灌稊稗而望食佳餐"也,恶可得哉?①

罗汝芳将破解宗旨多歧的关键放在主体的自觉自悟之上,这是当时心学学者比较普遍的看法。不过,即便如此,个人所悟的内容和深浅也不一定一致。于是从另一方面来说,宗旨林立,不知所依也就意味着学术必然的要向文本本身复归。这突出地表现在《大学》文本的重新考订上。

宋代以来,《大学》诠释就被赋予了变动不居的特性。朱熹、王阳明先后借助改动《大学》文本获得各自学说思想的经典依据,这种做法为中晚明理学精英提供了关键性的方法论启示:从《大学》文本改订或者重新诠释入手,进行理学思想的创新。《大学》文本对于内圣外王两端的鲜明联结,也给了理学家们较为便利的诠释空间。特别是在明代中期王守仁、湛若水大兴讲学以后,致力于讲学活动的中晚明学者往往利用《大学》文本,从核心观念、经典文及其诠释、修持方法等方面逐渐形成各自的特定规范——宗旨,以区别于前贤及时人,从而产生号召力,争取受众。由于《大学》作为宗旨来源的核心地位,明代的《大学》改本也层出不穷。最极端的是丰坊伪石经《大学》的出现。此本的主要内容特点是不分经传,也无格物补传,但调整了某些顺序,对少量文字有所增删。伪石经《大学》对于遵王派和遵朱派都有重要影响,在中晚明盛行一时,甚至在某些文本中成为讨论《大学》的定本。可以看出,在明代中后期讲学宗旨确定的这一过程之中,《大学》处于中心的地位。

---

① 罗汝芳:《近溪子明道录》卷二,明万历刻本。

钱穆曾针对王学利用经典尤其是《大学》作为宗主的现象论云："陆王之学理学之别出，而阳明则可谓乃别出儒中之最是登峰造极者。因别出之儒，多喜凭一本或两本书，或凭一句或两句话作为宗主，或学的。如二程常以《大学》《西铭》开示学者；象山则专据《孟子》，特提'先得乎其大者'一语；而阳明则专拈《孟子》'良知'二字，后来又会通之于《大学》而提出'致良知'三字，作为学者之入门，同时亦是学者之止境，彻始彻终只此二字。后面王门大致全如此，只拈一字或一句来教人。直到明末刘蕺山又改提'诚意'二字。总之是如此，所谓终久大之易简工夫，已走到无可易再简，故可谓之是登峰造极。然既已登峰造极，同时也即是前面无路。"①"学贵宗旨"现象以及和其同时出现的明代《大学》改本潮流，说明了中晚明思想愈加多元、学术竞逐日趋激烈，学者均各尽所能争取学术上的优势地位。但也诚如钱穆先生所深彻观察到的，这种学术潮流越来越走向易简，穷途末路之下，新的学术风气的出现也是顺理成章的了。

---

① 钱穆：《中国学术通义》，台湾学生书局 1973 年版，第 88 页。

明代书院

　　书院始于唐代，兴盛于宋代，是古代地方重要的儒学教育机构。明朝建立以后，在中央设有国学，在地方设有府、州、县儒学，统由朝廷派官管理，官学在社会上占据了主导地位，书院因之衰落，明孝宗即曾指出："本朝无书院之制。"①明代阳明学兴起以后，随着讲学规模和力度的不断深入，书院也蓬勃地发展起来。明代的著名书院有天真书院、水西书院、关中书院、东林书院②、首善书院、姚江书院等，这些书院或是阳明学讲学运动的直接产物，或是与讲学运动息息相关。

　　天真书院始建于嘉靖九年（1530），又称天真精舍，因杭州天真山而得名。其地乃王阳明"先年进忠建勋留宿之地"，始为阳明祀祠，后逐渐扩建为全国性的私人讲学场所。关于天真书院的缘起和兴办，《阳明先生年谱》备载其情形云：

　　　　嘉靖九年庚寅五月，门人薛侃建精舍于天真山，祀先生。天真距杭州城南十里，山多奇岩古洞，下瞰八卦田，左抱西湖，前临胥海，师昔在越讲学时，尝欲择地当湖海之交，目前常见浩荡，图卜筑以居，将终老焉。起征思、田，洪、畿随师渡江，偶登兹山，若有会意者。临发以告，师喜曰："吾二十年前游此，久念不及，悔未一登而去。"至西安，遗以二诗，有"天真泉石秀，新有鹿门期"及"文明原有象，卜筑岂无缘"之句。侃奔师丧，既终葬，患同门聚散无期，忆师遗志，遂筑祠于山麓。同门董沄、刘侯、孙应奎、程尚宁、范引年、柴凤等董其事，邹守益、方献夫、欧阳德等前后相役；斋庑庖湢具备，可居诸生百余人。每

①　赵子富：《明代的书院》，《中国文化研究》1996 年第 2 期。
②　关于"东林书院"的情况参见本卷"东林学派"条。

年祭期,以春秋二仲月仲丁日,四方同志如期陈礼仪,悬钟磬,歌诗,侑食。祭毕,讲会终月。[1]

天真书院在明代学术史上尤其是阳明学的传播发展史上具有举足轻重的地位。阳明的再传弟子张元忭即云:"明兴百余年,迨乎正嘉之际理学乃大振,海内书院以千百计,而浙之天真、泾之水西为最盛。天真之始,文成公尝托迹焉,而诸门人相与卒成之。"[2]此后天真书院又经过嘉靖十五年(1536)和嘉靖三十三年(1554)的两次改造,规模扩大,讲学和祭祀阳明、传播王学的活动推向高潮。进入万历初年,张居正"以新法废书院"。天真"书院名目规制备载郡志",成为当时被重点禁毁的书院之一。结果四年之内,天真书院就"鞠为茂草",变成了废墟,致使"一代名臣遗迹、四方名贤义举,澌灭已尽"。张居正死后,天真书院又商议重建,但朝廷采取谨慎的态度,仅乞请复建阳明专祠。明神宗并赐名勋贤。勋贤祠此后部分承担了书院的功能,但随着政治变化,万历三十七年(1609)以后逐渐被虎林书院所取代。[3]

水西书院在泾县。原名水西精舍。明嘉靖三十一年(1552),督学御史黄洪昆、知府刘起宗、知县邱时庸创建于水西宝胜寺。嘉靖二十七年(1548),举水西讲会于宝胜寺,张榮、邹守益、罗洪先等主讲,每会逾三百人,僧房不能尽容,诸生乃集资于寺左创建水西精舍,有前门、明道堂、熙光楼、左右厢房、号舍及仰止堂,并置田养士。"为集会讲道之所,并非为延师授徒而设",以传阐阳明良知之学为宗旨。由王门诸弟子主坛,每年春秋凡两会。春自三月朔日起至晦日止,秋自九月望日起至次月五日止,并于三月望日,十月朔日行释菜礼祭祀朱子与王阳明。"学士荐绅云集,水西之学名天下。其盛直欲与仲晦之白鹿、子渊之石鼓,以迄岳麓、睢阳媲美焉。"嘉靖四十三年(1564),知府罗汝芳"数过讲习,谈说古今性命之学,本原文成公宗旨"[4]。周怡、沈宠、张本静、翟台、徐榜、查铎、肖彦相率

① 王守仁:《王文成公全书》,中华书局2015年版,第1516页。
② 张元忭:《沈文池传》,《张元忭集》,上海古籍出版社2015年版,第244—245页。
③ 参钱明:《杭州天真书院的历史沿革及功能转化》,《教育文化论坛》2014年第1期。
④ 张尧文:《复建水西书院记》,《泾县志》卷八,清嘉庆刊本。

参与，切磋其间，书院兴盛一时，改名水西书院。讲会诸人还仿水西之制，另创兰山书院、赤麓书院讲会。万历七年（1579），张居正毁天下书院，遭毁。十五年（1587），知县张尧文修复，但其状况已不能如往日之繁盛。

清顺治间，知县银文灿重建熙光楼。康熙十九年（1680），知县邓琪棻增建馆舍。寻圮。雍正元年（1723）修复。乾隆十九年（1754），知县王廷栋重建仰止堂、明道堂、左右号舍等，除祀朱熹、王守仁之外，配祀王艮、邹守益、欧阳德、钱德洪、王畿、罗汝芳、何楚侗、耿定向。乾隆中后期讲坛逐渐荒芜。

关中书院。明清时期陕西著名书院，位于西安府治东南。明万历二十年（1592），陕西著名学者、御史冯从吾因疏忤神宗罢官归里后，与友人萧辉之、周淑远等在此地之西宝庆寺讲学多年，弟子日众，而寺地狭隘。万历三十七年（1609）十月，陕西布政使汪可受、按察使李天麟、参政熊应占、闵洪学及副使陈宁、段猷显等，为冯从吾另于宝庆寺之东小悉园处创建关中书院。书院中建讲堂六楹，题匾名"允执堂"。冯从吾《关中书院记》云："书院名关中，而匾其堂为允执，盖借关中'中'字，阐允执厥中之秘耳。"[1]三年后，新任布政使汪道亨于书院建"斯道中天阁"一座，以祀孔子。至此，书院已初具规模。冯从吾等在此大力宣传儒家思想，昌明理学，影响极大，盛时弟子多达千人以上。明天启五年（1625）魏忠贤毁天下书院，天启六年（1626），熹宗下旨"一切书院俱著拆毁"，十二月关中书院被毁。崇祯元年（1628）复建，由冯门弟子继掌其学。

关中书院在明以后仍然发挥着敦化教育的巨大作用。清康熙二年（1663）重新整修一新，由当时陕西名儒李颙主教席，李颙沿袭冯从吾的传统，仍以昌明关学为己任，订立学规会约，以礼仪约束诸生，用以整肃身心，使书院再次兴盛。同治、光绪年间，政府官员都对书院进行过整顿，后在书院改学堂的风潮中改为师范学堂。

首善书院。明末在北京正式设立的书院。天启二年（1622）十一月建成，天启四年（1624）六月罢讲，督建者为御史周宗建，主讲者为都御史邹

---

① 冯从吾：《关中书院记》，《少墟集》卷十五，清文渊阁《四库全书》本。

元标、副都御史冯从吾，内阁大学士叶向高为之写碑，皆东林党人，所谓"首善书院者，为御史台诸君所刱，为南臬邹先生、少墟冯先生讲学所也"。京师向来鲜有专门讲学的书院，"通都有大邑，所在皆有书院，而京师独缺，欲讲学者率寄迹于琳宫梵宇，黄冠缁流之所居。而无一敬业乐群之地，盖二百余年于兹矣"。[①] 书院位居宣武门内城下大时雍坊十四铺，讲堂、后堂各三间，供有先圣孔子牌位，藏有经史典籍。

首善书院和东林书院北南相呼应，以讲学为名抨击时政，号召士大夫们知廉耻、明是非、讲名节，时辽战屡败，人心思避，邹、冯等人讲学以激励风节挽回士气。因此魏忠贤视首善书院为洪水猛兽，于天启四年（1624）六月将首善书院封闭，后阉党倪文焕等上疏诬其宣传伪学，下令斥逐，并碎其碑，焚弃经史典律于堂中。后又封毁了全国所有的书院，禁止讲学，借以压制东林党人和广大士大夫阶层对时政的评议和指责。崇祯初，徐光启、汤若望等借院修历，亦有朝臣们一再奏请恢复首善书院，但始终未获许。首善书院讲学以理学为主，亦紧密联系实际，虽然只存在两年左右，但是影响很大。

姚江书院。崇祯十二年（1639）九月，沈国模以绍兴讲会较盛，而阳明故乡的龙山书院反而久废不聚为由，认为应该以义学作为基础，创立学校。于是会同管宗圣、史孝咸、史孝复等，在城南双雁里半霖史家买下沈氏旧宅作校舍，创立"义学"，即姚江书院的前身，顺治十四年（1657）正式定名为姚江书院。此举也得到了刘宗周、陶奭龄、祁彪佳以及证人社其他诸君子的赞成和协助。院内堆筑讲坛，前为堂，中堂悬挂孔子像；后为楼，奉王阳明像，以徐爱、钱德洪配享。具体修葺布置、征集藏书等有邵曾可、沈之骏主持。经过两年的准备，于崇祯十四年（1641）竣工开学。严订学规，学生"寝食其中，月季大小会，德行、言语、政事、文学俊彦咸在。目击心喻，直从文成溯洙泗，逮濂洛，朱陆异同并收，期于躬行有所得而已"[②]。沈国模每日按时至学，亲自授课。其他有史孝咸、俞长民、韩孔当、邵元长等先后主讲"良知"之学。至崇祯十五年（1642），形成了格局完整的书院体系。

---

① 　叶向高：《首善书院记》，《中国书院史资料》，浙江教育出版社 1998 年版，第 813—814 页。

② 　邵廷采：《姚江书院记》，《清儒学案》，中华书局 2008 年版，第 120 页。

　　崇祯末年,由于时局的突变,明廷崩溃,清兵入关,绍兴的证人社停止了讲学,唯有刘宗周学生黄宗羲坚承师说,重创证人书院于甬上。而沈国模指导下的姚江义学却能长期坚持讲学,每月有讲会,讲学不辍。姚江书院在明末清初天下书院衰落之际,能够独立于浙东而不衰,成为当时传授阳明学术的大本营。

明代的辨伪和造伪

　　明代学者受宋元以来的疑古辨伪之风的影响，疑古辨伪的学术研究在方法和理论上颇有创见。明代学者在总结前人疑古辨伪方法和经验的基础上，提出应从作伪者的生活环境、所处时代、学术思想的脉络、同时或前后的时代状况及其在书中遗留的痕迹、文字、文体的变化等多视角来辨识伪书，系统地归纳和总结了辨伪学理论与方法，促使辨伪学走向成熟。

　　明代辨伪学的开创者是宋濂。他的代表作《诸子辨》是考据学史上第一部考辨群书的专著。宋濂依照马端临《文献通考·经籍考》，考辨了从先秦到宋代大约四十四种子书的真伪。不过他没有涉及经学的经典著作。降至明中叶，随着私家藏书的兴盛和鉴别古书的需要，文献辨伪工作日渐发达起来，辨伪理论与方法逐渐系统化。其中尤以胡应麟的《四部正讹》一书成就最大。胡应麟将辨伪方法归纳为八个方面："核之《七略》，以观其源"；"核之群志，以观其绪"；"核之并世之言，以观其称"；"核之异世之言，以观其述"；"核之文，以观其体"；"核之事，以观其时"；"核之撰者，以观其托"；"核之传者，以观其人"。从版本目录、文献内容和书籍流传等方面较为合理地提出古书辨伪的原则。

　　胡应麟讨论了各种不同古籍的伪书概率的规律，他说："凡四部书之伪者，子为盛，经次之，史又次之，集差寡。凡经之伪，易为盛，纬候次之。凡史之伪，杂传记为盛，琐说次之。凡子之伪，道为盛，兵及诸家次之。凡集，全伪者寡，而单篇别什借名窜匿甚众。"①他所得到的这种规律性认识是很有价值的，对后世辨伪学起着重要的指导作用。他进一步对伪书的程度作了分类剖析，指出："大率秦、汉以还，书若《三易》《三坟》《六韬》《七纬》《关尹》《子华》《素书》《洞极》《李靖问答》《麻衣心法》武侯诸策、王氏诸

---

① 　胡应麟：《少室山房笔丛·四部正讹下》，文渊阁《四库全书》本。

经,全伪者也。《列御寇》《司马法》《通玄经》,真错以伪者也。《黄石公》
《鹖冠子》《燕丹子》,伪错以真者也。《管仲》《晏婴》《文中》,真伪错者也。
《元包》《孔丛》《潜虚》,真伪疑者也。《鹖熊》,残也;《亢仓》,补也;《繁露》,
讹也;皆不得言伪也。《素问》《握奇》《阴符》《山海》,其名讹也,其书非伪
也。《穆天子传》《周书》《纪年》,其出晚也,其书非伪也。即以伪乎,非战
国后也。"①

《四部正讹》共考辨经史子集四部之书达104种,总结了伪书出现的
因素、伪书种类、辨伪的方法,使辨伪学理论与方法系统化、条理化、规律
化。近人梁启超评价道:"专著一书去辨别一切伪书,有原理、有方法的,
胡应麟著《四部正讹》是第一次。"②

明代经学中辨伪卓有成就的还有梅鷟。长期以来,《尚书》被作为圣
经之一为儒者所尊奉。自南宋以后,学者开始怀疑其中的古文经二十五
篇以及孔安国《序》并《传》皆为晋人之伪作。明代梅鷟《尚书考异》《尚书
谱》等书的问世,可以视为尚书学史上的一个重要的里程碑。梅鷟对《古
文尚书》进行了广泛而仔细的辨伪搜证工作,发现《尚书》古文经二十五篇
中的文句与先秦两汉文献蹈袭雷同之处甚多。《四库全书题要》谓宋吴
棫、朱子和元吴澄皆尝辨《尚书》真伪,然但据其难易以决真伪,未及一一
尽核其实。《尚书考异》"则以安国《序》并增多之二十五篇,悉杂取传记中
语以成文",逐条考证,详其所出。③《古文尚书》辨伪工作自此进入一个
新的阶段。

中晚明辨伪上有成就的学者还有杨慎、王世贞等。这些学者或者通
考群书真伪、综合性地辨识古籍,或者专著一书辨一部伪书,成绩都较为
显著。这在理论和实践为清代及近代疑古辨伪学术研究的发展产生了重
要的影响。辨伪之风其实和当时的阳明学思想氛围也有着密切关联。陈
垣云:"明季心学盛而考证兴,宗门昌而义学起,人皆知空言面壁,不立语
文,不足以相慑也,故儒、释之学同时丕变,问学与德性并重,相反而实相
成焉。"④可见明后期考证辨伪思潮的发展与心学兴衰相反相成的关系。

---

① 胡应麟:《少室山房笔丛·四部正讹下》,文渊阁《四库全书》本。
② 梁启超:《古书真伪及其年代》,《饮冰室合集》第12册,中华书局1983年版,第35页。
③ 永瑢等:《四库全书总目》,中华书局1965年版,第99页。
④ 陈垣:《明季滇黔佛教考》,河北教育出版社2000年版,第303页。

不过,在明代中晚期,与辨伪学术潮流并行的,是当时造伪的风气盛行。最著名的就是丰坊的《大学》造伪。丰坊所伪造古籍甚多,如《古书世学》《鲁诗世学》等,但当然以其伪造正始《石经大学》最有影响。丰坊伪《石经大学》本的主要内容特点是不分经传,也删除了朱子的格物补传,但对某些经文顺序作了调整,且增入"颜渊问仁,子曰非礼勿视,非礼勿听,非礼勿言,非礼勿动"等二十六字,删除"此谓知本,此谓知之至也,此谓修身在正其心"等十八字。

在学术史上,朱子为《大学》增《格物补传》,且调整了文本的顺序,引起了后世的争论。而王阳明要回到《大学》古本,也引来朱子学者的反对。丰坊利用此种学术风气,伪造了《石经大学》,从而暗示朱子对《大学》的改编不符合实际实属作伪。这既获得了大多数阳明学追随者的支持,也获得了一部分反阳明学者的认可。

其实,无论从内容上,还是从丰坊所伪托的流传序列上,此本的破绽都非常多。但是当时名家大儒,比如郑晓、王文禄、耿定向、管志道、唐伯元、刘宗周等仍多有信从。如刘宗周作《大学古文参疑序》时,明知《石经大学》之伪,却仍要说:"近世又传有曹魏《石经》与古本更异,而文理益觉完整,以决格致之未尝缺《传》,彰彰矣。余初得之,酷爱其书,近见海盐吴秋圃著有《大学通考》,辄辨以为赝鼎,余谓言而是,虽或出于后人也,何病?况其足为古文羽翼乎!"①

中晚明学界造伪之风十分浓厚,除了丰坊这样专事造假者,那些在辨伪上颇有成绩的学者如杨慎、王世贞等一边辨伪,一边造伪。比如《四库总目提要》就指出杨慎的《升庵集》:"至于论说考证,往往恃其强识,不及检核原书,致多疏舛。又恃气求胜,每说有窒碍,辄造古书以实之。"②王世贞的《左逸》《短长》等书诡称"樵者所获"和"获于野",其实为王世贞仿作,也已是学界共识。③

在中晚明学术中经典辨伪与造伪风气并存的现象虽然看起来奇怪,但其实也有着自洽的逻辑。顾颉刚先生在评论明代造伪辨伪风气时认

---

① 朱彝尊:《经义考》,中国文哲研究所筹备处 1999 年版,第 331 页。
② 永瑢等:《四库全书总目》卷一百三十七,中华书局 1965 年版,第 2316 页。
③ 参顾颉刚:《中国辨伪史考略》(十七)明代的造伪与辨伪,《秦汉的方士与儒生》,上海古籍出版社 2005 年版。

为:"我常觉得明代的文化是艺术的,诗文、戏剧、书画、雕刻都有特殊的造就,但在学问方面则无甚精采,既不及宋代人的创辟,又不及清代人的缜密。倘使一定要说出他们的优点,或者还在'博'上。他们读书的态度并不严正,什么书都要读,因此他们受正统思想的束缚较轻,敢于发议论,敢于作伪,又敢于辨伪。"①当然,更深入说,这种现象还是中晚明的经学复古运动的一种外在表现,同时也和当时图书出版业的繁荣有密切关联。

---

① 顾颉刚:《古籍考辨丛刊》(第一集),社会科学文献出版社 2010 年版,第 155 页。

"五经皆史"说

阳明学派的经史关系论即所谓的"五经皆史"说在中晚明波及广阔，影响深远。此语出于《传习录》阳明答徐爱言："以事言谓之史，以道言谓之经。事即道，道即事。《春秋》亦经，《五经》亦史。《易》是庖羲氏之史，《书》是尧、舜以下史，《礼》《乐》是三代史：其事同，其道同，安有所谓异？"①阳明将经史的同质性归结到事与道的相合上，而这显然又是由人心内在的同一性所决定的。如阳明又言"《四书》《五经》不过说这心体"，并认为"《六经》者非他，吾心之常道也。故《易》也者，志吾心之阴阳消息者也；《书》也者，志吾心之纪纲政事者也；《诗》也者，志吾心之歌咏性情者也；《礼》也者，志吾心之条理节文者也；《乐》也者，志吾心之欣喜和平者也；《春秋》也者，志吾心之诚伪邪正者也。……故《六经》者，吾心之记籍也，而《六经》之实，则具于吾心"。②由此可见，阳明的"五经皆史"实际上是其经典文本诠释理念在经史关系上的一种反映，也就是内在心体为根本基础来达致对经典的理解可能。

阳明的经史同一论在明代史学方面有很多后继者。比如薛应旂云："古者左史记言，右史记事。事为《春秋》，言为《尚书》，经史一也。"③唐顺之云："经以载道，史以纪事，经与史一也。"顾应祥《人代纪要自序》云："唐虞有典，三代有书。以其载道而谓之经，以其纪事而谓之史，其实一也。"④闻人诠《重刻旧唐书序》云："是故史氏之书与天地相为始终，六经相为表里。疑信并传，阙文不饰，以纪事实，以昭世代，故'六经'道明，万世宗仰，非徒文艺

---

① 王守仁：《王文成公全书》，中华书局 2015 年版，第 12 页。
② 王守仁：《稽山书院尊经阁记》，《王文成公全书》，中华书局 2015 年版，第 309 页。
③ 薛应旂：《宋元通鉴》卷首《凡例》，《四库全书存目丛书》史部第 9 册，齐鲁书社 1996 年版，第 688 页。
④ 顾应祥：《人代纪要》卷首，《四库全书存目丛书》史部第 7 册，齐鲁书社 1996 年版。

之夸诞而已也。"①这几位学者至少在广义上都属于阳明学派,因此可以推论他们关于经史同一的表述都受到了阳明的影响。他们的表述从文字上来看都是直接针对经史关系,没有如阳明一样明确指出这种同一背后的心学同质性。但经史为一无疑本身就表现了二者在道之本质上的相同。其后李贽发展了阳明的经史同具道、事的观点。其《经史相为表里》云:

> 经、史一物也。史而不经,则为秽史,何以垂戒鉴乎? 经而不史,则为说白话矣,何以彰事实乎? 故《春秋》一经,春秋一时之史也。《诗经》《书经》,二帝三王以来之史也。而《易》经则又示人以经之所自出,史之所从来,为道屡迁,交易匪常,不可以一定执也,故谓"六经"皆史可也。②

李贽认为,经史无论在内容上,还是在精神上,都是相同的。这明显和上述几位学者在形式上区分经史不同,而更加接近阳明的论述。③ 在清中期,章学诚继王门之后,也提出了"六经皆史"的观点。不过,实斋的观点虽然和王学的论断表面上相似,内在的含义却并不相同。王学学者提出经史合一的基础是道和心,也就是他们实际上是将史拉至经的层次并论,从而揭示出经典文本具有的普遍的道的本质。而章学诚的"六经皆史"实际上是"降经为史"。二者的致思理路显然并不合辙。

以"五经皆史"说、"不以孔子是非为是非"说为代表,阳明心学所具有的主体性心学精神对于当时的历史研究产生了巨大的冲击。这表现在促进了当时史家突破正宗历史认识,以自己的观点重新评论历史;促进了史学实学学风的转变及考据学兴起;促进了学术思想史的编纂与史书体裁的创新等多个方面。④ 史学家往往不是身为王门中人物(如薛应旂),就是受到了王学的深刻影响(如王世贞)。王学的因素是造成晚明史学尤其是私家著述发达和当代史勃兴的一个重要原因。

---

① 转引自杨翼骧《中国史学史编年》第三册,南开大学出版社 1999 年版,第 288 页。
② 李贽:《经史相为表里》,《焚书》,中华书局 2009 年版,第 214 页。
③ 参向燕南:《从"荣经陋史"到"六经皆史"——宋明经史关系说的演化及意义之探讨》,《史学理论研究》2011 年第 4 期。
④ 以上论述参考向燕南:《试析王阳明心学对明代史学的影响——兼及有关拓展史学思想史研究的思考》,《淮北煤炭师范学院学报(哲学社会科学版)》2006 年第 1 期。

阳明心学与中晚明文学

　　一般认为陈献章是明代心学的发端，王阳明是心学体系的完成。此后嘉靖年间的唐宋派是心学实际介入文学思潮的开始，徐渭是受心学影响而又开始重个性、重情感的作家，李贽的童心说是心学思想向重自适、重自我、重真实、重自然的文学思想转折的标志，晚明的汤显祖、公安派、冯梦龙、竟陵派甚至包括金圣叹，均受到心学尤其是李贽思想的深刻影响。

　　唐宋派"直据胸臆"与法的统一的观点正是受心学独立精神与天理纲常的双重影响，从而导致了"阳明心学既孕育了唐宋派，又给它带来了先天不足"的结果。唐宋派的主将唐顺之在《明儒学案》中属南中王门，深受王龙溪思想影响，其本色论可谓是属于心学体系的文论。另一主将茅坤是阳明弟子戚玄的学生，论文强调直抒胸臆、本色自然。以唐顺之为例，"他一生为学有三个阶段：追求八股制艺阶段、程朱理学与阳明心学交杂而又以理学为主阶段、悟解阳明心学而形成自我学术思想阶段。其文学主张亦可分为三个阶段：追随前七子复古主张阶段、崇尚唐宋古文阶段、坚持自我见解与自我真精神阶段"①。只有第三个阶段唐顺之才提出以心学为核心的文学理论，在提出本色论的标志著作《答茅鹿门书》中，明显超越法度之纠缠而只关心"真精神与千古不可磨灭之见"②，这正是心学的路径。虽然"本色论"不是唐宋派文论的全部，但阳明心学与唐宋派文学理论的关系可见一斑。

　　童心说是李贽哲学思想与文学思想的核心，也对晚明文学界影响很大。李贽的"童心"主要表现为真实状态下的空虚洁静与情感欲望这两个

---

① 　左东岭：《王学与中晚明士人心态》，商务印书馆 2014 年版，第 342 页。
② 　唐顺之：《答茅鹿门知县·二》，《唐顺之集》，浙江古籍出版社 2014 年版，第 295 页。

维度。《童心说》围绕着自然无伪的宗旨强调了两种内涵,即人心的本然状态与表现此本然状态的真诚无欺,可以说自然真实是李贽童心说的核心。延伸到其文学思想中则是以自然为美的理论,这主要包括既承认人性之自然,又主张对其不加限制,同时还强调其文学之自然表现。在与王阳明心学的关系上,童心说继承了心学重主观心性与真诚自然的传统,但放弃了早期性灵文学思想重伦理道德的追求,而更加重视个体的价值。①李贽的思想承接了王阳明、王畿、王艮等心学思想而向后通向袁宏道、汤显祖、冯梦龙等晚明名士,从而成为明代思想流变史上转折的标志。

公安派是明代后期受心学影响最大的文学流派之一,而他们受心学影响的途径也是多方面的,特别是受李贽的影响。袁中道《中郎先生行状》云:"先生既见龙湖,始知一向掇拾陈言,株守俗见,死于古人语下,一段精光,不得披露。至是浩浩焉如鸿毛之遇顺风,巨鱼之纵大壑。能为心师,不师于心;能转古人,不为古转。发为言语,一一从胸襟流出,盖天盖地,如象截急流,雷开蛰户,浸浸乎其未有涯也。"②所以刘大杰先生早就指出,袁宏道"师事李贽,推崇徐渭,在诗文创作和思想上很蒙受他们的影响。袁宏道的'性灵'说,是以李贽的《童心说》为哲学基础,在文学思想上又通向汤显祖的'情至'说、'灵气'说,和冯梦龙的'情教'说。③

在人物和流派之外,从各个文体上来看,阳明心学的痕迹也非常深刻。小说方面如《西游记》《金瓶梅》及"三言二拍"等作品,均具有心学影响的痕迹,体现在其中人物个性化的增强、情感欲望等因素的增加等等。心学思潮对明代戏曲的影响也很大,主要表现在左派王学影响了当时戏曲观念与戏曲创作:一是其叛逆精神;二是其怀疑精神;三是为戏曲创作由重"理"向重"情"的回归,奠定了哲学的基础;四是其"百姓日用之道"的平民意识,促成了明代中叶以后的文学艺术由雅而俗的转变。④ 晚明小品以受心学影响的性灵派作家为核心,如徐渭、李贽、汤显祖、公安三袁、陈继儒、竟陵派等。其主要特点则是突出自我个性、诙谐有趣、自由活泼

---

① 左东岭:《从本色论到童心说——明代性灵文学思想的流变》,《社会科学战线》2006 年第 6期。

② 袁中道著、钱伯城校:《珂雪斋集》,上海古籍出版社 1989 年版,第 756 页。

③ 刘大杰:《中国文学发展史》,上海古籍出版社 1982 年版,第 924 页。

④ 许总主编:《理学文艺史纲》,江苏文艺出版社 2001 年版,第 1071—1072 页。

及文法不拘一格等等,可以说小品文乃是心学思潮影响下的产物,或者说它本身就是心学思潮的体现。[①]

从以上所述可以看出,无论从主流文学流派的流衍,还是各体文学形式的嬗变,阳明心学对于中晚明的文学发展的影响都是持续和深刻的。阳明学是席卷思想界的潮流,中晚明的知识分子鲜少不受到心学发明本心、自出机杼思想的冲击,文学界自然也莫能置身其外。

---

① 以上参见郭英德主编:《中国古代文学通论·明代卷》第三章明代心学与文学,辽宁人民出版社 2005 年版。

阳明心学与佛家的交涉

王阳明青年时期曾沉溺于朱熹的"格物"之说，后出入佛老几十年，"龙场悟道"后，其心学的主旨为"格物""知行合一"及"诚意"，后来又提出"致良知"，最后发展出"四句教"。这些思想在很大程度上正是吸收了佛教禅学的智慧才发展起来的。但是，由于佛教禅学与传统儒学的伦常相冲突，王阳明不得不站在儒家的"道统"立场上表明自己的态度。阳明的意义在于，他既高扬了道德的主体性，通过"心外无理""致良知""仁者与物同体"，把儒学固有的"有"之境界推至至极，又从儒家的立场出发，充分吸收佛道的生存智慧，以他自己的生命体验，完成了儒学自北宋以来既坚持入世的价值理性，又吸收佛道精神境界与精神修养的努力。[①] 大致而言，阳明心学和佛教禅学有着复杂的因缘，二者相互间既有继承和吸收，又有批评和扬弃。这主要体现在：

第一，阳明心外无理、无物等思想与佛家观点的相近。阳明认为道德根于内心，莫向外求，因此批评朱熹外吾心以求理的割裂做法，将格物致知纳入致良知的体系中，格物即是格心。禅宗也认为理不应向外探寻，而是"我心自有佛，自若无佛心，何处觅真佛？"[②]阳明的"山花之论"和慧能的"幡动之说"在心物关系方面也很有相似之处。

第二，良知具有普遍性，人皆可成圣，这明显是受了佛家人人自性都是佛的众生是佛思想的影响。从心性本体上来说，阳明学和佛家都认为每个人其实都是潜在的圣人或佛，只是被私欲所蒙蔽了。

第三，佛家尤其是禅宗贵在意会、求之本心、不立文字的参悟印证方法对阳明良知学的工夫论也产生了影响。阳明认为对于良知的体验应该

① 陈来：《有无之境——王阳明哲学的精神》，北京大学出版社 2013 年版，第 8、148 页。
② 赖永海：《中国佛性论》，中国青年出版社 1999 年版，第 198 页。

不拘泥于语言文字,注重从心上去体验,如果偏执于语言文字的羁绊,反倒会成为个体自我回归的障碍。这与佛家"直指人心,见性成佛"在工夫实践的"言语道断"上是相似的。[①]

第四,"四句教"中的首句"无善无恶心之体"固然是儒家义理发展到极致的表现,也是在某种程度吸收佛家智慧的表现。正如陈来所说:"阳明以'明莹无滞'说心体,正是吸收了禅宗'去来自由,心体无滞'的生存智慧,根本上是指心体具有的无滞性、无执着性。""'无善无恶心之体'的意义实际上指向的是一种'无'的境界,这个思想无疑与来自佛教、道教的影响有关,而其中最主要的是禅宗的影响。"[②]王阳明正是结合借鉴了佛家对无的理解,开创了明代儒学发展的一个高峰。

王阳明并不讳言佛,如其著名的三间厅堂之喻,认为三教皆有其内在价值。但同时阳明又坚持以儒为主、佛老为我所用的明确立场。《年谱》载:

> (阳明)往来于南屏、虎跑诸刹,有禅僧坐关三年,不语不视,先生喝之曰:"这和尚终日口巴巴说甚么! 终日眼睁睁看甚么!"僧惊起,即开视对语。先生问其家。对曰:"有母在。"曰:"起念否?"对曰:"不能不起。"先生即指爱亲本性谕之,僧涕泣谢。明日问之,僧已去矣。[③]

此段事例典型地表明了阳明基于儒者立场,对于佛教价值层面遗弃人伦的抨击。这种批评于阳明集中所在多有。更犀利的是,阳明以彼之矛攻彼之盾。比如他曾说"佛氏不着相,其实着了相。吾儒着相,其实不着相",并且解释道:"佛怕父子累,却逃了父子;怕君臣累,却逃了君臣;怕夫妇累,却逃了夫妇:都是为个君臣、父子、夫妇着了相,便须逃避。如吾儒有个父子,还他以仁;有个君臣,还他以义;有个夫妇,还他以别:何曾着父子、君臣、夫妇的相?"[④]以儒家人论为常道,则佛家的确违背了心体自

---

① 汪克、刘立夫:《阳明心学与佛教禅学的内在关联》,《求索》2015年第10期。
② 陈来:《有无之境——王阳明哲学的精神》,北京大学出版社2013年版,第201页。
③ 王守仁:《王文成公全书》,中华书局2015年版,第1393页。
④ 王守仁:《王文成公全书》,中华书局2015年版,第123页。

由无滞而着了相。儒家的内圣外王的理想决定了在价值取向上,王阳明最终舍弃佛老而归宗于儒学。

阳明学和佛学的往来交涉由阳明本人开启端绪,其后阳明后学对于儒学的吸收比阳明自身更加深入而全面,王畿、罗汝芳等不讳言佛,大量引入佛学的观念和工夫法门;杨起元、管志道等在价值上以儒佛相等,趋向了三教合一的地步;最甚者如陶望龄等受持菩萨戒,成为某种程度上的佛教信徒。总的看来,在阳明学者对佛教的理解和交涉中,具有两个重要的显著特征,一是整体主义,即把佛教当作一种不同系统的思想观念;二是功能主义,即根据佛教的历史、社会功能进行相应的评判。虽然中国佛教宗派众多,但大多数阳明学者极少把自己归属于任何一个当时流传的佛教宗派,他们思想的主体仍然是儒家传统,而不是佛教思想、佛教行证。具体而言,在对佛法的信、解、行、证中,解、证成分较重,而信、行因素则较为淡薄。阳明学者对佛法的知解,乃是以证释解、以解印证,并不以信行为归趣。对当时流行最广的禅宗修为方式,丛林拘泥于宗派之见甚至大起纷争,而阳明学者对于五家分灯之后的分灯禅法,甚少去关注其法系法派,并不归属于以祖师为导向的佛学。这种情形表明,阳明学者像其他儒门学者一样,仍在晚明思想中保持着独立自主的主导地位。[①]

和阳明学受到佛教影响巨大相对应的另一个维度就是在巨大的三教合一潮流之下,晚明佛门龙象对于儒家经典的大规模的解释活动。高僧大德们解释的主要是《周易》、四书和《孝经》等义理蕴含较为丰富的儒家文本。佛教学者通过对经文文本的解释阐发,不仅强化了佛家的入世情怀,还可以在与当时思想界潮流的阳明学对话的同时判定儒佛高下,可谓一举多得。

晚明四大高僧是这种以禅解儒潮流的代表人物。四大高僧中最早的云栖袾宏虽然没有专门的解儒著作,但在言论中常常引用《易》的相关内容,试图说明佛教教义与中国传统圣人之言,其实多有异曲同工之处。其后,紫柏真可有《解易》一文。《解易》一文共分十段:首段论《易》具理事、情性、卦爻,卦性而爻情,《易》先天、后天均无常,当即情而复性,即性而摄情,乃易生生不穷。第二段论《大有》一阴五阳,一阴居尊位,备有信、顺、

---

① 参陈永革:《阳明学派与晚明佛学》,中国人民大学出版社 2009 年版。

尚贤三德,群阳心服。第三段借《噬嗑》论无我、有犯而能容的至广至大境界。第四段以《井》卦论心统性情。第五、六、七三段借《艮》《咸》论无我,又以禅论《咸》《艮》之旨。第八段借《渐》卦论"一心不生,万法无咎",吉凶在心。第九段借《系辞》论象形之变化无常。第十段借《泰》《大壮》《夬》三卦论君子小人,主张小人在外、君子居主而制其命,颇涉于时事,有入世之意。[①] 憨山德清亦主三教融通:"为学有三要,所谓不知《春秋》,不能涉世;不精《老》《庄》,不能忘世;不参禅,不能出世。"其有《中庸直指》《大学纲目决疑》《春秋左氏心法》《论语通解》等以佛解儒的著作,阐发他修心、悟心的核心观点,并对儒佛进行判教的工作。

四大高僧中最晚出的藕益智旭影响最大,其以佛解儒的著作有《周易禅解》《四书藕益解》等。智旭的佛学思想体现出明显的圆融各家各派特色,其对佛教与儒学的会通可以从三个方面来看:一是心性论的会通,他对儒学心性论中的许多范畴和命题都作了佛学化的诠释;二是修养论的会通,他继承了前人以佛教之五戒来解释儒家之五常的思想,并提出五戒高于五常;三是孝道观的会通,他统一了世间孝与出世间孝,并进一步将儒家的孝和佛教的戒与慈结合起来。[②] 以四大高僧为代表的晚明佛学对儒学经典的诠释会通,使得佛教与中国本土文化达到了一个新的契合高度,也说明了阳明学和佛学的关系是双向的、互动的。

---

① 金生杨:《佛教易学发展史综论》,《周易研究》2010 年第 1 期。
② 习细平:《论藕益智旭的儒佛会通思想》,《世界宗教研究》2013 年第 3 期。

阳明心学对道家道教的吸纳

　　心学思潮发展到明中期蔚为大观，并由王阳明推向高潮。而王阳明之所以能将心学推向高潮，与道家及佛禅的影响关系极大。柳存仁认为"在明代思想中，道教的影响力的确很大，大到也许比我们大家能耳熟能详的许多新儒家像王阳明、王龙溪、湛甘泉、罗近溪这些人每一个人所能够个别地给予当时的影响要大得多"。他指出，在明代的三百年历史中，由于找不出一个独往独来的思想家，也由于道书无署名作者，内容缺乏独创，因此明代道教思想向来不被重视。其实，明代"道教势力之大，道教空气弥漫笼罩于上下各阶层、各方面，却没有比这三百年更浓厚更盛的了"。而阳明学派受到道教影响之深，其一是著名的儒学大师王阳明的思想包含着浓厚的道教因素；其二是王阳明一派的思想家深受而不能摆脱道教影响。①

　　的确，王阳明本人无论从生平经历上，还是从学问思想上，都受到了道家较为全面的影响。纵观阳明一生为学过程，从出入佛老到以致良知为归趋建立自家的心学体系，其虽然没有停于道家性命之学，但后者却为前者提供了诱导和中介作用。道家关注主体心性的内向思维方式影响了阳明，使其致思方向由早年的向外格物转而向内体求。具体而言，阳明思想有如下方面受到了道家思想影响。

　　首先道家认为主体或心的本然状态是"朴"或"真"，王阳明在考察"心"的本然状态时接近此点，他把"心"称为"真己"，这种观念和称谓均脱胎于庄学。王阳明所谓"无善无恶心之体"，无字所显示的无牵滞和无对待，都和道家的朴、真有某种共通之处。

　　其次，王阳明提出的"直从本源上悟入"的致良知方法受启发于道家

---

①　柳存仁：《明儒与道教》，载《和风堂文集》中，上海古籍出版社 1991 年版，第 809 页。

的直观法。道家把握对象的方法主要是直觉，是"观"。王阳明提出的"直从本源上悟入"的认识修养方法，强调主体对于对象的直接观照，这正体现了道家"为道日损"之观道方法所具有的直觉性特征。王阳明认为，这种认识的结果是"人己内外，一齐俱透了"，这又体现了观道的整体性特征。

最后，王阳明在认识途径和知识传授问题上强调内心体验和自解自悟，所谓"哑子吃苦瓜，与你说不得。你要知此苦，还须你自吃"①。这与道家在认识传授问题上否定言传的作用，倡导"心应意致"境界是一致的。

可见，对心学集大成者王阳明来说，无论是其致思方向的确立，其主体意识的形成还是其良知心学体系的建立，都与道家道教的影响息息相关。而这种受到道家道教影响的痕迹，也鲜明表现在阳明后学身上。

比如阳明的高足王畿与道教人物多有交游，对道教法门如调息法有亲身修炼，并在自己的理论话语中大量使用了道教内丹学的用语。如其经常用道教的内丹理论解释致良知："致良知，即所谓还丹，即所谓弄丸。"②在王畿看来，道教的上乘丹法与致良知工夫是一致的。王畿显然是站在阳明学的基本立场上，力图将道教的一些基本观念与命题融摄到其良知教的系统内部。③江右王门罗洪先等也受到道家很大影响。他们认为功夫要诀关键不是要"悟"，而是要"守"，在主体修养问题上借鉴了道家"致虚极，守静笃"的体道方法以及自然主义宗旨，提倡"主静"与"守寂"。泰州王门后学如罗汝芳也和道教交涉极深，在工夫论上乃至有"成仙"出世的倾向。

综上，王阳明因为有了"陷溺于佛老者几十年"的治学经历，才有能力融儒佛道于一体，集心学之大成，建立起良知主体哲学。至明代中后期，盛极一时的王门良知学之所以逐渐走向解体，某种程度上也是由于王门后学大量引入了道家及佛教的思想观念与工夫实践。这种引入一方面使得王学的内容极大丰富化，一方面也使得王学的性质逐渐异化，终至衰微。④

---

① 王守仁：《王文成公全书》，中华书局 2015 年版，第 46 页。

② 王畿：《易测授张叔学》，《王畿集》，凤凰出版社 2007 年版，第 419 页。

③ 参彭国翔：《王畿与道教》，《中国文哲研究集刊》2002 年。

④ 参李霞：《论道家在宋明新儒学形成与演变中的作用》，《安徽大学学报（哲学社会科学版）》2004 年第 2 期。

明末的善书与劝善运动

　　劝善思想是中国古代伦理思想，特别是基层社会伦理的一个重要的实践取向。在宋代以后，随着"善书"的出现，劝善思想很快便在社会上下两层得以迅速展开。相传中国第一部善书《太上感应篇》是在北宋末南宋初出现的，南宋著名儒者真德秀序之云：

> 《太上感应篇》者，道家儆世书也，蜀士李昌龄注释，其义出入三教。……（余）常喜刊善书以施人。……顾此篇，指陈善恶之报，明白痛切，可以扶助正道，启发良心。

　　可见，善书在出现的开始就有着融合三教、教化平民的特征。在晚明，由袁黄、颜茂猷等儒家士人通过制作和传布善书，所鼓动起来的一场道德劝善运动，其影响所及非常普遍和深远。

　　袁了凡以著名的《了凡四训》著称。其在考科举之前由相命之人以皇极数推测其未来功名，结果都一一应验，因此一度认为命运不可改变，且命运中他将于53岁寿终，亦无子嗣。但是之后袁了凡于37岁遇见云谷禅师。通过云谷禅师解说命运其实可以改变之后，积极为善助人，因此而改变了自身的命运，不仅未于53岁寿终，且生下儿子，并于69岁那年写下《了凡四训》。

　　在内容上，《了凡四训》就是以上述这段作者的亲身经历为例，通过立命之学、改过之法、积善之方、谦德之效分四个部分来讲解如何改变命运。此书原为教训自己的儿子以多行善积福，使命运可以自主改变，故取名《训子文》。其后为启迪世人，遂改今名。《了凡四训》中"命自我立，福自己求。一切祸福休咎皆自当人掌握，行善则积福，作恶则招祸"等强调为善由己、劝人行善、因果报应的思想，不仅体现了儒家的伦理思想规范，也糅合了佛教破执等"诸恶莫作,众善奉行,自净其意"的法印。因此,此书也是明末三教合一思想潮流的一个代表。

颜茂猷的善书制作也很有代表性。其善书有《迪吉录》《云起集》《当官功过格》等,以儒家为基本立场。其思想之宗旨在于劝善,其信仰则表现为三教糅合的形态,他的最终思想指向则在于培养"善人",以最终实现"善与人同"的理想社会。[①]

在劝善运动的发展中,作为一种善书类型的功过格也不断涌现。功过格本来是程朱理学家们逐日登记行为善恶以自勉自省的簿格,后由僧、道逐渐推行流行于民间,泛指用分数来表现行为善恶程度、使行善戒恶得到具体指导的一类善书。具体做法分列功格即善行和过格即恶行两项。奉行者每夜自省,将每天行为对照相关项目,将各善行记为功,将各恶行记为恶,只记其数而不记其事。月底作小结,每月一篇;年底再将功过加以总计。功过相抵,累积之功或过,转入下月或下年,以期勤修不已。

《了凡四训》中就记载了云穀禅师授袁了凡功过格,功分为准百功、准五十功、准三十功、准十功、准五功、准三功、准一功等各条;过也分为同样的等级。每条下详细列举符合该条的行为。比如准百功包括:救免一人死;完一妇女节;阻人不溺一子女;为人延一嗣。准百过则包括:致一人死;失一妇女节;赞人溺一子女;绝一人嗣。

晚明一些理学家所作的日谱,也具有功过格的性质。比如"刘念台先生《人谱》,用以破袁黄功过格之妖妄"[②],《人谱》序言说:"友人有示予以袁了凡《功过格》者,予读而疑之。……特本证人之意,著《人极图说》,以示学者。继之以六事功课,而《纪过格》终焉。言过不言功,以远利也。总题之曰《人谱》。以为谱人者莫近于是。学者诚知人之所以为人,而于道亦思过半矣。"[③]刘宗周重视强调道德实践中的迁善改过,所以只"言过不言功"。由于功过格有着鲜明的指导生活实践的意义,明末还出现了《当官功过格》《闺门功过格》《商贾功过格》等各种分类的功过格,甚至为不识字的妇女提供具体操作指引——"汝母不能书,则印一朱于历日之上"。这大大提高了劝善运动的影响,特别是对于基层民众的影响,一直到清初还延续不绝。

---

① 参吴震:《论颜茂猷的思想特质》,《云南大学学报(社会科学版)》2015 年第 5 期。
② 王夫之:《搔首问》,岳麓书社 2011 年版,第 625 页。
③ 刘宗周:《人谱》,《刘宗周全集》第二册,浙江古籍出版社 2007 年版,第 1—2 页。

明末清初儒学的转向

明末,社会进入了一个全面危机的"天崩地陷"的时代。阳明"心学"发展到明代万历年间,它的"空言之弊"日益暴露,尤其是一些王学末流之士,利用王阳明"四句教"中"无善无恶心之体"之说,谈空说虚,弃儒入禅,不闻国事,不务实际。所以刘宗周说:"自文成而后,学者盛谈玄虚,遍天下皆禅学"[①],阳明学完全异化了。

这种"谈空说虚"之风,引起以顾宪成、高攀龙为代表的东林学者的强烈不满。顾宪成之弟顾允成曾慨叹:"吾叹夫今之讲学者,恁是天崩地陷,他也不管,只管讲学耳。"[②]为"居庙堂之上则忧其民,处江湖之远则忧其君"的社会责任感和人生使命感所驱使,东林名士们在讽议朝政,抨击时弊,裁量人物,积极投身于社会政治斗争的同时,对王学末流空谈心性之风大加批判。高攀龙大声疾呼:"今日虚证见矣,吾辈当相与稽弊而反之于实。"[③]正是基于由虚返实的理论目的,他们崇尚实学,反对虚言,强调"学问不贵空谈而贵实行",提倡"讲""习"结合,主张读书讲学要与治国平天下相统一。东林学者的这些思想,反映了明末一些儒家学者力图摆脱心学的束缚,舍虚趋实的思想动向。

在明末王门后学中,刘宗周与那些空口说道的王学末流有所不同。他出于王学,曾对王阳明的"良知"说推崇备至,认为"良知之教,如日中天。昔人谓天不生仲尼,万古如长夜。然使三千年而后不复生先生,又谁与取日虞渊,洗光咸池乎?"[④]为了"收拾人心",补王学的理论缺陷,纠正王学末流空谈心性之弊,刘宗周吸收了气学的世界观,对朱学亦多有肯

---

① 刘汋:《蕺山刘子年谱》,《刘宗周全集》第六册,浙江古籍出版社 2007 年版,第 67 页。
② 黄宗羲:《明儒学案·东林学案三》,中华书局 2008 年版,第 1470 页。
③ 高攀龙:《讲义·知及之章》,《高子遗书》卷四,文渊阁《四库全书》本。
④ 刘宗周:《重刻王阳明先生传习录》,《王阳明全集》,上海古籍出版社 2011 年版,第 1788 页。

定,其"慎独""诚意"思想,深化了心学的修养功夫理论。他所开创的蕺山学派在当时颇有影响。

从儒学史的角度看,顾宪成及东林学者力求把讲学与救世结合起来的学术努力,反映了晚明儒学发展的转向。明末,伴随着封建制度的日趋没落,作为官方哲学的程朱理学成为士子们猎取功名利禄的工具,越来越表现出教条主义和形式主义的弊端。诚如顾宪成所说:"宋之道学,在功名富贵之外;今之道学,在功名富贵之中……无惑乎学之为世诟也。"①而风靡一时的阳明心学,这时也陷入了空疏和僵化的境地,失去了自己的生命力。阳明后学"谈玄课虚,龙蛇混淆,狂风恣起"②。针对此种情况,顾宪成站在儒学家的立场上,以历史发展的眼光,就此作了较为深入地探讨。他指出:"孔子之道大中至正,万世无弊自此以下类,不能无偏。是故程朱之后之不能不流而支离也,势也。阳明之所以揭良知也。阳明之后之不能不流而荡也,亦势也。"③这里把孔子之道说成是"万世无弊"的绝对真理固然不足取,但他提出了一个带有普遍性、规律性的思想观点,即认为任何思想学说无论其真理性程度怎样,在其发展、传承过程中都不可避免地"失真""走样",陷一偏,流于支离,显现出它的流弊。孔子之道、程朱之学如此,阳明心学也莫能外。

明亡之后儒者在总结明亡的历史教训过程中,痛定思痛,深感"空谈误国"的危害性,于是纷纷把批判的锋芒指向宋明理学和心学。顾炎武指出:"刘石乱华,本于清谈之流祸,人人知之,孰知今日之清谈有甚于前代者。昔之清谈谈老庄,今之谈谈孔孟,未得其精而已遗其粗,未究其本而先辞其末。"④这里所说的"清谈孔孟",即是指明末王学末流的"以明心见性之空言代修己治人之实学"。在他看来,孔孟之学是修己治人的实学,而不是明心见性的空言。王学末流高谈明心见性,"不习六艺之文,不考百王之典,不综当代之务,举夫子论学、论政之大端一切不问,而曰一贯,曰无言",结果造成了明末的"神州荡覆,宗社丘墟"。黄宗羲也指出:"儒者之学,经纬天地。而后世乃以语录为究竟,仅附答一二条于伊、洛门下,

---

① 黄宗羲:《明儒学案·东林学案一》,中华书局 2008 年版,第 1387 页。
② 顾宪成:《证性编·质疑上》,《顾端文公遗书》,清康熙刻本。
③ 顾宪成:《证性编·质疑上》,《顾端文公遗书》,清康熙刻本。
④ 顾炎武:《日知录》卷七夫子之言性与天道条,清乾隆刻本。

便厕儒者之列,假其名以欺世。治财赋者则目为聚敛,开阔扞边者则目为粗材,读书作文者则目为玩物丧志,留心政事者则目为俗吏,徒以'生民立极,天地立心,万世开太平'之阔论钤束天下,一旦有大夫之忧,当报国之日,则蒙然张口,如坐云雾,世道以是潦倒泥腐,遂使尚论者,以为立功建业,别是法门,而非儒者之所与也。"①世道潦倒泥腐的根本原因,即是道学末流的空疏学风,"天崩地解,落然无与吾事,犹且说同道异,自附于所谓道学者,岂非逃之者之愈巧乎!"②儒家的入世精神,儒家的经世之学,完全被这些道学家抛弃了。王夫之则直斥心学为"新学邪说",认为宋明二朝的灭亡即由陆王心学所致。他说:"而人心之坏,世道之否,莫不繇之矣。"③"王氏之学,一传而为王畿,再传而为李贽。无忌惮之教立,而廉丧、盗贼兴,皆惟怠于明伦察物而求逸获,故君父可以不恤,名义可以不顾。陆子静出而宋亡,其流祸一也。"④其他如李颙、费密等,也都对"清谈""务虚"之风大加抨击,从而形成了一股反对"空疏""清谈"的强大社会思潮。

基于对宋明儒学的批判和反省,明清之际的儒者力倡"经世致用"之实学。王夫之要求"尽废古今虚妙之说而返之实"⑤;顾炎武提出要用"修己治人之实学",取代"明心见性之空言"⑥;黄宗羲强调"道无定体,学贵适用"⑦,真儒当"经纬天地",学道与事功相统一;李颙认为,"吾儒之教,原以经世为宗"⑧,真正的儒者应该是"道不虚谈,学贵实效"⑨;朱之瑜认为"为学当有实功,有实用"⑩。用颜元的话说,就是要提倡实习、实讲、实行、实用之学。正是在这种思想指导下,他们关注社会,直面人生,立足经济事功,高扬人的理性,批判封建专制制度,批判腐儒、俗儒,各自建立起以经世致用为目的的学术思想体系,使儒学又以"实学"的新形态走出了

① 黄宗羲:《弁玉吴君墓志铭》,《黄梨洲文集》,中华书局2009年版,第220页。
② 黄宗羲:《留别海昌同学序》,《黄梨洲文集》,中华书局2009年版,第477页。
③ 徐世昌等:《清儒学案》,中华书局2008年版,第376页。
④ 王夫之:《张子正蒙注》卷九,中华书局1975年版,第332页。
⑤ 王敔:《大行府君行述》,《船山全书》第16册,岳麓书社2011年版,第73页。
⑥ 顾炎武:《日知录》卷七夫子之言性与天道条,清乾隆刻本。
⑦ 黄宗羲:《姜定庵先生小传》,《黄梨洲文集》,中华书局2009年版,第77页。
⑧ 李颙:《盩厔答问》,《二曲集》,中华书局1996年版,第122页。
⑨ 李颙:《体用全学》,《二曲集》,中华书局1996年版,第54页。
⑩ 朱舜水:《答小宅生顺问六十一条》,《朱舜水集》,中华书局1981年版,第406页。

空谈心性的困境。

　　总的来说，明末儒学，一方面由于王学末流空谈心性的泛滥，使得阳明之学趋于衰落；另一方面，与之伴随的则是经世致用之学的萌动。无论是东林学者还是明清之际的儒家学者，都试图通过批判吸收已有的思想成果，提出适应社会需要的新儒学思想，以期达到经世致用的目的。这是明末儒学发展的转向，直接影响了清初儒学的发展。①

---

① 　本条参苗润田《中国儒学史·明清卷》，广东教育出版社 1998 年版，第 17—20、159 页。